教育部人文社会科学研究项目

经管文库

要素错配对东北地区经济增长的影响：
理论与实证

王 卫 ◎ 著

中国财经出版传媒集团
经济科学出版社
Economic Science Press

图书在版编目（CIP）数据

要素错配对东北地区经济增长的影响：理论与实证/王卫著．—北京：经济科学出版社，2021.8
ISBN 978-7-5218-2756-9

Ⅰ.①要… Ⅱ.①王… Ⅲ.①区域经济-经济增长-研究-东北地区 Ⅳ.①F127.3

中国版本图书馆 CIP 数据核字（2021）第 161484 号

责任编辑：崔新艳
责任校对：刘　娅
责任印制：范　艳　张佳裕

要素错配对东北地区经济增长的影响：理论与实证
王　卫　著
经济科学出版社出版、发行　新华书店经销
社址：北京市海淀区阜成路甲 28 号　邮编：100142
经管中心电话：010-88191335　发行部电话：010-88191522
网址：www.esp.com.cn
电子邮箱：expcxy@126.com
天猫网店：经济科学出版社旗舰店
网址：http://jjkxcbs.tmall.com
北京季蜂印刷有限公司印装
710×1000　16 开　12.75 印张　200000 字
2021 年 10 月第 1 版　2021 年 10 月第 1 次印刷
ISBN 978-7-5218-2756-9　定价：58.00 元
（图书出现印装问题，本社负责调换。电话：010-88191510）
（版权所有　侵权必究　打击盗版　举报热线：010-88191661
QQ：2242791300　营销中心电话：010-88191537
电子邮箱：dbts@esp.com.cn）

教育部人文社会科学研究项目经管文库
出版说明

教育部人文社会科学研究项目已开展多年，一向坚持加强基础研究，强化应用研究，鼓励对策研究，支持传统学科、新兴学科和交叉学科，注重成果转化。其秉持科学、公正、高效的原则，注重扶持青年社科研究工作者和边远、民族地区高等学校有特色的社科研究，为国家经济建设和社会发展及高等教育发展贡献了一批有价值的研究成果。

经济科学出版社科致力于经济管理类专业图书出版多年，于2018年改革开放40周年之际推出"国家社科基金项目成果经管文库"，于2019年中华人民共和国成立70周年之际推出"国家自然科学基金项目成果·管理科学文库"。今年是中国共产党建党100周年，我们将近期关注的教育部人文社会科学经济管理类研究项目整理为文库出版，既为了庆祝中国共产党建党100周年，又希望为我国教育科研领域经济管理研究的进步做好注脚，同时，努力实现我们尽可能全面展示我国经济、管理相关学科前沿成果的夙愿。

本文库中的图书将陆续与读者见面，欢迎教育部人文社会科学研究项目在此文库中呈现，也敬请专家学者给予支持与建议，帮助我们办好这套文库。

经济科学出版社经管编辑中心

2021年4月

本书为教育部人文社会科学研究项目（青年基金）"要素错配对东北地区经济增长的影响：理论、实证与政策"（项目编号：16YJC790102）研究成果

前言

东北经济的衰退问题从2014年开始到现在已经有7年时间了，东北三省的GDP增速也从原来的中游水平下降到倒数水平，疫情时代全球经济的低迷更加剧了这一现象。2020年全国31个省份（不包括港澳台地区）的经济数据显示，10个省份的GDP增速低于2.3%的全国均值，就东北地区而言，辽宁、吉林和黑龙江三省的GDP增速分别为0.6%、2.4%和1%，明显拉低了全国的平均水平。可见，东北地区的经济发展依然没有走出泥泞，恢复往昔的荣光。东北地区经济增长的动力与源泉究竟在哪儿，要素错配对东北经济的影响如何，都是本书想要研究的问题。

本书在相关文献研究的基础上，将要素错配纳入经济增长核算模型中，分析要素错配的形成机理及其对经济增长的影响机制，全面评价要素错配程度，基于东北地区产业、行业数据进行实证分析，探索东北地区要素错配的内在原因，并为矫正要素错配、提升东北地区经济增长效率提供政策建议，形成了四点结论。

（1）东北地区的要素并未配置到最合理的产业及行业间，进而导致了一系列经济增长滞后的现象。尽管经济"新常态"成为近期全国经济走势的大方向，但迅速跌落的东北经济问题远非增速趋缓、结构调整、动力转换等常态原因能解释，与东北地区的资源基础和产业定位、渐进式改革对东北地区的冲击、经济周期的冲击和管理体制的僵化均有一定的关系。

（2）技术进步变化虽然持续下降，但仍与要素配置效应的改善一并成为推进东北地区全要素生产率增长的关键，东北地区经济发展的着力点是要素配置的优化，而规模效应正在制约东北地区整体全要素生产率增长。东北地区无论在产业层面还是在具体行业层面，增长方式都没有从根本意义上实现由粗放型向集约型转变。

（3）以装备制造业为样本研究发现，中性技术进步是全要素生产率增长的主要正向贡献，但偏向性技术进步已成为阻碍全要素生产率增长的关键因素。东北地区不同子行业间技术进步偏向与要素错配均存在明显的异质性，也意味着东北地区装备制造业技术进步偏向选择并非完全适宜的技术。

（4）产业协同融合促进了金融业的专业化分工，专业化分工会显著改善资本错配，即产业协同融合通过促进专业化分工改善资本错配；产业协同融合会显著提高劳动力成本，劳动力成本越高的地区，劳动力错配水平则越低，即产业协同融合通过提高劳动力成本改善劳动力错配。

目 录

第1章 绪论 1

   1.1 选题背景与研究意义 1

   1.2 国内外研究综述 4

   1.3 研究内容与方法 17

   1.4 技术路线图 19

   1.5 研究创新之处 20

第2章 东北地区要素错配影响经济增长的客观事实 22

   2.1 东北地区经济增长现状 22

   2.2 东北地区产业结构现状 26

   2.3 东北地区要素结构现状 32

   2.4 要素错配下的"新东北现象"及内在原因 42

   2.5 本章小结 51

第3章 要素错配导致经济增长损失的影响机制 53

   3.1 要素错配与经济增长损失的作用机制 53

   3.2 要素错配与经济增长损失的传导与影响机制 54

   3.3 要素错配对区域经济增长影响效应的模型构建 56

   3.4 本章小结 68

第 4 章　东北地区产业及行业全要素生产率增长的分解分析 ········· 69

4.1　东北地区三产全要素生产率增长的演化轨迹与动力分析 ········ 69

4.2　东北地区装备制造业全要素生产率增长轨迹与
异质性分析 ··· 86

4.3　本章小结 ··· 110

第 5 章　要素错配对东北地区经济增长影响的实证分析 ············ 112

5.1　东北地区装备制造业要素错配及其经济影响效应分析 ······· 112

5.2　偏向性技术进步下东北地区装备制造业要素
错配效应分析 ··· 135

5.3　本章小结 ··· 147

第 6 章　东北地区要素错配原因的理论与实证分析 ··············· 149

6.1　要素错配形成的理论分析 ··· 149

6.2　技术进步有偏下要素错配影响因素的实证分析 ············· 152

6.3　本章小结 ··· 160

第 7 章　产业协同融合矫正东北地区要素错配
的机制及政策 ··· 161

7.1　产业协同融合矫正东北地区要素错配的理论分析 ········· 161

7.2　产业协同融合矫正东北地区要素错配的实证分析 ········· 164

7.3　矫正东北地区要素错配的政策启示 ···························· 168

7.4　本章小结 ··· 171

第 8 章　结论 ··· 173

参考文献 ··· 177

第1章

绪　　论

1.1
选题背景与研究意义

1.1.1　研究背景

技术进步是经济发展的重要源泉，是经济发展的长久动力，以全要素生产率（TFP）为代表的技术进步水平已成为中国工业经济得以持续增长的根本源泉（杨汝岱，2015）。而事实上，进入结构优化、速度变化和动力转化发展新常态的中国经济正面临着要素错配、供给失衡等一系列结构性矛盾。基于此，学界致力于全要素生产率增长的测算与分解的研究，以探索全要素生产率增长减弱背后的原因（李平，2016；蔡跃洲等，2017；钟世川等，2018）。在全要素生产率增长的分解项中，技术进步水平已成为主要贡献方，对全要素生产率增长具有明显促进作用（涂正革等，2005；张军等，2009；王卫等，2017），而且这种影响还体现在技术进步的方向上（Acemoglu，2002；邓明，2015）。显然，技术进步影响全要素生产率增长的作用并不仅仅体现水平层面的孤立贡献，技术进步方向更加关注技术进步对要素边际产出的相对影响，与各种生产要素之间的耦合关系（李太龙等，2016）。阿西莫格鲁（Acemoglu，2002）曾指出技术进步偏向尤其会影响要素收入份额，同时也会影响产业结构变迁和经济增长结构（陆雪琴等，2013），但其来源的研究相对较少，而找到来源可能更加重要。尽管技术进步偏向的来源没有被明确指出，但阿西莫格鲁（2002）认为要素价格和要素充裕度共同决定了技术进步偏向，邓明（2014）则指出要素价格扭曲是技术进步偏向的重要原因，这一结论也被王静（2016）的研究证实，这种要素价格扭曲直接引起了要素错配。事实上，要素错配的确已经不同程度地引致了全要素生产率的损失（王林辉等，2014；董直庆等，2014；周新苗等，2017），这也可以从全要素生产率增长的分解项之一——要素配置效应体现出来。显然，要素错配还可能通过影响技术进步偏向进而引起全要素生产率增长的变化。因此，有必要从要素配置的供给侧视角探索经济增长的源泉与内在动力。

事实上，近些年这一现象也得到了中国政府的足够关注。党的十九大报告明确指出，以供给侧结构性改革为主线，推动经济发展质量变革、效率变革和动力变革，提高全要素生产率。纠正要素错配，在充分考虑要素异质性的同时，选择与要素相匹配的技术进步，推进全要素生产率增长，将对我国经济发展效率与质量变革、提高全要素生产率、实现区域平衡发展具有重大现实意义。

事实上，供给侧结构性改革的重点就是要矫正要素配置扭曲，扩大有效供给，提高供给结构对需求变化的适应性和灵活性，提高全要素生产率。因此，在积极推进供给侧结构性改革进程中，有必要对现阶段东北地区的全要素生产率及要素错配程度进行全面的再认识，合理、准确地把握东北地区各产业及支柱产业全要素生产率的发展动态与特点，为东北地区的新一轮产业转型与升级提供进一步的经验证据。东北老工业基地的全面振兴在全国工业发展中占据着举足轻重的地位，从供给侧视角对东北地区经济增长的系统研究必要且迫切。正是基于上述思考，本书针对东北地区经济发展中存在要素错配的客观现实，深入分析东北地区产业及行业的要素错配的经济效应，探索东北地区要素错配的内在原因，找到能够缓解要素错配的有效途径，为进一步实现东北地区经济转型与升级提供理论与经验支持。

1.1.2 研究目的

本书针对东北地区经济发展中存在要素错配的客观现实，构建要素错配对区域经济增长影响的理论分析框架，从区域、产业等视角进行总效应与分效应的实证检验，探索东北地区要素错配的内在原因，找到能够缓解要素错配的有效途径，为进一步实现东北地区经济转型与升级提供理论与经验支持。

1.1.3 研究意义

1. 理论意义

自罗默（Romer，1986）和卢卡斯（Lucas，1988）20世纪80年代将技术进步和人力资本内生化后，学者们大多从单维度视角关注要素发展对增长的贡献，而忽视了要素之间的配置效率对增长的影响。关于产业效率的损失与低效，学术界基于不同假设形成了不同的答案，如技术差异、要素投入差异及资源禀赋差异，而这些多是从技术视角讨论产业低效问题，可称为"技术决定论"。近些年一些观点认为要素配置对全要素生产率产生了重大影响，"要素配置论（要素错配论）"这种新研究视角与理论开始被应用到了多个产业领域。事实上，考虑到人力资本异质性和资本深化程度差异，放宽技术进步中性假设，劳动力与资本要素之间必然存在最优配置，而探索这种最优配置下的适宜性技术进步路径将使产业得到合理化发展。这就要求学术界对于产业内部的劳动力和资本配置及技术进步之间的关系进行更深入的研究和把握。

虽然"要素错配论"的研究已被应用到多个产业领域，但要素错配与技术进步偏向尚未有系统性研究，而且现有研究往往注重资本与劳动力的要素错配，忽略了要素配置有误引致的技术进步偏向，未深刻与全面把握要素错配的形成机理及其对全要素生产率损失的影响机制，亦未深刻把握要素错配的形成机理及其对区域经济增长的影响机制，更未深入探究要素错配产生的原因及矫正措施。基于此，本书以东北地区为对象，研究要素配置的错配程度及其对技术进步偏向性、经济状况等的影响，对丰富该领域相关理论研究和完善发展中国家工业化理论具有重要的理论意义。

2. 现实意义

中国经济已经进入了一个新的发展阶段，增长速度、经济结构和发展动力都需要进行调整与重塑，寻找新的增长点和新的竞争力。从根本上讲，就是需要提高微观企业层面和宏观加总层面的全要素生产率，以新供给开发新需求，以新技术追求新利润，以新结构培育新动力，以新模式促进新增长。加快改革步伐，提升资源配置效率，将成为中国经济持续、健康增长的重要动能。

目前东北地区要素配置效率如何？是否存在错配？要素错配引致了何种偏向性技术进步？基于要素错配探寻何种适宜东北地区的经济增长模式及政策？这些问题均具有现实迫切性。因此，研究东北地区要素错配状况及其引致的偏向性技术进步及全要素生产率损失，探寻符合东北地区的要素错配纠正政策，具有重要的实践意义和应用价值。

1.2
国内外研究综述

1.2.1　要素配置相关研究现状

研究要素配置效率就是探究要素配置水平，而在市场条件下，要素价格是影响要素配置的关键因素。研究表明，要素市场扭曲是发展中国家经济发展过程中的一种常态（Seddon et al.，2002），而这种常态通常导致了要素资源配置出现错配（盛仕斌等，1999）。几乎所有关于要素配置的研究都与效率有着必然的联系，衡量要素配置效率的研究多从"扭曲"和"错配"视角出发，故在梳理国内外相关文献时，从"要素市场扭曲"和"要素错配"两个方面进行。

1. 要素市场扭曲相关研究

要素市场扭曲是对一系列导致价格机制无法实现经济体系中的资源最优化配置现象的概括。国外学者早期分别从单个厂商、行业的单个要素自身的绝对偏离（Samuelson，1941）及不同厂商、行业的不同要素之间的相对偏离（Jones，1965）角度进行了要素市场扭曲的研究。该理论真正发展得益于战后国际贸易扭曲理论，很多学者探讨了既定因素在国际贸易扭曲中的作用（Meade，1955；Jonhson，1969；Jones，1971）。我国研究也起步于国际贸易研究，焦军普（2004）认为国内要素市场自由化进程大大滞后于产品市场，导致了国内要素市场扭曲，这一观点也得到了盛誉（2005）研究结果的认可。学者近些年集中研究了要素市场扭曲与收入分配的效益（陈秋锋，2013）、产业生产率（毛其淋，2013）、贸易广度与质量（耿伟，2014）、全球价值链攀升（蒋含明等，2018）、对外直接投资（姚惠泽等，2018；王文珍等，2018）和创新能力（李健等，2018）的关系。

（1）要素市场扭曲产生的原因。资本市场视角研究认为，政府对金融体系的干涉，导致了资本市场的低效率，抑制了金融市场的正常发展，加大了资本市场的扭曲程度（McKinnon，1973）。劳动力市场视角研究认为，要素流动不充分导致了劳动力市场失衡（Bhagwati，1968），正是劳动力流动过程中的价格管制、个体歧视和准入门槛等因素导致了劳动力市场扭曲（Tobin，1972）。研究显示，不同劳动力的非工资原因差异（教育、医疗等公共产品）也突出了劳动力市场的相对扭曲（陆正飞等，2012），而且劳动力就业话语权的丧失及雇佣双方的信息不对称也会引发劳动力市场扭曲（蔡昉等，2009）。市场冲击、政府干预、地方政府不当竞争也一定程度造成了要素市场扭曲（苏启林等，2016；李沙沙等，2017；鞠蕾等，2018）。

（2）要素市场扭曲的测算及相关实证研究。要素市场扭曲是要素价格偏离于理想状态的一种表现形式（杨帆等，2009）。这种现象对经济发展和技术进步具有重要影响。学者们从扭曲程度测算及其对技术进步、就业和产业效率等方面的影响进行了一系列研究。盛誉（2005）、赵自芳等（2009）运用不同方法测算了中国要素市场的扭曲程度，分析了不同区域行业的效率损失程度。要素市场扭曲激励了中国本土企业出口，同时提升了外资出口企业在中国本土市场的竞争力，扭曲程度越大，对中国企业R&D投入的抑制效应就越大（张杰等，2011），导致就业吸纳能力下降（康志勇，2012），显著抑制了中国工业企业生产率（毛其淋，2013）和国际技术溢出（李永等，2013），不利于中国经济效率的提升（袁鹏等，2014），积累了越来越多的问题和弊端（郑振雄等，2014）。要素市场扭曲的具体产业研究方面，学者们选择了工业企业（惠树鹏等，2015）、电子信息产业（李金星，2014）、高技术产业（戴魁早等，2015；戴魁早，2019）、工业行业（邓明等，2017）等视角考察了要素市场扭曲对技术进步的影响。结果显示，要素市场扭曲对工业企业生产率的提高产生了显著的抑制作用；电子信息产业资本要素市场扭曲对技术进步的抑制程度强于劳动要素市场；金融危机后要素市场扭曲状况的逐步改善降低了对出口技术复杂度的抑制效应；要素市场的价格扭曲对技术进步方向有显著作用。

2. 要素错配与要素配置扭曲相关研究

关于要素配置效率的研究更多从扭曲视角入手，通过扭曲与错配程度衡量要素配置效率及相关研究，从这一内涵出发，学者提出"要素配置扭曲"（黄婧等，2011）和"要素错配"（陈永伟等，2011）概念。这一领域的研究国内明显滞后于国外，效率作为经济学研究的核心问题，资源配置效率更是微观经济学研究重点（Leibenstern，1966）。

（1）要素错配的研究发展过程。关于资源配置扭曲和资源错配的理论性系统研究始于坦普尔（Temple，2005），他以二元经济模型为基础，构建要素错配指数。同年，夏默（Shimer，2005）构建动态错配模型量化劳动力错配与失业、职位空缺及再就业率的关系。以两部门经济增长模型的推导结果显示，劳动力配置扭曲是阻碍经济发展的主要原因（Hayashi et al.，2006），津贴和补贴等政策将会影响到劳动力配置的扭曲程度（Lagos，2006），劳动力市场刚性也是劳动力出现错配现象的一个原因（Temple，2005）。可见，早期的要素配置扭曲的理论研究主要集中于劳动力错配方面。雷斯图西亚和罗杰森（Restuccia and Rogerson，2008）以异质性厂商为假设前提，认为要素错配程度可以解释跨国人均产出差异。以青木（Aoki，2008）为代表的学者通过在存在与不存在劳动力错配的假设条件下构建两部门模型，证实了劳动力错配现象的存在。尽管研究证实了要素错配现象的存在，但并没有研究何种错配形式，萨拉（Sala，2011）则从这一视角对技能型错配进行了综合分析。随着理论研究不断丰富，学者开始重点考察要素配置扭曲与其他要素之间的关系。琼斯（Jones，2011）通过构建两部门模型研究了要素配置扭曲对全要素生产率的作用机制，分析表明在竞争均衡条件下劳动力错配和资本错配将降低全要素生产率；雷斯图西亚和罗杰森（Restuccia and Rogerson，2013）在众多要素错配和全要素生产率相关研究基础上，提出了直接和间接评价法用于测算要素配置扭曲程度，同样得出了无论资本错配还是要素错配都将抑制全要素生产率增长的研究结论。国内学者关于要素错配的理论研究相对滞后，早期主要是对相关文献的综述性回顾（董直庆等，2013；钟廷勇等，2014）。在理论研究基础上，学者们进行了经验实证研究。贝利等（Baily et al.，1992）以美国制造业为例的研究表明，50%的全要素生产率增长可以通过要素重新配置来解释。国内关于要素错配的实证研究主要集中于近十年，学者就要素配置扭曲水平测算以及要素配置扭曲水平对产业效率、经济增长等相关经济变量的影响展开研究。

（2）要素错配水平与程度的测算。谢长泰和克莱诺（Hsieh and Klenow，2009）开创性地实证测算了要素配置的扭曲程度，以中、印两国制造业数据为对象，利用全要素生产率的离散程度衡量要素配置扭曲程度，但仅仅测算了整体要素配置效率。在该研究基础上，考虑到企业选择效应，有学者根据企业层面的 TFP 与规模相关性测算要素配置扭曲程度（Bartelsman et al.，2013）。测算方法的逐渐完善也使得越来越多学者开始关注要素配置扭曲程度测算及效率损失。早期研究集中于要素配置扭曲存在的实证性检验，而后期研究则集中于测算效率损失。以美国为研究基准对象，通过哥伦比亚制造业微观实证表明，哥伦比亚的要素配置扭曲程度高于美国水平（Camacho et al.，2010）。效率损失方面，以非发达国家金融部门为研究对象，结果显示发达和不发达部门之间的效率损失差达 40%（Buera et al.，2010）。袁志刚等（2011）从劳动力配置扭曲视角出发的研究显示，改革开放以来劳动力错配导致了全要素生产率 2%～18% 的损失。朱喜等（2011）采用同样方法研究要素配置扭曲对农业 TFP 的损失影响，结果表明，若消除扭曲影响，农业全要素生产率可增长 20%~30%。陈永伟等（2011）研究发现中国制造业资源错配在不同子行业内差异明显，资源错配导致 15% 的经济产出缺口；以印度尼西亚企业微观数据量化了要素配置扭曲程度，结果显示，要素配置扭曲使宏观层面的效率损失超过了 4 成（Yang，2012）。曹东坡等（2014）以中国服务业为对象，结果显示，2004~2010 年间要素错配对服务业产出造成 9%~11% 的损失且呈逐年增大的趋势。韩国珍等（2015）使用中国工业 1994~2011 年两位数行业的数据的实证研究结果显示，2009~2011 年要素错配引起的产出缺口约为 29%。曲玥等（2017）对 2000~2007 年中国规模以上制造业企业数据的研究发现，资源错配造成的福利损失依旧占制造业增加值的近 26.63%。杨志才等（2017）的研究发现，2010 年要素错配解释了全国省份间以及农业部门内部收入差距的 15.7% 和 25.1%。张屹山等（2019）的研究也指出要素错配变动效应和要素质量提升对经济增长影响重大。

（3）不同视角的要素错配的影响关系研究。学者从国家层面、部门层面、产业层面、行业层面、区域层面和企业层面进行了要素错配变化情况及对经济增长等相关要素的影响研究。

国家层面的研究

1925~1940 年美国劳动力配置扭曲水平处于不断上升态势（Chari et al.，2002）；日本 20 世纪 90 年代由于资本和劳动力流动性有所降低，导致劳动力和资本配置扭曲程度不断升高（Nakakuki，2004）；1956~2003 年法国、德国、意大利以及美国的劳动力配置差异明显，而这种劳动力配置扭曲则源于各国税收政策及技术赶超水平的差异（Rogerson，2007）；1978~2006 年中国第三产业出现劳动力错配现象（刘伟等，2008）。谢长泰和克莱诺（2009）的实证结果表明，中国 1998~2005 年要素错配水平呈下降趋势，印度 1991~1994 年要素错配水平呈上升趋势。基于拉丁美洲 10 个国家企业层面数据的研究结果也表明拉丁美洲国家要素错配水平明显大于美国（Busso et al.，2012）。

部门层面的研究

青木（Aoki，2008）构建了要素错配模型，沃尔拉特（Vollrath，2009）构建了两部门模型的研究框架，袁志刚等（2011）构建两部门要素错配模型，基于中国数据的实证分析发现，中国农业部门及非农业部门间存在劳动力错配现象。彼得斯（Peters，2011）从跨部门视角研究生产率离差衡量要素错配程度，印度尼西亚企业微观数据的实证结果表明，欠发达地区要素错配水平相对较高，而发达地区要素错配水平相对较低。青木也从多部门视角，以税率作为部门间要素流动障碍构建多部门一般均衡模型，并将要素错配影响效应分解为部门效应、部门份额效应以及配置效率效应。

产业层面的研究

中国东部地区第二产业、第三产业劳动力错配与资本错配情况较严重，且中国低技术低附加值部门要素错配水平明显偏高（曹玉书等，2012）；第一、第三产业内劳动力资源扭曲程度长期并不高，第二产业扭曲程度较高，但有下降趋势，而部门间的扭曲程度则呈现缓慢增长特点（柏培文，2012）；1981~1982年智利产业间要素配置效率有所降低，即报告期内智利产业间要素错配水平有所升高（Oberfield，2013）。1978~2010年八大产业资本错配使实际产出仅占潜在产出的70%~89%（王林辉等，2014）；2009~2014年光电产业存在较为严重的资源配置扭曲（孟辉等，2017）。

行业层面的研究

陈永伟等（2011）将研究细化到行业内部，结果表明，各行业要素错配水平差异较大。整体上，中国重工业企业要素错配水平相对较高，而轻工业企业要素错配水平相对较低（李静等，2012）；部分重化工业的资本快速扩张引起行业间投资结构失衡，并加大了行业间的要素配置扭曲程度（黄先海等，2013）；制造业的要素配置扭曲指数高于其他工业行业（李静等，2013）；资源垄断性行业存在严重的资本和劳动错配，劳动配置效应比较大的行业主要是劳动力不足的技术密集型行业和劳动力过剩的劳动密集型行业（韩国珍等，2015）。针对异质性行业的研究也发现，重工业劳动和资本两种要素的错配程度均小于轻工业（李欣泽等，2016）。

区域层面的研究

经济发达地区要素错配水平明显低于经济欠发达地区要素错配水平（聂辉华等，2011）。将中国分为三大区域的要素错配研究显示，中国中西部地区企业要素错配水平相对较高，而东部地区企业要素错配水平相对较低（李静等，2012）；东部地区的要素错配对本地区服务业产出损失的贡献大于中西部地区，三大地区劳动要素错配对服务业产出损失的贡献都大于资本要素错配的贡献（曹东坡等，2014）。

企业层面的研究

企业规模视角的研究表明，企业规模对资源配置扭曲的影响最为显著，大企业的资源配置效率逐渐改善，而小型企业间的资源配置效率则逐渐恶化，二者的综合效应则使得中国工业企业间总体资源配置扭曲程度在2005～2007年呈现恶化趋势（邵宜航等，2013）；2000～2007年，中国规模以上制造业企业资源错配造成的福利损失依旧占制造业增加值的近26.63%（曲玥等，2017）。

众多学者在要素配置扭曲的理论和实证研究基础上，针对要素错配出现的原因以及对策提出了一些建议。理顺资本使用价格、工业用地价格、能源使用价格（黄婧等，2011），快速城市化以及产业结构改革（Busso et al.，2012），限制一般生产性的资本投资鼓励政策，更多转向鼓励创新和研发投资的政策（黄先海等，2013），改革财税体制和政绩考核方式（曹东坡等，2014），推动金融发展、消除所有制歧视（张庆君等，2016），实现产业集聚（季书涵等，2016），上调最低工资标准（刘贯春等，2017），都将一定程度上消除要素错配现象。

1.2.2 技术进步相关研究现状

内生增长理论文献认为，国际技术水平差距是跨国收入差距的重要成因，发展中国家更低的生产率是由于其无法利用与发达国家一样前沿的高水平技术（Hall，2005）。适宜性技术理论认为，如果技术水平相同而国家间经济发展水平始终表现出差异，可能是并非所有国家都可以使用同一类型的技术，或者经济体内的所有技术并不一定能使经济产出往合意方向发展（董直庆，2013）。然而，内生经济增长理论关注技术进步演进路径及其动力来源，却并未足够重视现代技术进步物化性引发的技术进步偏向性问题，在经济增长过程中也并非总是表现出中性特征。因此，关于技术进步的相关研究主要由要素配置约束下适宜技术向技术进步偏向性发展转变。

1. 适宜性技术进步的相关研究

（1）适宜性技术的相关研究。技术适宜性问题是要素配置和要素禀赋研究领域另一个值得讨论的话题。一般来说，一个国家的技术进步模式要遵从本国比较优势来参与国际分工，技术选择也需要依赖本国要素的相对丰裕度。该领域的研究国外发展相对较早，阿特金森和斯蒂格利茨（Atkinson and Stiglitz，1969）首次提到适宜技术，他们将之具体表述为"本地化的做中学"，认为企业技术受到当地特定要素组合的制约。迪旺和达尼（Diwan and Dani，1991）在一个南北贸易模型中重新强调了适宜技术的重要性。巴苏和大卫（Basu and David，1998）明确提出了适宜技术的概念，采用了阿特金森和斯蒂格利茨（1969）的观点，认为发达国家的技术进步与发达国家的经济增长是相匹配的，技术是特定的投入组合所专有的。后来有学者认为，每个国家的企业都可以从它们面对的技术集合中选择适合于本国资源禀赋的技术，以获得最大的收益（Caselli et al.，2000）。而事实并非如此，阿西莫格鲁和齐利博蒂（Acemoglu and Zilibotti，2001）从发展中国家角度的研究显示，技术与要素不匹配的问题导致技术进步选择并非理想。由于发达国家的技术依赖于熟练劳动力，而发展中国家大量的非熟练劳动力并不满足这一需求，这一不匹配现象导致了发展中国家和发达国家之间巨大的人均产出和人均收入的差异。显然，技术进步应该与要素配置水平形成一个相匹配的适宜度，这种适宜度应该体现为本地化技术进步、适宜技术条件和不同投资率的联合效应的结果（Los et al.，2005）。发展中国家由于劳动力熟练程度较低，所以更多的技术创新依赖于引进适宜技术，而非引进前沿技术（Caselli et al.，2006）。同年，林毅夫等（2006）的研究也认为一个国家最适宜的技术结构内生取决于国家的要素禀赋结构。

（2）适宜性技术影响路径的相关研究。众多研究集中于技术的适宜性选择与依赖于技术的经济增长路径。以57个国家在1965～1990年间的投入产出面板数据为样本的研究印证了技术进步具有本地化现象的结论，各国经济环境差异导致其对前沿技术的吸收与利用程度并不相同（Kumar et al.，2002）；在对亚洲部分国家的农业和制造业的分析中也得到了本地化技术变迁的结论（Timmer et al.，2005）。阿西莫格鲁和罗宾森（Acemoglu and Robinson，2006）的研究认为发展中国家应根据本国资源禀赋选择引进前沿技术还是进行自主研发，结果表明，一国技术水平越前沿，那么自主创新要比技术引进对经济增长的贡献越大。对比发达国家与发展中国家的研究表明，发达国家与发展中国家之间在经济增长路径上存在显著不同，而这种路径差异主要是由两国国内部门间技术选择和创新能力不同导致的（Rachel and Pissarides，2007）。阿西莫格鲁和戴尔（Acemoglu and Dell，2010）则考虑到要素内在差异，认为人力资本差异是导致收入水平存在国别差异和地区差异的主要原因，而技术的适宜性是决定生产效率差异的重要因素。研究还指出，发展中国家倾向于选择适宜性技术进步而发达国家偏重于创造性技术的逻辑机理。

国内方面，邹薇等（2004）通过理论模型分析认为，广大的发展中国家之所以没有能通过提高物质资本的积累而获得经济普遍而长期的增长，原因在于这些发展中国家在提高物质资本存量的同时并没有注重提高他们的人力资本水平。面对严格的论述和模型证明的缺乏，黄梅波等（2006）采用跨时均衡的方法，建立一个内生增长模型以论证适宜技术及其动态升级对经济最优增长路径的影响。通过运用和丰富内生增长模型的研究，杨文举（2008）认为适宜技术理论能够用来解释中国自1990年以来的地区经济差距演变的原因；韦镇坤（2008）在计量检验中国东部、中部、西部典型省技术、资本和劳动力贡献率的基础上，进一步说明了发展适宜技术对不同地区经济增长的重要意义。众多研究均在宏观层面就适宜性技术对经济增长影响进行研究，而余典范（2008）以制造业为例在适宜技术理论的框架下通过引入制度因素实证分析了中国技术选择的匹配性与产业绩效之间的关系，将这一视角引入具体产业中。而中国目前鲜有关于区域层面的适宜性技术进步选择研究，将区域特征与技术进步关联的研究也较为罕见，考虑到本书涉及以装备制造业为行业样本研究，现有研究集中测算了中国装备制造业的技术进步效应（陈超凡等，2014），实证分析装备制造业技术进步与其他工业部门产出增长之间的关系（孙晓华等，2011）。

（3）适宜性技术进步选择的相关研究。众多实证研究显示，中国的技术进步路径选择需要考虑到要素禀赋约束，而技术选择的匹配性决定了技术效率和经济增长绩效，因此选择符合中国实际的技术进步路径显得尤为重要。余典范（2008）通过梳理适宜技术相关理论研究，认为技术的选择并不是越先进越好，适宜技术的选择既要考虑纵向的技术结构（即发展中国家和发达国家的技术距离），又要考虑横向的技术结构（即发展中国家内部要素的结构状况）。康志勇（2009）的研究表明，中国制造业由于禀赋结构的限制，技术仍停留在低端层次，技术外溢并不能完全吸收。刘和东（2012）则从技术吸收能力和适宜性视角出发，考察了产学研合作技术内溢、国际贸易与FDI技术外溢效应。罗泽萍（2012）通过利用中国区域的空间面板模型实证分析了适宜技术转移的选择问题，结论表明，技术转移地的人均资本和人均技术转移的变化对邻近地区的总效应均为正，说明知识存量的多寡是决定适宜技术转移选择的主要因素，由于引入地现有的技术条件和知识条件与母地存在较高的匹配度，技术转移最终将会改变技术进步，即产生对技术创新的正向激励作用，由此形成适宜的技术转移过程。张海笔（2013）认为适宜技术选择要从影响创新系统要素与影响技术选择相关利益体彼此产生协同效应的视角提出来并进行深入分析，将适宜技术选择作为一个理论体系进行研究，构建了适宜技术选择测度模型并提出进行适宜技术选择测度的序参量。孔宪丽等（2015）研究发现，技术进步的适宜程度将直接影响创新投入驱动工业结构调整的效率，依据要素禀赋结构进行技术选择和创新投入有助于中国工业行业的有效增长，而与要素禀赋结构相失衡的技术选择将使创新投入驱动工业结构调整的效率大打折扣。袁礼等（2015）研究发现，当后发国家与先发国家要素结构互补且技术差距较大时，后发国家将选择符合自身禀赋结构的技术，通过"技术引进与要素积累交互推进"的方式推动技术前沿面外移；若技术差距较小，后发国家将选择"符合本国要素禀赋的自主创新"方式实现技术进步；当两国要素结构相似时，后发国家将选择"要素积累驱动技术引进"

的赶超路径，实现引进的技术与要素结构的适配性后再引进前沿技术。邢楠等（2017）则以此为基础，以近代中国丝织业发展为对象进行了具体研究。魏巍（2018）以浙江省为例，通过实证分析发现，浙江省要素投入比与偏向型技术进步之间已经呈现背离趋势，技术进步适宜性下降，急需调整偏向型技术进步。

2. 技术进步偏向性的相关研究现状

（1）技术进步偏向性学术史梳理。要素配置背景下衍生的适宜性技术进步研究大多从中性角度出发，并没有考虑到劳动力、资本对技术进步偏向性的影响，但随着现代工业和产业结构调整发展，技术进步偏向性逐渐明显，适宜性技术进步的选择也要考虑到偏向性的影响。

关于技术进步偏向的研究可以追溯到1932年，希克斯（Hicks，1932）最早关注技术进步非中性特征，其在《工资理论》一书中对技术进步偏向进行了定义，之后哈罗德和索罗根据自己的研究需要对技术进步偏向也进行了定义。虽然技术进步偏向都是关注技术进步对边际产出的相对影响，但三位大师对技术进步偏向定义却具有一个重要区别——前提假定的差异。希克斯技术进步偏向假定资本劳动比不变，而哈罗德和索罗分别假定资本产出比和劳动产出比不变，互为镜像。非中性技术进步使技术进步偏向于节约相对昂贵要素（Kennedy，1964；Samuelson，1965），向节约价格高的要素方向发展（Habakkuk，1962；Rothbarth，1946）。到了20世纪90年代，部分学者将早期的偏向性技术进步理论和内生技术进步理论结合（Acemoglu，1998；Kiley，1999），形式化了偏向性技术进步，后期（Acemoglu，2003、2007）的一系列研究增加和丰富了微观基础，逐渐引起学术界重视。

国内方面，在技术进步偏向性的相关研究中，许学军（2008）认为人力资本偏向性技术进步提升了人力资本投资收益率，引致了人力资本投资增加，有利于人力资本形成，但也拉大了高低技能劳动力间的收入差距，降低了低技能劳动力的人力资本投资能力，阻碍了人力资本有效形成。技术进步偏向性的研究，最近几年才引起国内学者们的广泛关注，研究主要集中在技术进步偏向性的测算与分析（雷钦礼，2013）、技术进步偏向性与劳动力收入份额变化（雷钦礼，2012；张莉等，2012）、对劳动力市场的影响（苏永照，2010）、与经济增长的关系（刘兰等，2013；钟世川，2014）、与技能溢价的关系（董直庆等，2013）、与全要素生产率增长的关系（董直庆等，2014）、技能偏向型技术进步（李群峰，2015）、对产业结构的影响（孙学涛等，2017）、技术进步技能偏向性效应（陶爱萍等，2018）、农业技术进步偏向的地区差异（尹朝静等，2018）、能源节约偏向型技术进步的影响（钱娟等，2018）等。

（2）技术进步偏向性的测度研究。事实上，很多学者以希克斯技术进步偏向定义进行测度，并未考虑前提条件（陆雪琴等，2013）。大卫和克朗特（David and Klundert，1965）最早开展技术进步偏向指数测度研究，主要关注劳动和资本两种生产要素，之后有研究采用标准化供给面系统方法，利用联立方程估计要素替代弹性和技术进步偏向（Klump et al.，2007；Klump et al.，2008）。这些基本方法也得到了广泛的应用（Sato et al.，2009），标准化系统方法的估算结果最稳健（León-Ledesma et al.，2010）。

国内方面，关于技术进步偏向测度研究开展较晚，但也形成了一些研究成果，研究多运用 CES 总量生产函数，采用标准化供给面系统方法形成了要素技术进步偏向的测算研究（孙焱林等，2014；朱轶等，2016；白雪洁等，2017；孙学涛等，2017）。虽然目前采用固定替代弹性生产函数（CES）估计技术进步偏向得到了广泛的应用，但就影响技术进步偏向的两股力量（价格效应和市场规模效应）而言，要素替代弹性的大小决定了某种效应占有主导地位（张俊等，2014），采用可变替代弹性的超越对数函数放松替代弹性固定的严格假设，可以充分反映要素间的替代效应与交互效应（杨振兵，2016），加入时间因素可以反映不同投入要素技术进步的差异性，能够解释更多的内在特征（杨莉莉等，2014）。具有代表性的研究分别选用了超越对数成本函数（王班班等，2014）和超越对数生产函数（王静，2016；杨振兵等，2016）进行了相关研究。为了避免因生产函数设定带来的误差，也有研究选择采用 DEA 方法从全要素生产率中分解出产出偏向性技术进步、投入偏向性技术进步和规模技术进步（Briec et al.，2007；Barros et al.，2009）。

（3）要素错配与偏向性技术进步关系研究。技术进步偏向的测算为分析其对全要素生产率增长奠定了前期基础。利用 OECD 国家数据发现有偏的技术进步有助于生产率的提高（Antonelli，2010），大部分国家的投入偏向性技术进步促进了农业全要素生产率增长率的提高（付明辉和祁春节，2016）；也有学者得到了相反的研究结论，认为大多数行业中资本偏向性技术进步越突出，行业全要素生产率增长下降越明显（钟世川，2014）；1978～2012 年期间，技术进步偏向对全要素生产率增长的影响由期初的促进转变为抑制（雷钦礼和徐家春，2015），中国全要素生产率增长减缓的主要原因在于技术进步偏向资本（钟世川和毛艳华，2017）。

要素份额变化或已成为捕获技术进步偏向的线索（Antonelli，2016；李小平等，2018），而且前述学者提出的技术一致性理论指出，技术进步偏向与要素配置的一致性程度将直接决定全要素生产率。事实上，国内也有研究发现，技术进步偏向已成为要素配置特征的一种表现（白雪洁等，2017），资本劳动相对价格扭曲是偏向性技术进步的重要原因（王静，2016），工资扭曲加重了创新技术进步的资本偏向（杨振兵，2016）。正如阿西莫格鲁（2002）提到的要素价格和要素充裕度共同决定了技术进步偏向，资本深化也引致了资本偏向的技术进步（朱轶等，2016），要素错配已经成为加剧技术进步偏向的重要原因（王卫等，2018）。

1.2.3 国内外研究评述

尽管要素错配与经济增长的研究已经取得了具有重要意义的成果，但将两者结合研究仍处于开创性研究阶段，尤其是在进入工业化后期背景下，更有待于梳理要素错配与经济增长的内在联系，从供给侧视角构建完整理论分析框架，展开系统研究。要素配置扭曲已经成为发展中国家经济发展过程中的一种常态，要素错配对于经济增长的影响并非仅仅考虑中性技术进步，要素份额变化或已成为捕获技术进步偏向的线索。相比于现有研究，以下几个方面有待深入与拓展。

（1）现有文献关于要素错配与经济增长的研究虽多以全要素生产率为

研究指标，无论是采用 DEA 方法还是 SFA 方法进行估计与分解均存在各自弊端，且并未形成一致结论，而且亦未有效识别区域和行业之间的差异特点。

（2）研究一般集中于讨论要素市场扭曲和要素错配的原因及其对效率损失、经济增长和就业等经济变量的影响效应，研究方法多数基于两部门和多部门的一般均衡模型，隐含中性技术进步假设，而要素配置在引起全要素生产率增长率变化过程中，技术进步可能出现偏向。

（3）现有文献多从产业层面着手，较少提及要素错配与区域经济增长关系，也未考虑技术进步在其中的作用，尚未形成要素错配对区域经济增长的影响系统框架，未深刻把握要素错配产生机理与原因。

（4）以往理论和经验研究多以产业集聚为手段进行要素错配的矫正，而基于东北区域现实层面及政策导向，产业协同融合发展将起到矫正作用，尚未从这一视角形成系统的理论与实证研究。

1.3 研究内容与方法

1.3.1 研究内容

研究将要素错配纳入经济增长核算模型中，分析要素错配的形成机理及其对经济增长的影响机制，全面评价要素错配程度，基于东北地区产业、行业数据进行实证分析，探索东北地区要素错配的内在原因，并为矫正要素错配、提升东北地区经济增长效率提供政策建议。在进入核心研究之前，对相关文献进行梳理与总结，在明确课题的研究目的与意义和文献梳理基础上开展以下几个核心内容的研究。

内容一（第 2 章）：东北地区要素错配影响经济增长的客观事实。从东北地区经济增长现状着手，重点分析东北地区及分产业的经济增长态势、产业规模与产业结构，从供给层面的投资与就业视角分析东北地区要素配置水平，从供给侧视角剖析东北地区经济增长受阻的原因。

内容二（第3章）：要素错配导致经济增长损失的影响机制。通过分析要素错配的形成机理及其对经济的传导机制，构建要素错配及其对经济增长影响的研究模型并明确测度与分析的计量方法。通过分析区域层面全要素生产率增长变化，基于中性技术进步与偏向性技术进步的双重视角考虑，分别构建要素错配的测度及其对经济增长损失影响的计量模型，为后续实证研究奠定基础。

内容三（第4章）：东北地区产业及行业全要素生产率增长的分解分析。采用2000~2016年的中国省际三次产业、装备制造业及其细分行业的面板数据，构建超越对数形式的随机前沿生产函数模型，通过严格的假设检验选择最佳模型，全面考察东北地区三次产业、装备制造业及其细分行业TFP的动态变化特征，对其进行效率分解分析，并检验样本期三次产业、装备制造业及其细分行业的增长方式特点。

内容四（第5章）：要素错配对东北地区经济增长影响的实证分析。在前述理论模型及计量模型分析基础上，采用东北省际装备制造业及其细分行业的面板数据，分别考虑中性技术进步与偏向性技术进步，从行业和地区的异质性视角系统考察东北地区装备制造业的要素错配效应。

内容五（第6章）：东北地区要素错配原因的理论与实证分析。从新古典经济学理论、交易费用理论及技术进步理论视角对东北地区要素错配的成因进行了理论分析，重点关注同要素一样的供给侧视角下的技术进步对要素错配的影响，并基于技术进步偏向与要素错配的关系，分析了东北地区技术进步的适宜程度。

内容六（第7章）：产业协同融合矫正东北地区要素错配的机制及政策。基于金融专业化分工和劳动力市场成本视角进行产业协同融合矫正东北地区要素错配的理论与实证分析，结合前述分析提出矫正东北地区要素错配的政策启示。

第8章是全书的结论。

1.3.2 研究方法

对要素错配与东北地区经济增长的影响效应进行探讨是一个涉及面广、系统性强的研究主题，项目涉及了产业经济学、技术经济学、制度经济学及计量经济学等多学科领域内容，为了确保研究的科学性与严谨性，采用以下研究方法。

（1）规范分析法。基于国内外文献梳理与相关理论研究，从规范分析视角，对要素错配的形成机理及其对东北地区经济增长的影响机制进行理论分析；从理论层面分析产业协同融合对要素错配及经济增长的影响，剖析产业协同融合矫正要素错配、促进经济增长的作用机理。

（2）数量模型法。采用C-D函数，在中性技术进步背景下构建要素错配测度及其引致的产出缺口与TFP效率损失的数量模型；构建超越对数形式的随机前沿生产函数模型，基于全要素生产率增长率分解分析中性技术进步和偏向性技术进步的影响效应，构建要素错配的测度模型。

（3）实证分析法。采用中国省际产业及行业的面板数据，通过严格的假设检验选择最佳超越对数形式的随机前沿生产函数模型，测算各分解项指标；测算中性技术进步视角下要素错配引致的效率损失；测算偏向性技术进步视角下要素错配及偏向性测度；从要素错配视角运用系统GMM方法对产业协同融合对要素错配的影响进行实证检验。

1.4
技术路线图

如图1-1所示，研究包括五大核心部分，共分为七个章节进行论述，五大部分为研究背景与文献梳理（第1章）、客观现实（第2章）、理论分析与实证检验（第3章至第5章）、原因分析与影响因素（第6章）、矫正机制（第7章）和结论。本研究延续着"发现问题→分析问题→剖析原因→解决问题"的研究思路。

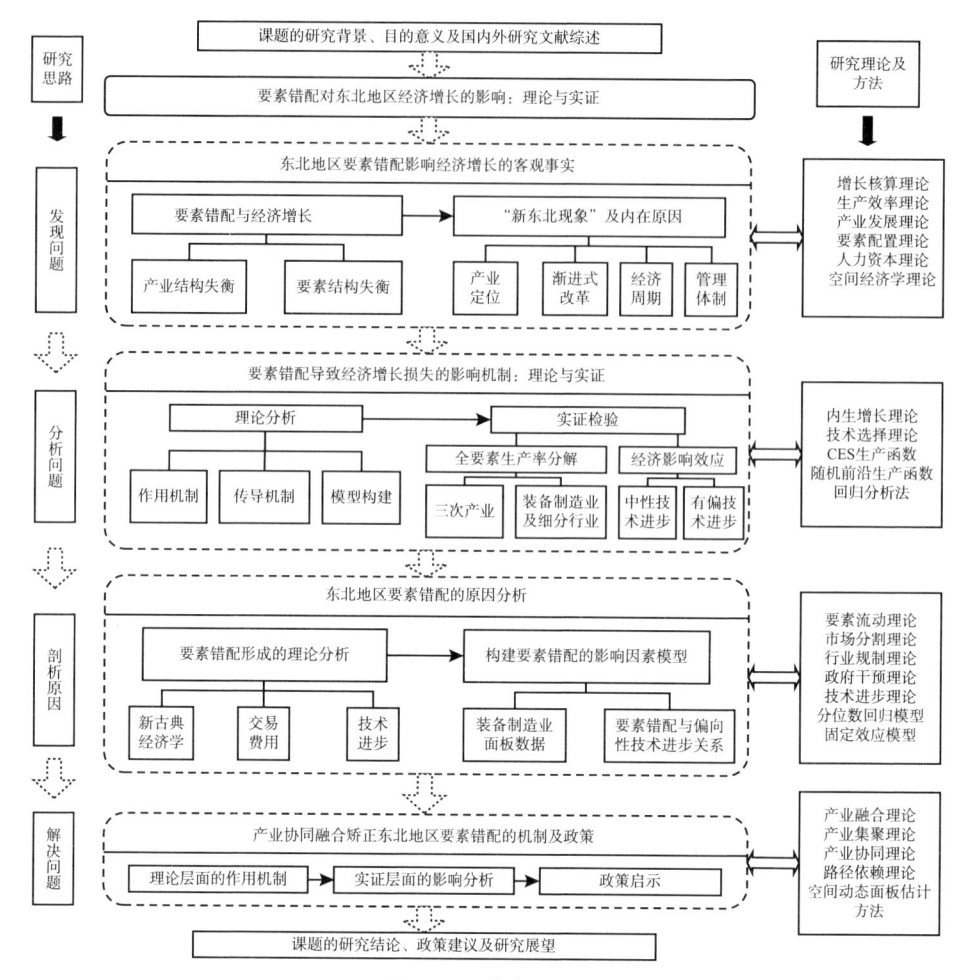

图 1-1　技术路线

资料来源：笔者绘制。

1.5 研究创新之处

第一，从供给侧视角出发，延续非均衡发展理论研究脉络，以静态和动态相结合视角分析要素错配与经济增长之间的关系；综合考虑覆盖区域、产业与行业层面全面系统的分析视角,构建了更具有完整性和系统性的研究体系。

第二,从理论层面对要素错配的形成机理及其对经济的传导机制进行了分析,在此基础上构建要素错配及其对经济增长影响的研究模型,并明确测度与分析的计量方法。通过分析区域层面全要素生产率增长变化,基于中性技术进步与偏向性技术进步的双重视角,分别构建了要素错配的测度及其对经济增长损失影响的计量模型,使要素错配与经济增长的研究更加全面。

第三,通过构造具有较好柔性特征的超越对数生产函数,通过严格的假设检验,解决函数形式的束缚;将要素错配与技术进步偏向纳入同一分析框架,运用随机前沿生产函数进行指标测算,既可以放松替代弹性固定的严格假设,充分反映要素间的替代效应与交互效应,也可以放宽采用 C-D 函数方法进行要素空间错配测算的中性技术进步假设。

第四,从理论层面分析了产业协同融合通过实现专业化分工及提高多样化水平促使产业之间的紧密联合,基于此构建实证分析模型并进行了实证检验:产业协同融合通过促进专业化分工改善资本错配;产业协同融合通过提高劳动力成本改善劳动力错配。

第2章

东北地区要素错配影响经济增长的客观事实

本章从东北地区经济增长现状着手,重点分析东北地区及其分产业的经济增长态势,重点分析东北地区的产业规模与产业结构,从供给层面的投资与就业视角分析东北地区的要素配置水平,并选择具有代表性的东北地区人才流失情况进行要素错配下的"新东北现象"的分析,并从供给侧视角剖析东北地区经济增长受阻的内在原因。

2.1 东北地区经济增长现状

2.1.1 东北地区 GDP 增速变化趋势

目前东北地区的经济状况之所以引起了学界和政界的担忧,主要源于日渐低迷的经济增长速度,这也是最直观体现出的。图 2-1 是东北三省 2001~2018 年 GDP 增速与同期全国层面(不包括港、澳、台和西藏,全书同)GDP 增长速度的对比情况,我们可以明显地看出 2013 年对于东北三省无疑是一个标志性年份,因为在此之前的十几年里,东北三省的 GDP 增速都高于全国的平均增速，而在2013年之后，东北三省的GDP增速无一例外均低于全国平均增速，而且辽宁省的情况尤为突出，其在2016年的GDP增速为0.5%，而同期全国的增速为6.7%，吉林省和黑龙江省的增速分别为6.5%和4.4%。

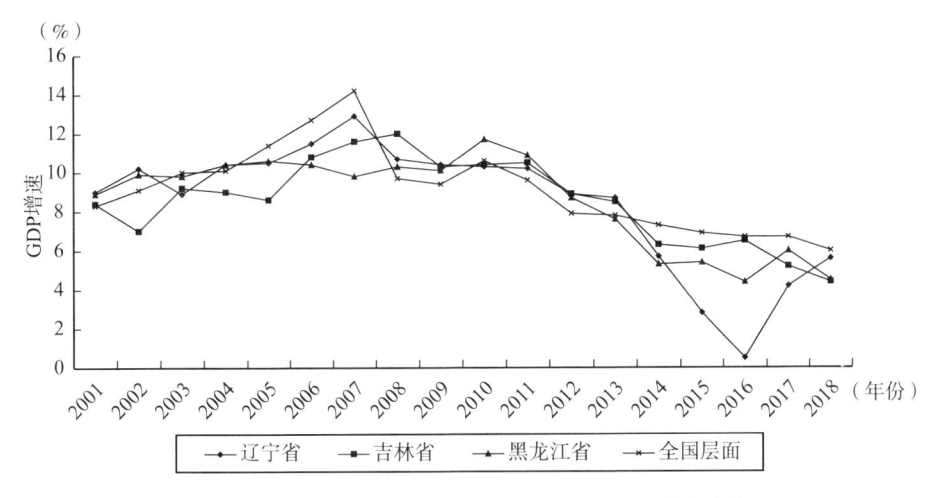

图2-1 东北三省GDP增速与全国的GDP增速对比

资料来源：根据《中国统计年鉴》整理并绘制。

从图2-1可以看出，东北三省在2007年以后的近七年时间里，经济增速明显快于全国的同期水平，而出现这种状况的一个很重要的原因就是2003年出台的"振兴东北老工业基地"国家战略的成果逐渐显现。从宏观经济情况来看，2014年无论是全国的整体经济形势还是全球的经济形势均显低迷，反映在我国东北地区更为明显。更具体来看，其实东北地区的问题并不是在2013年才开始出现的，从图中我们可以看到，东北三省的经济增速早在2010年左右就开始出现迅速下滑的态势了，而这一态势一直持续至今。所以2010年左右才是东北地区经济问题的爆发时间点，而这与2007年爆发的全球金融危机和国家出台的4万亿投资刺激政策是有相关性的。不论是全国还是东北三省的经济走势都出现了一个"U"型，这个"U"型的出现是金融危机后刺激计划的结果，而这也使得东北地区的经济下滑时间延迟了三年左右，从而使东北地区经济发展的内部矛盾更加尖锐了。

2.1.2　东北地区分产业GDP增速变化趋势

从分产业的GDP增速变化趋势来看，东北地区三个省份的GDP增速变化整体趋势具有一致性，第一产业增速最慢，在2012年前第二产业增速高于其他产业，但2012年以后，第三产业的增速明显提升。就三个省份而言，分产业GDP增速具有明显的异质性（见图2-2、图2-3和图2-4）。

辽宁省三次产业的GDP增速呈现明显的"上升—下降—回升"趋势，除第三产业外，第一、第二产业与整体的GDP增速具有一致性，即2007年后开始下降，2012年后第三产业GDP增速虽明显高于其他产业，但不同于其他产业，下降趋势明显。第二产业GDP增速虽近两年有所回升，但整体下滑最为明显，作为2011年以前一直拉动辽宁省经济增长的最主要力量，2011年后甚至成为制约辽宁省经济增长的障碍产业，2015年和2016年一度为明显的负值。

吉林省第二、第三产业的GDP增速均呈现明显的倒"U"型趋势，2013年后第二产业GDP增速明显回落，第三产业开始成为拉动经济增长的主要产业。第一产业则呈现出波动状态，2009年以后呈现平稳上升态势。2015年以后有所回落，虽然整体增速相对于其他两个产业较低，但吉林省第一产业的GDP增长相对平稳。

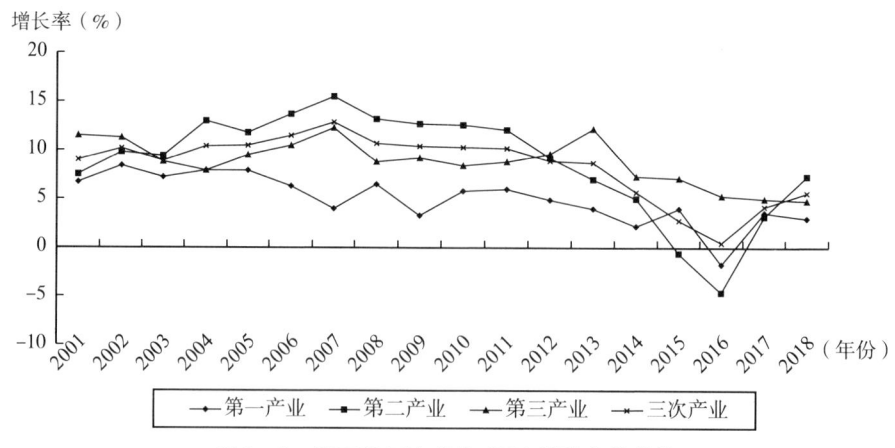

图2-2　辽宁省三次产业GDP增速变化趋势

资料来源：根据《中国统计年鉴》整理并绘制。

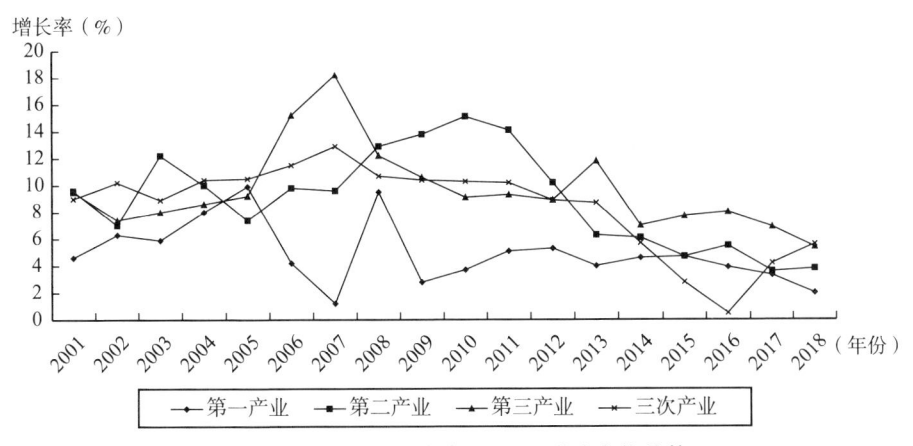

图 2-3 吉林省三次产业 GDP 增速变化趋势

资料来源：根据《中国统计年鉴》整理并绘制。

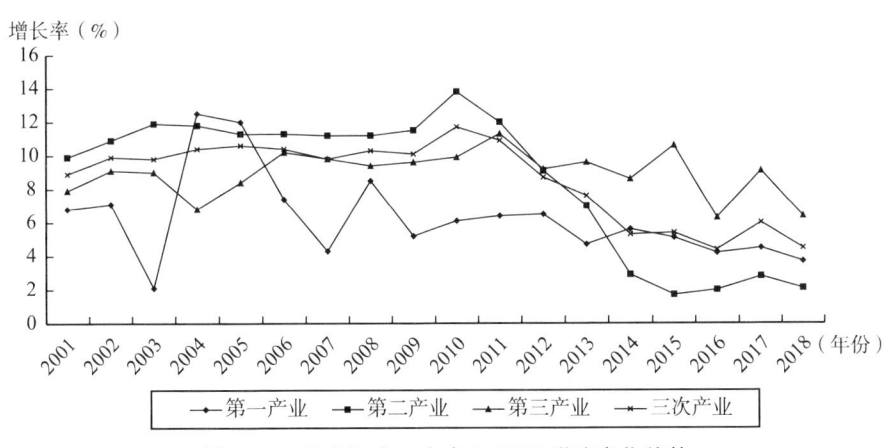

图 2-4 黑龙江省三次产业 GDP 增速变化趋势

资料来源：根据《中国统计年鉴》整理并绘制。

黑龙江省三次产业 GDP 增速变化趋势同吉林省类似，也呈现出先上升后下降的趋势，但 2012 年以后三次产业的下降趋势尤为明显。其中，第三产业下降最慢，第二产业下降最为明显。即使 2017 年第一、第二产业均有所回升，但 2018 年依旧下降明显。黑龙江省作为中国的农业大省，第一产业的 GDP 增速自 2009 年后平稳发展，虽然对于整体 GDP 增长贡献仍相对较低，但整体增长率高于辽宁省与吉林省。

2.2
东北地区产业结构现状

2.2.1 东北地区产业规模

为了详细了解东北地区三次产业发展情况,通过东北三省三次产业产值绝对值的时序图(见图2-5)可以看出,2014年以来第二产业产值呈现明显的下降态势,到了2016年,三次产业均出现了下降趋势。

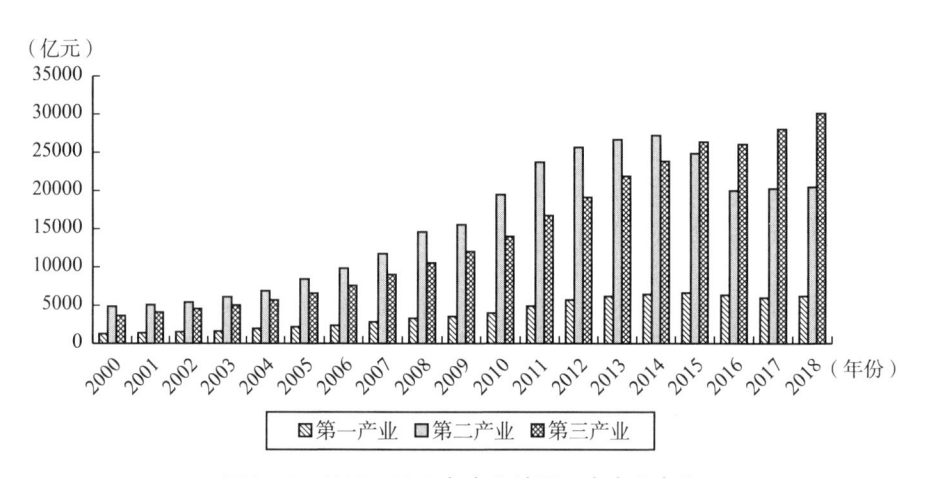

图2-5 2000~2018年东北地区三次产业产值

资料来源:根据《中国统计年鉴》整理并绘制。

由图2-6可知,东北地区三次产业中第一产业的占比最低;第二产业在"黄金十年"[①] 内增幅不明显,在经历了最初几年的小幅增长之后迎来了明显的降低;第三产业占比的变动趋势则和第二产业恰好相反。从东北地区整体

---

① 东北地区发展的"黄金十年"的论述来自陈耀(2017)。2003~2013年的十年间,东北三省经济增速在大多数年份皆高于全国平均水平。

来看，第一产业占比比较稳定，产业更替主要发生在第二产业向第三产业的转移中，这意味着东北地区作为工业化程度比较高的地区，其产业升级已经进入第二阶段——后工业化时代。

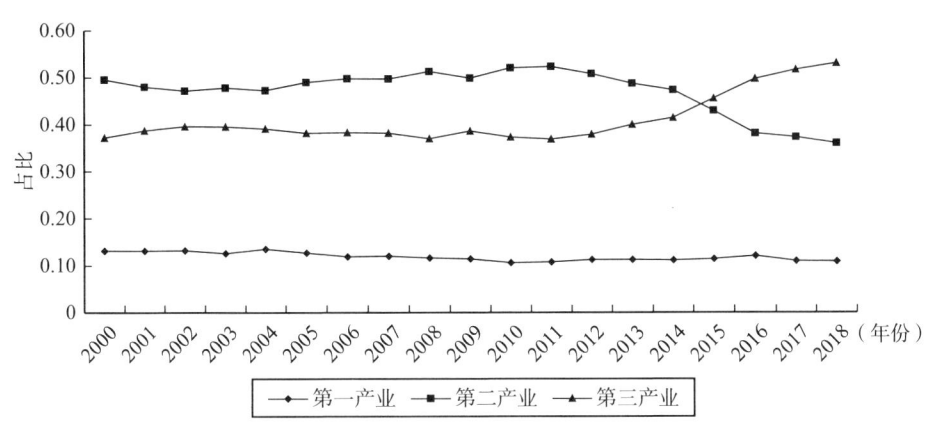

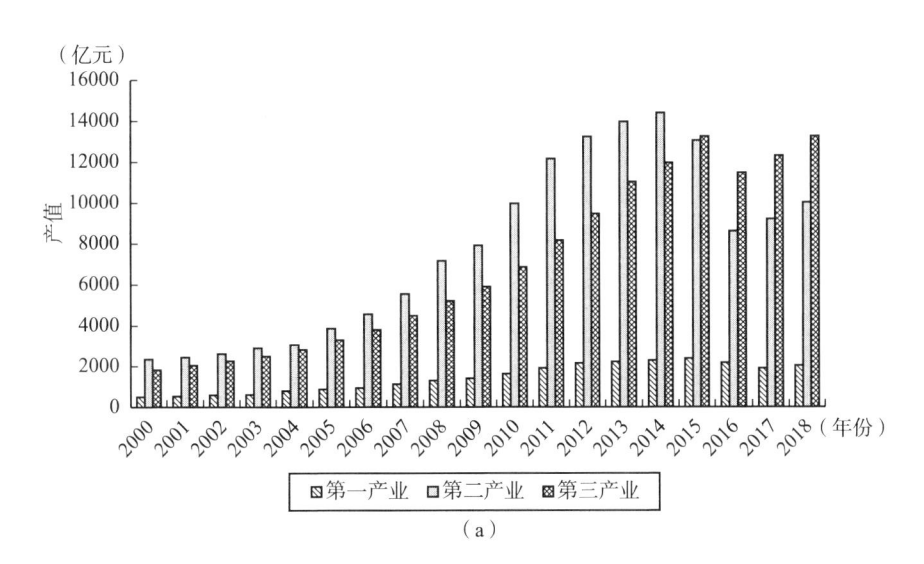

图 2-6　2000~2016 年东北地区三次产业产值相对比重

资料来源：根据《中国统计年鉴》整理并绘制。

进一步对东北地区的分省数据进行考察，如图 2-7、图 2-8、图 2-9 所示，在考察期内产业占比变化情况为：辽宁省第一产业降低，第二产业先升

(a)

(b)

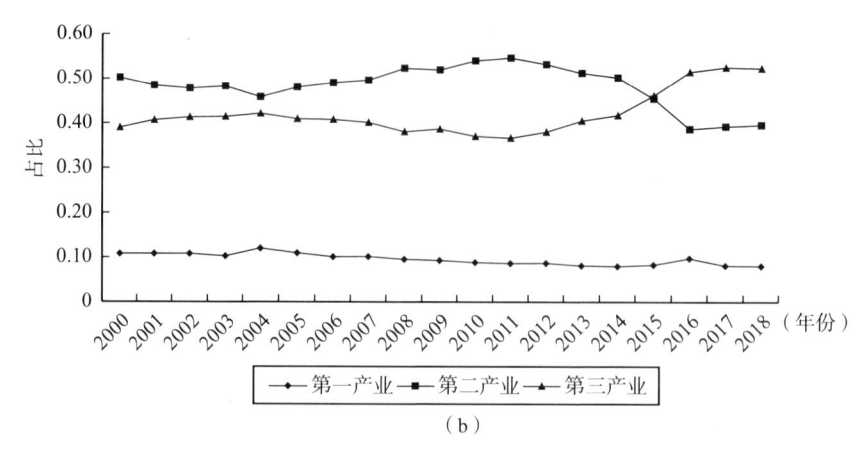

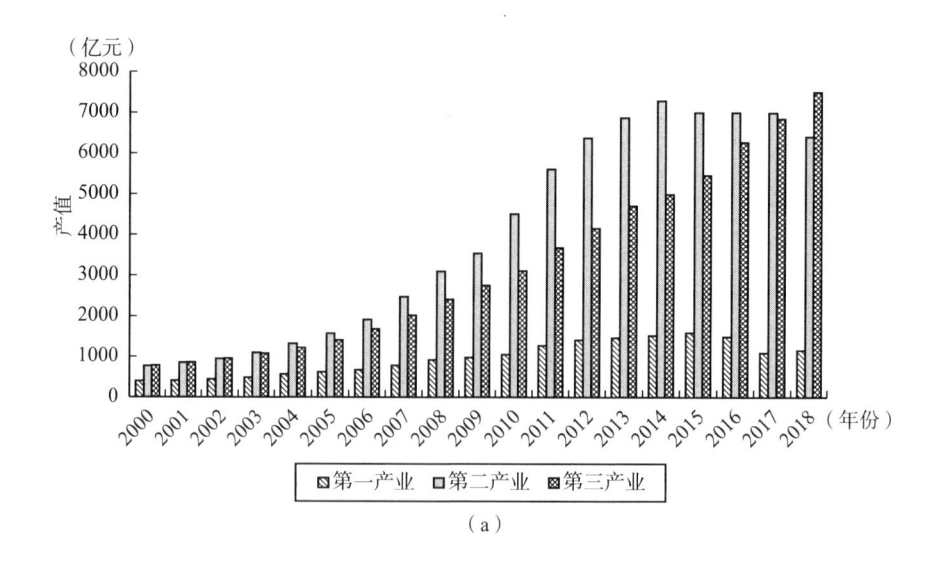

图 2-7 2000～2018 年辽宁省三次产业产值及相对比重

资料来源：根据《中国统计年鉴》整理并绘制。

高再大幅降低，第三产业处于先下降后上升过程；吉林省第一产业降低最明显，第二产业先上升后下降，第三产业先下降后上升；黑龙江省的第一产业占比的变动情况与其他两省不同，在经历了最初几年的第一产业占比下降后，黑龙江省第一产业占比开始逐步回升，这与东北的黑土地自然禀赋不无关系，也是依据自身优势做出的产业选择，而第二、第三产业的趋势与其他两省基本相同，下降与提升也最为明显。

(a)

(b)

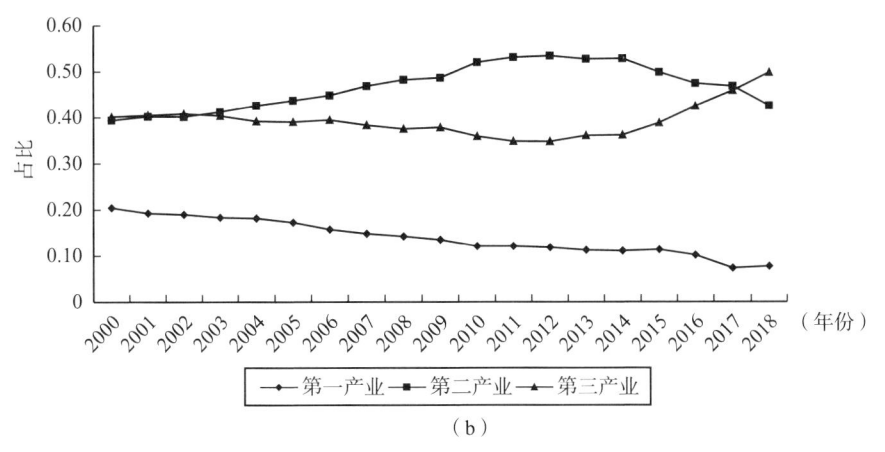

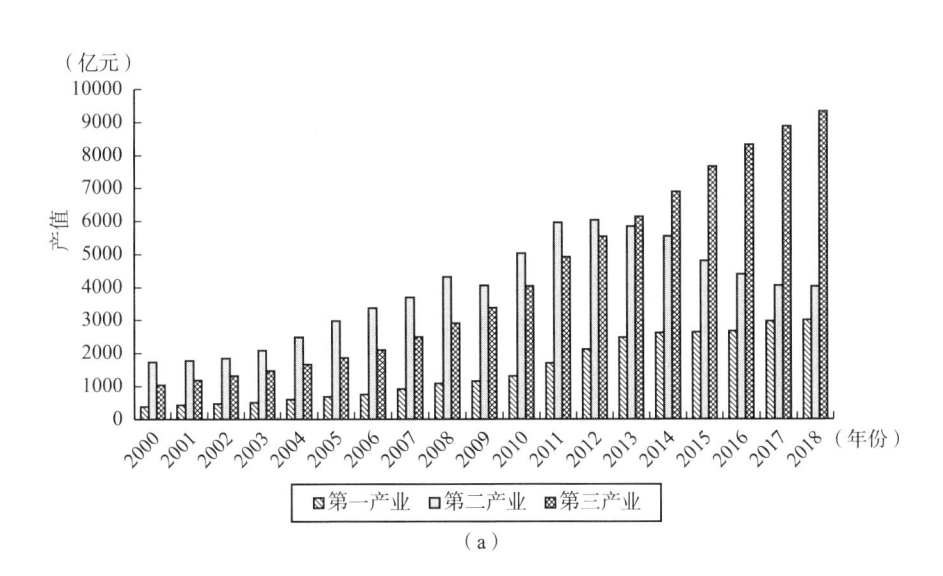

图 2-8 2000~2018年吉林省三次产业产值及相对比重

资料来源：根据《中国统计年鉴》整理并绘制。

(a)

(b)

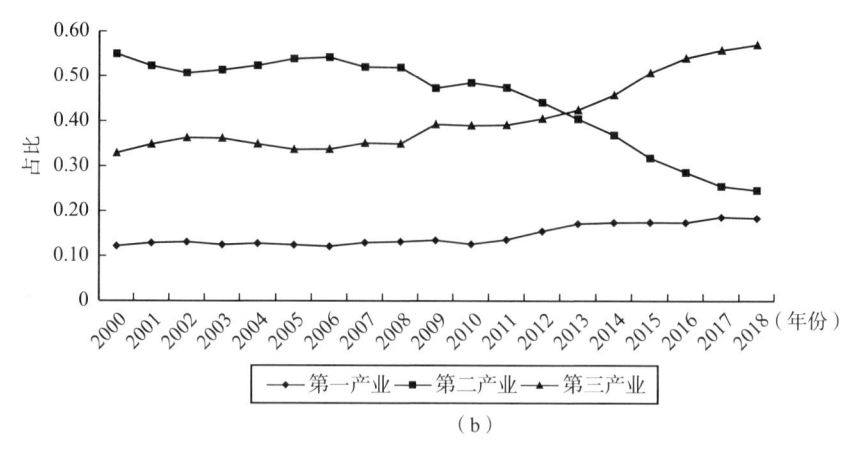

图 2-9 2000~2018 年黑龙江省三次产业产值及相对比重

资料来源：根据《中国统计年鉴》整理并绘制。

2.2.2 东北地区产业结构超前系数

产业结构超前系数通常用于研究产业结构变动的方向，测算某一产业结构增长相对于整个经济系统增长的超前程度。

$$E_i = a_i + (a_i - 1)/R_t \tag{2-1}$$

式中，E_i 表示第 i 个部门的结构超前系数，a_i 表示考察期该部门所占比重与基准期比重之比，R_t 表示考察期整个经济系统的平均增长率。当测算出来的 E_i 大于 1 时，说明该产业部门超前发展，所占份额出现上升趋势；当 E_i 小于 1 时，说明该部门发展相对滞后，所占份额出现下降趋势。

根据金融危机及经济新常态的时间点，将考察期划分为 2000~2008 年、2009~2012 年、2013~2018 年以及 2000~2018 年四个时段，分别以各阶段的起始年作为基准期，以各省在各阶段的经济平均增速作为系统经济增速，计算东北地区及三个省份的三次产业结构超前系数，如表 2-1 所示。

从考察期（2000~2018 年）来看，东北地区除第三产业处于增长状态，第一产业和第二产业均处于下降状态。分省份则表现出明显的异质性。相同的是，第三产业在三个省份所占份额均出现上升趋势，而第一产业在辽宁省和吉林省所占份额均出现下降趋势，在黑龙江省则呈现出增长态势，第二产业仅吉林省所占份额增加，其他两省均呈现下降趋势。整体而言，辽宁省依赖第三产业拉动经济增长，吉林省依赖第二、第三产业拉动经济增长，黑龙江省则依赖第一、第三产业拉动经济增长。

从细分的时段来看，2000~2008年，即进入第一轮东北振兴政策期以来直至金融危机期间，东北地区整体、辽宁省和吉林省产业发展状态一致，第二产业超前发展而第一、第三产业相对滞后，而黑龙江省产业发展状态则完全相反，第一、第三产业均呈现超前发展；2009~2012年，即金融危机以后直至中国整体经济进入新常态期间，东北地区整体、吉林省、黑龙江省依旧维持前述状态，而辽宁省则从第二产业超前发展转变为滞后发展，第三产业转变为超前发展，符合产业结构升级的一般规律；2013~2018年，东北三省经济的发展经历了严酷的低谷时期，三省的经济平均增速由前两个时期的10%以上纷纷降至个位数。由测算出的产业结构超前系数可以看出，三省的第三产业皆维持超前发展，第一产业除吉林省外也呈现出超前发展，意味着经历了经济低估，各省份探索各自优势进行了产业结构调整，可见这一阶段东北地区的经济增长动力主要来源于第三产业的超前发展与第一产业比重的回升。

表2-1　　　　　东北地区三大产业的产业结构超前系数

地区	产业	2000~2008年	2009~2012年	2013~2018年	2000~2018年
东北地区	第一产业	0.8847	0.9854	1.0766	0.9197
	第二产业	1.0348	1.0181	0.7831	0.7699
	第三产业	0.9942	0.9810	1.2437	1.3343
辽宁省	第一产业	0.8823	0.9326	1.1856	0.9050
	第二产业	1.0432	0.8771	0.7541	0.7699
	第三产业	0.9767	1.1489	1.2732	1.3220
吉林省	第一产业	0.6935	0.8771	0.8928	0.4890
	第二产业	1.2240	1.0977	0.8977	1.2037
	第三产业	0.9342	0.9854	1.1769	1.0571
黑龙江省	第一产业	1.0781	1.1489	1.0142	1.4305
	第二产业	0.9453	0.9324	0.7077	0.5176
	第三产业	1.0628	1.0305	1.2739	1.6444

资料来源：根据《中国统计年鉴》整理。

2.3 东北地区要素结构现状

2.3.1 东北地区全社会固定资产投资变化

投资作为经济发展过程中一个重要的投入要素,不仅能促进经济增长率的提高,并且作为在市场经济条件下的一个非常敏感的经济指标,它的发展态势也往往最能体现出经济的发展态势。图 2-10 是东北三省 2001~2016 年全社会固定资产投资增速情况与同期全国的固定资产投资增速对比情况。

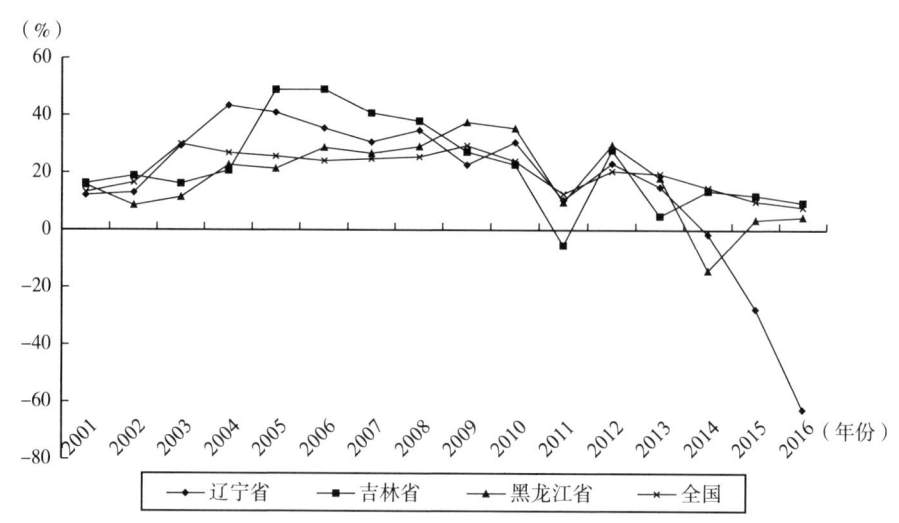

图 2-10 2000~2016 年东北地区及全国全社会固定资产投资增速对比

资料来源:根据《中国统计年鉴》整理并绘制。

从图中可以看出,与全国的平均水平相比,东北三省的固定资产投资增速最大的特点是波动性大,尤其以吉林省的情况最为突出。就总体走势来看，东北三省的固定资产投资状况与其经济增速状况是相吻合的，从2003年左右开始，东北三省的固定资产投资增速开始快于全国的平均水平，并且这一态势一直持续到2010年左右，这与国家实施的"振兴东北老工业基地"国家战略是相关的。从2012年起，东北三省的固定资产投资开始出现下降，黑龙江省和辽宁省甚至在2014年左右出现了负增长，尤其是辽宁省，2014年出现了断崖式的负增长，2016年的负增长率一度高达-62.65%。

如图2-11所示，将全社会固定资产投资细化到三次产业进行深入分析，根据数据收集结果发现，吉林省第一产业2000~2002年的投资仅为7亿元左右，2003年至今提升为70多亿元，为避免数据统计误差，仅分析2003~2016年第一产业全国固定资产投资情况及增速变化。从图2-11中可以看到，辽宁省第一产业全社会固定资产投资最近几年下滑明显，2014年以来呈现出高速下滑态势，吉林省和黑龙江省则仍呈现出缓慢上升态势，但整体上仍低于全国平均水平。就2016年而言，吉林省增速高于全国平均水平，而黑龙江省和辽宁省则明显低于全国水平，辽宁省甚至出现负值-52.13%。

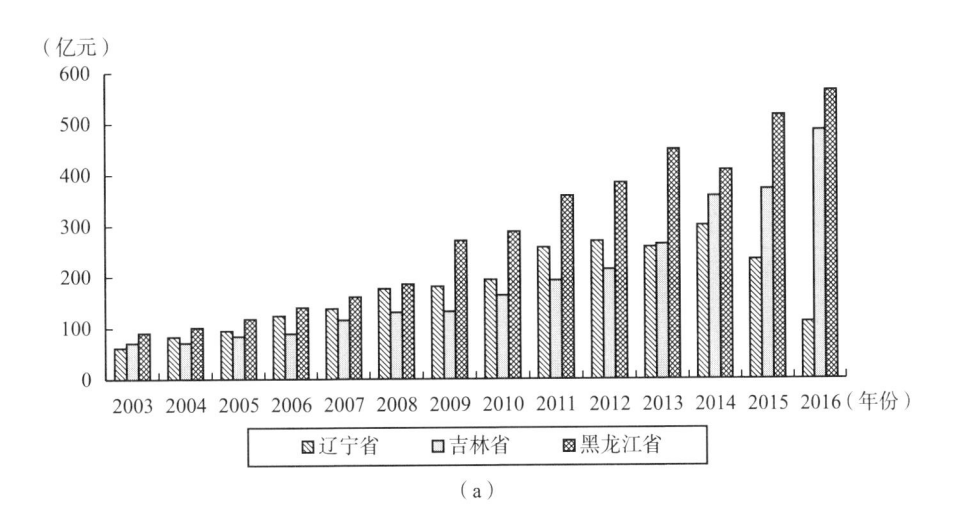

（a）

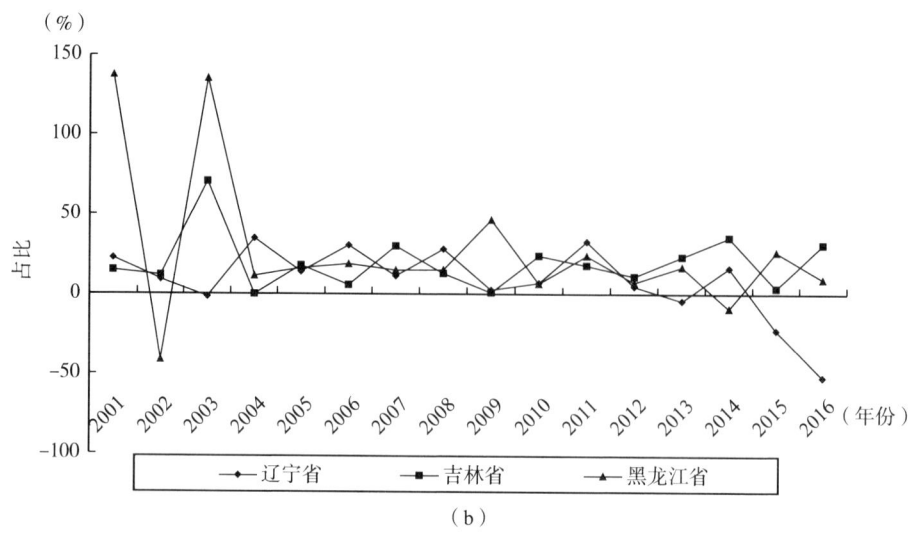

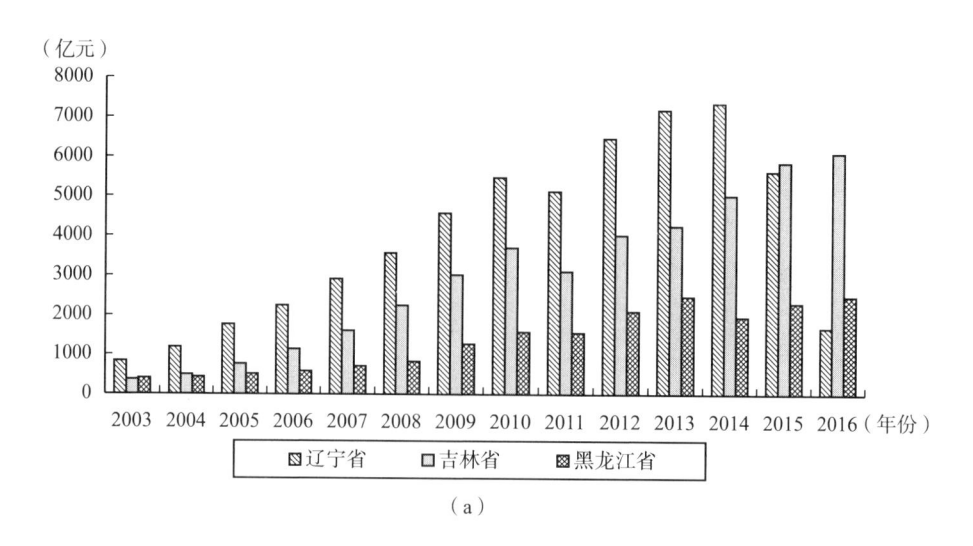

图 2-11 2000~2016 年东北地区第一产业全社会固定资产投资情况

资料来源：根据《中国统计年鉴》整理并绘制。

如图 2-12 所示，就第二产业全社会固定投资总额而言，2013 年前辽宁省投资水平明显高于其他两个省份，2014 年达到峰值，2015 年开始回落，2016 年就已成为三个省份投资额度最小的省份。而吉林省似乎并未受到太多影响，第二产业全社会固定投资总额稳步增加，从 2000 年三个省份最少，稳

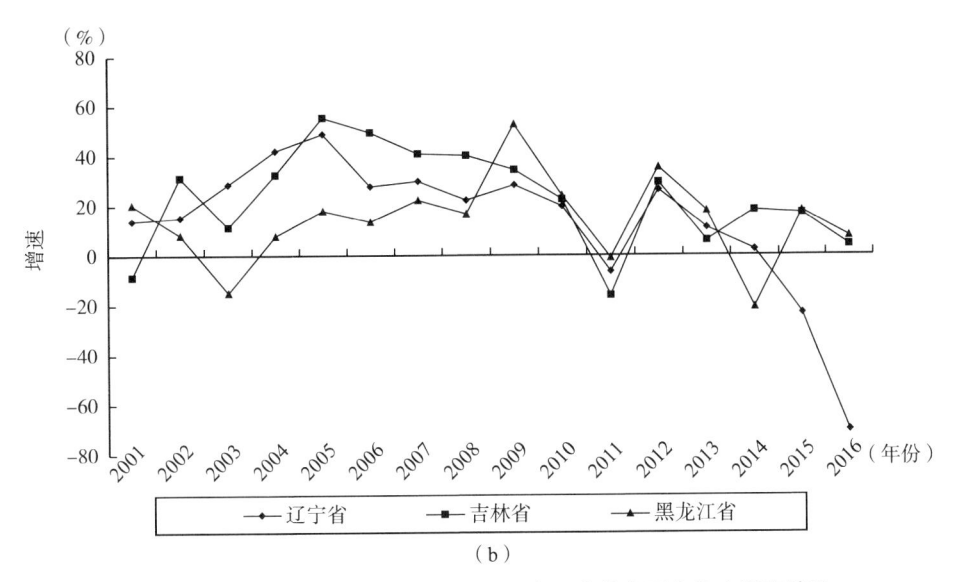

图 2-12 2000~2016 年东北地区第二产业全社会固定资产投资情况

资料来源：根据《中国统计年鉴》整理并绘制。

步增加到 2016 年的 6101 亿元，远远高于其他两个省份。黑龙江省则一直是东北地区第二产业全社会固定投资相对较少的省份。就增速而言，2013 年来第二产业全社会固定投资总额的增速整体出现回落态势。

如图 2-13 所示，东北地区三个省份的第三产业全社会固定资产投资发展也存在着明显的异质性。辽宁省在 2015 年以前一直遥遥领先于其他省份，2016 年迅速下降；而黑龙江省和吉林省整体发展相对平稳，处于稳步增长的态势。但就增速而言，2003 年以来整体上处于下降态势，2014 年以来黑龙江省和吉林省则有所回升。

2.3.2 东北地区就业人口变化

就业状况不仅是经济状况的现实反映，也是劳动力参与生产状况的具体反映，且劳动力是经济增长的重要源泉。

如图 2-14 所示，全国层面的新增就业人口呈现出下降趋势，这与整体的经济发展水平比较一致，而就东北地区而言，新增就业人口变化在 2014 年

（a）

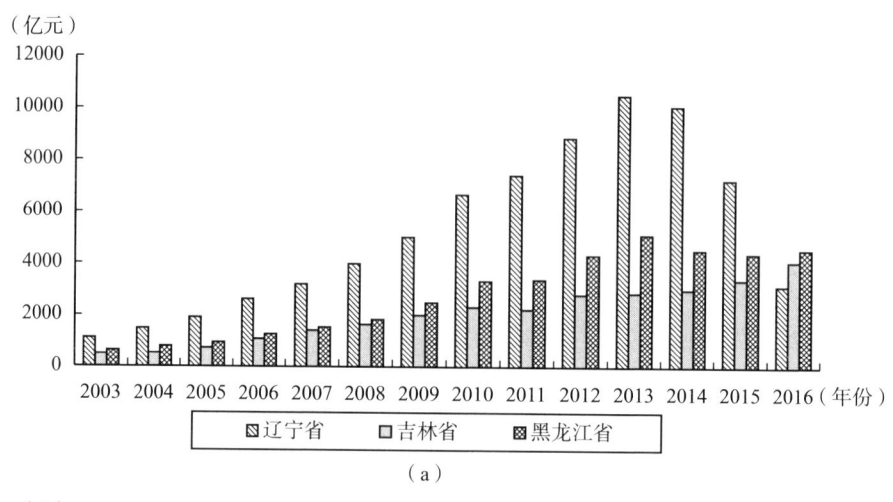

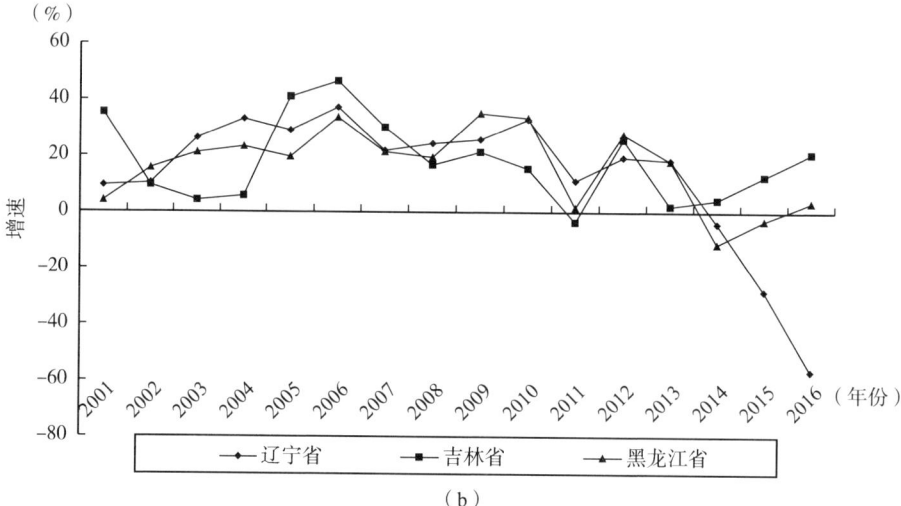

（b）

图 2-13　2000~2016 年东北地区第三产业全社会固定资产投资情况

资料来源：根据《中国统计年鉴》整理并绘制。

前相对平稳，2015 年后甚至出现负增长，这也意味着东北地区就业人口的外流。具体分析东北三个省份的新增就业人口变化可以发现，吉林省新增就业人口相对稳定，而辽宁省和黑龙江省自 2013 年后就开始明显下滑，辽宁省的就业人口外流情况最为明显。

整个东北地区的经济形势在 2010 年左右就已经开始出现下滑的趋势了，但是直到 2013 年前东北地区的经济仍然是高于全国的平均水平的，这就体现出了东北地区的年末新增就业人数在 2010~2013 年是逐年增加的，而到了 2013 年以后，东北地区的经济增速已经低于全国的平均水平了，还在继续下降，与此同时东北地区年末新增就业人数在 2014 年出现了大的回落，并且在 2015 年出现了明显负增长。

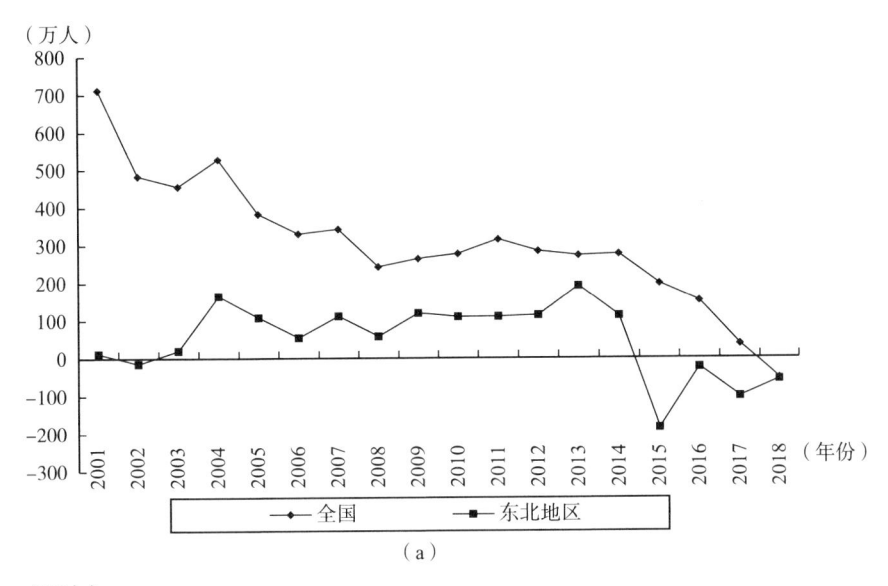

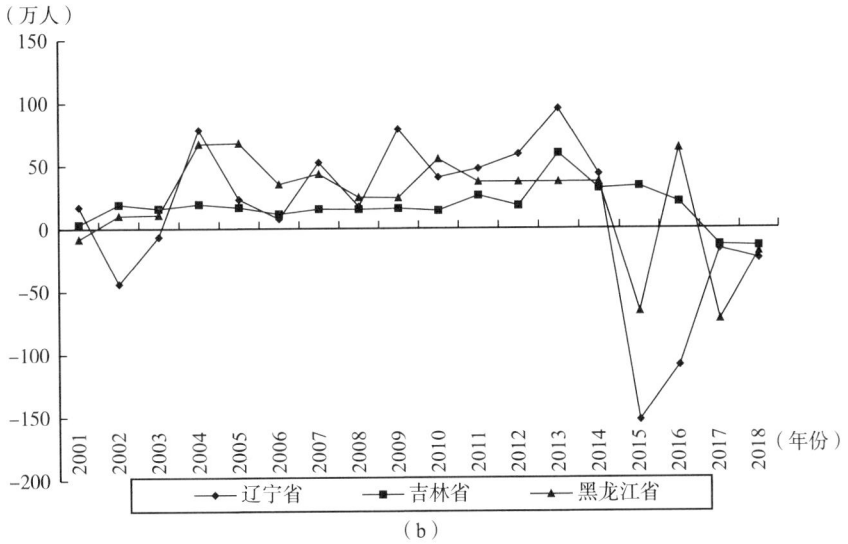

图 2-14 2001~2018 年东北地区及全国新增就业人口变化趋势

资料来源：根据《中国统计年鉴》整理并绘制。

| 要素错配对东北地区经济增长的影响：理论与实证 |

就黑龙江省、吉林省和辽宁省的情况来看，在2001~2015年间，辽宁省的年末新增就业人口数波动最大，其次是黑龙江省，而吉林省的波动则要小很多。对于辽宁省来说，在2002年以及2015年后都出现了就业人数负增长的现象，尤其是在2015年，辽宁省的年末新增就业人口数比上一年减少了152.3万人，而就业是经济好坏的反映，这充分说明了辽宁省的经济波动在此期间比较严重，但是从经济增速上来看，辽宁省在2002年增速都比较稳定并且比较高，这是与西方经典经济增长理论相悖的，所以辽宁省出现的这种特殊的现象还需要进行深入研究。

进一步的产业分析发现（见图2-15至图2-17），东北地区的第一产业新增就业人口整体呈现出负增长，这也符合产业结构调整的发展规律，就业人口逐渐从第一产业向第二、第三产业转移。值得注意的是，2014年以来，辽宁省的第一产业新增就业人口开始增加，但由前述分析发现，第一产业的全社会固定资产投资同时减少，产值亦对应减少。黑龙江省第二产业新增就业人口在多个年数均出现了负增长，而其他两个省份虽然在2014年后开始减少，但在东北地区经济发展的黄金期呈现出相对平稳增长，整体而言，近几年

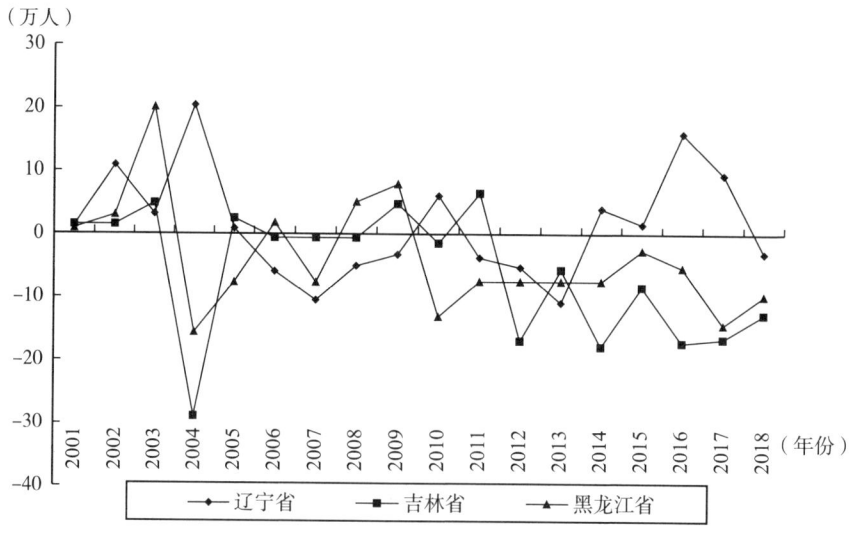

图2-15 2001~2018年东北地区第一产业新增就业人口变化趋势

资料来源：根据《中国统计年鉴》整理并绘制。

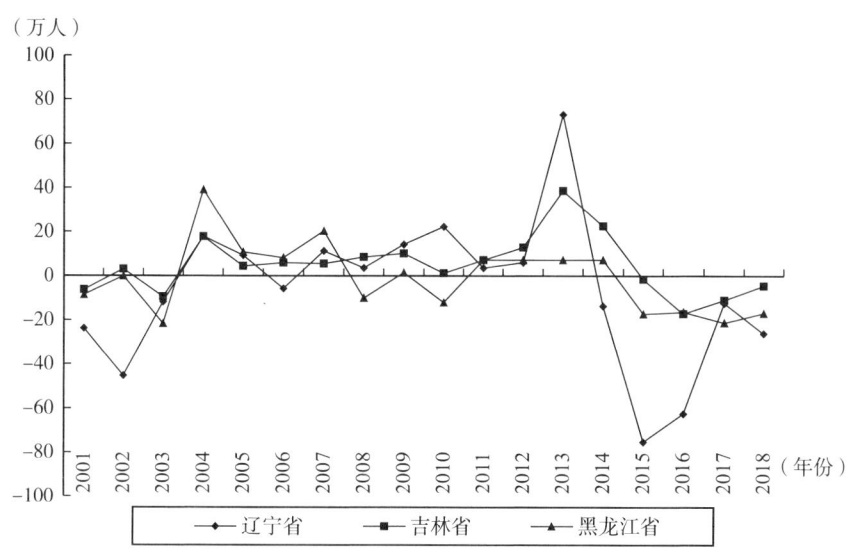

第2章 东北地区要素错配影响经济增长的客观事实

图2-16 2001~2018年东北地区第二产业新增就业人口变化趋势

资料来源：根据《中国统计年鉴》整理并绘制。

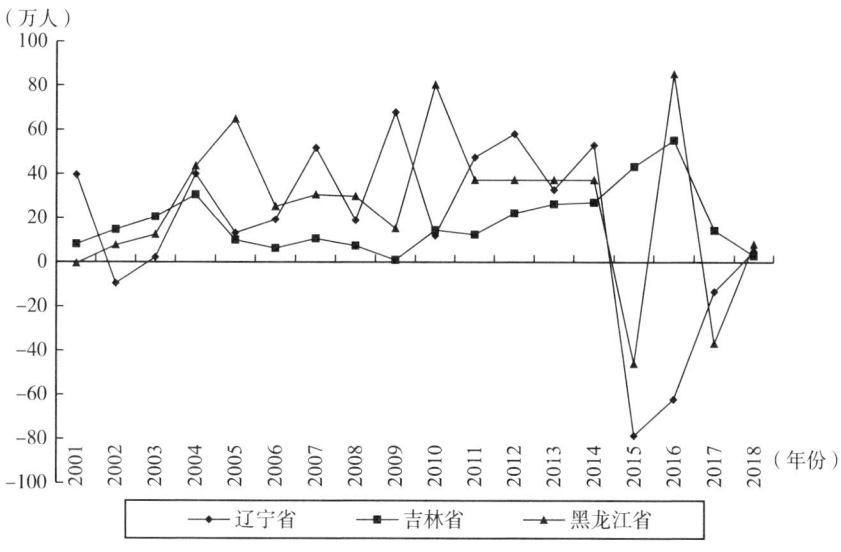

图2-17 2001~2016年东北地区第三产业新增就业人口变化趋势

资料来源：根据《中国统计年鉴》整理并绘制。

就业人口逐渐从第二产业向外转移。按照产业结构调整发展规律，第三产业新增就业人口是未来吸纳就业人口最多的行业，而且 GDP 发展及全社会固定资本投资也说明了这一现象。就第三产业新增就业人口变化趋势来看，吉林省第三产业吸纳就业人数持续增长，而黑龙江省和辽宁省的发展并不尽如人意。

可见，地理位势类似的东北三省，以人口为例的要素配置在产业间及地域间均存在明显的异质性。而要素配置也直接影响了东北各省的产业发展及增速，要素配置是否合理也直接影响了东北地区各产业的效率。事实上，要素错配一直存在于各产业内与产业间，从上述直观分析也可以看出，要素并非都投到最适合的产业中，甚至出现了产业结构失衡与生产率倒置等现象。产业发展处于不断变化中，要素配置也要不断调整以适应产业结构的发展。

2.3.3 东北地区要素配置

表 2-2 和表 2-3 直接反映了东北地区及各产业的资本劳动比变化趋势。从东北地区整体的资本与劳动比可以看出，资本劳动比在逐年增长，东北地区增长程度较全国平均水平高，东北三省内部存在着异质性，辽宁省最高，黑龙江省最低。而进一步分成三个产业来看，第一产业明显低于第二、第三产业，第二产业最高，投入第二产业的资本相对较高，同时东北地区的资本劳动比高于全国同期平均水平。

表 2-2　　　　2000~2018 年东北地区及第一产业的资本劳动比　　　　单位：万元/人

年份	整体					第一产业				
	辽宁	吉林	黑龙江	东北	全国	辽宁	吉林	黑龙江	东北	全国
2000	4.97	3.99	4.51	4.62	4.98	0.42	0.07	0.22	0.25	0.33
2001	5.09	4.17	4.67	4.77	5.29	0.46	0.07	0.27	0.29	0.36
2002	5.44	4.38	4.81	5.03	5.51	0.49	0.08	0.29	0.31	0.39
2003	5.88	4.67	4.99	5.35	5.92	0.53	0.19	0.37	0.38	0.42
2004	6.37	4.99	5.08	5.67	6.28	0.57	0.30	0.46	0.46	0.44

续表

年份	整体					第一产业				
	辽宁	吉林	黑龙江	东北	全国	辽宁	吉林	黑龙江	东北	全国
2005	7.40	5.67	5.27	6.38	6.85	0.64	0.42	0.56	0.56	0.48
2006	8.94	6.86	5.73	7.52	7.62	0.75	0.53	0.67	0.67	0.51
2007	10.68	8.52	6.33	8.93	8.39	0.88	0.68	0.81	0.80	0.56
2008	12.97	10.62	7.12	10.79	9.35	1.04	0.84	0.95	0.96	0.62
2009	15.49	13.27	8.43	13.08	10.80	1.20	0.97	1.17	1.13	0.72
2010	18.95	16.30	10.01	15.93	12.42	1.34	1.14	1.43	1.32	0.85
2011	22.07	18.33	11.52	18.35	13.94	1.57	1.34	1.75	1.58	0.95
2012	25.72	21.24	13.54	21.44	15.96	1.81	1.61	2.08	1.86	1.10
2013	29.33	23.28	15.86	24.43	18.18	2.03	1.92	2.46	2.18	1.29
2014	32.84	25.99	17.35	27.25	20.55	2.25	2.43	2.77	2.50	1.50
2015	36.89	29.00	19.68	30.59	23.15	2.36	2.90	3.17	2.80	1.77
2016	37.06	32.53	20.73	31.05	26.18	2.24	3.62	3.60	3.12	2.07
2017	38.21	34.94	21.97	31.95	28.31	2.24	3.63	3.73	3.21	2.16
2018	40.01	36.55	22.41	32.31	30.83	2.22	3.71	3.82	3.35	2.22

资料来源：根据《中国统计年鉴》整理。

表2-3　　2000~2018年东北地区及第二、第三产业的资本劳动比　单位：万元/人

年份	第二产业					第三产业				
	辽宁	吉林	黑龙江	东北	全国	辽宁	吉林	黑龙江	东北	全国
2000	6.54	9.29	11.12	8.62	7.41	8.24	7.42	7.32	7.80	9.61
2001	6.98	9.78	11.52	9.03	7.72	8.05	7.71	7.59	7.85	9.97
2002	7.85	10.19	11.74	9.57	7.90	8.47	7.92	7.86	8.18	10.15
2003	8.63	11.35	12.51	10.43	8.20	9.05	7.99	8.23	8.59	10.86
2004	9.50	11.51	11.20	10.48	8.76	9.56	7.85	8.29	8.84	10.98
2005	11.30	13.35	11.12	11.61	9.50	10.77	8.51	8.23	9.60	11.51
2006	14.00	16.42	11.28	13.53	10.67	12.59	9.91	9.15	11.08	12.38
2007	17.16	20.91	11.38	16.14	11.63	14.27	11.72	10.23	12.62	13.45

续表

年份	第二产业					第三产业				
	辽宁	吉林	黑龙江	东北	全国	辽宁	吉林	黑龙江	东北	全国
2008	21.13	26.86	12.57	19.82	13.49	16.93	13.78	11.50	14.78	14.49
2009	25.85	34.45	14.48	24.81	15.76	19.29	16.49	13.72	17.14	16.28
2010	30.88	44.34	17.57	30.46	18.01	23.92	18.92	15.36	20.43	18.46
2011	35.49	49.85	19.57	34.76	20.16	27.72	20.91	17.42	23.31	20.49
2012	41.42	56.38	22.64	40.61	23.42	31.70	23.19	20.12	26.64	23.22
2013	43.34	57.25	26.19	43.03	26.27	37.05	24.89	23.14	30.70	25.86
2014	50.06	62.04	28.03	48.66	30.20	40.45	26.30	24.98	33.20	28.25
2015	59.32	72.31	32.28	57.63	35.39	45.75	27.18	28.73	37.17	31.08
2016	62.39	86.39	36.90	64.84	39.97	46.93	28.29	28.21	36.69	33.95
2017	66.41	91.12	38.32	66.48	43.32	48.81	29.34	29.11	37.01	34.81
2018	69.32	94.32	40.21	72.43	47.98	51.32	30.98	29.32	37.92	36.11

资料来源：根据《中国统计年鉴》整理。

2.4
要素错配下的"新东北现象"及内在原因

新华社2015年2月15日播发的调查报告《事关全局的决胜之战——新常态下"新东北现象"调查》，引发广泛关注。社会各界和网络上热议"新东北现象"，普遍认为当前东北又走到一个新的历史关口。我国经济步入新常态，要进一步解放思想，抓住新一轮东北振兴机遇，通过打好"市场牌""改革牌""创新牌"，打赢东北全面振兴的攻坚战。所谓"新东北现象"，是指有别于2003年实施东北振兴战略之前东北经济增长乏力的"东北现象"。20世纪八九十年代至21世纪初，东北地区保持了较快的经济增长，但是与国内其他地区和省市相比，经济增速相对较低，与自身的工业基础和城镇化水平地位不符，引起了全社会的关注，一度被称为"东北现象"。2003年国家实施东北振兴战略以后，东北经济保持快速增长，固定资产投资规模明显扩大，经济总量占全国的比重有所上升。对于"新东北现象"应该有一个全面正确的认识。首先，不能否定东北振兴战略的实施成效，这一次的经济趋缓并没有产生大规模影响社会稳定的问题，表明东北经济的抗风险能力不断增强。其次，正视当前制约东北经济发展的结构性和体制性等深层次问题，正视产业结构、投资结构、所有制结构、企业组织结构等不能完全适应市场化竞争的要求。

"新东北现象"引发社会广泛关注后，不少政策研究机构和学者对此进行了原因分析。现有研究主要从要素供给、需求结构、产业结构、体制因素、市场环境等方面进行讨论，本研究也就目前东北地区具有代表性的现象进行分析。

2.4.1 要素供给层面"新东北现象"的典型表现

要素供给方面，现有研究讨论较多的是东北地区人口外流、人口老龄化和人才流失等问题，本部分重点关注人力资本流失问题。事实上，根据2012年《中华人民共和国全国分县市人口统计资料》东北三省的人口净迁移率推算，2012年东北地区人口流失就已达264176人，这部分人员流失不但使得东北地区劳动力减少，更为严峻的是带走了东北地区多年的教育投入与技能培训的成果。人口和人力资源流失问题导致整个东北的生产出现了乏力的局面，本地发展动力不足，深入研究并解决东北地区人力资源流失问题变得异常迫切。虽然主流观点认为人力资源流失将对经济发展产生"经济下滑——人口外流——经济进一步减速"的影响，但也有研究认为人力资源流失符合生产力优化布局的规律，从长期看可能有利于东北经济转好，东北"人口流失"未必是危机。东北地区的人力资源流失究竟对东北地区产生了何种效应？

1. 模型构建

缪尔达尔-赫希曼地区间经济发展理论认为，落后地区与先进地区之间存在两种作用，一种是扩散效应（涓滴效应），指生产要素从先进地区向落后地区流动，发达地区的发展成果能够促进落后地区的发展；另一种是回浪效应（极化效应），指生产要素从落后地区向先进地区流动，发达地区的发展以抑制落后地区的发展为代价。威廉森（Williamson，1965）进一步认为，经济发展初期，回浪效应将起主导作用，地区差距趋于扩大；经济发展到成熟阶段，扩散作用将发挥主导作用，使地区差距转向缩小，整体变化轨迹呈现一条倒"U"型曲线。基于人力资源要素，结合缪尔达尔－赫希曼理论，认为人力资源由流出地流失至流入地的行为，将产生扩散效应和回浪效应两种效应。扩散效应体现在：人力资源流失客观上提升了流出地人力资源预期，刺激流失地人力资源增长，增加了流出地的劳动生产率，缓解了流出地的就业压力；同时流出的人力资源若将外出收入带回流出地，也将促进流出地的经济发展。回浪效应体现在：人力资源不断流失导致了流出地的人力资源不断降低，进而形成恶性循环，流出地经济由于人力资源的缺失越来越落后，而流入地由于人力资源不断扩充，经济越来越发达。结合上述分析，构建东北地区人力资源流失对经济增长的影响效应示意图（见图2-18）。图2-18中，区域A为落后省份（东北三省），区域B为先进省份（南方沿海省份）。通常情况下，人力资源由区域A向区域B迁移与流动，导致了区域A的人力资源流失，进而对区域A的经济增长产生了负面影响（回浪效应）。同时，由于高层次人力资源流动至先进区产生了物质和精神的示范作用，拉动更多低层次人力资源流动，客观上增加了区域A的人力资源的利用效率（扩散效应），从这一视角而言，人力资源流失并不单单产生负面影响。

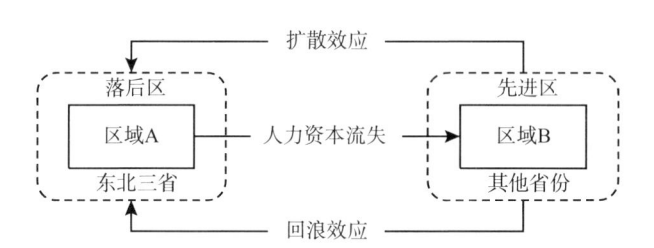

图2-18 人力资源流失对经济增长的影响效应

资料来源：根据缪尔达尔－赫希曼关于地区间经济发展理论绘制。

同时，威廉森（1965）的倒"U"型理论认为在人力资源流失与流出地经济增长之间也存在一条"U"型曲线，如图2-19所示。在人力资源流失的初期，回浪效应显著，人力资源流失在短时期内将对流失地的经济增长产生负面影响，但这种负面影响不是一直存在的，随着人力资源的流失的持续，当到达拐点（h_0）时，这种负面影响将会终止，扩散效应将会显现。综上所述，人力资源流失对流出地经济增长的总体关系呈"U"型曲线。

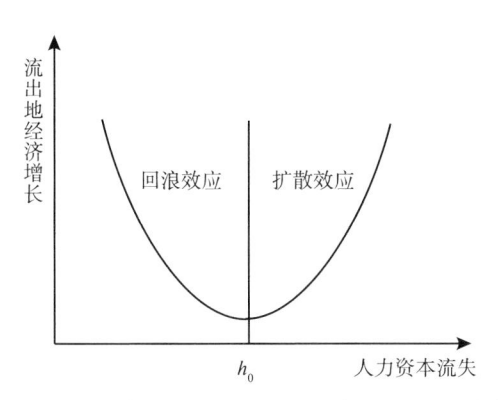

图2-19 人力资源流失对经济增长的"U"型变化轨迹

资料来源：Williamson J G. Regional Inequality and the Process of National Development：A Description of the Patterns [J]. Economic Development and Cultural Change, 1965 (1)：3-5.

2. 实证分析

本书在新古典经济增长模型基础上，同样运用C-D生产函数构建计量模型，将人力资源流失内生化，构建如下的实证计量模型：

$$Y_t = AK_t^{\alpha} H_t^{\beta} h_t^{1-\alpha-\beta} \tag{2-2}$$

式中，A为全要素生产率，K_t为物质资本存量，H_t为人力资源存量，h_t为人力资源流失量，α和β分别表示物质资本与人力资源的产出弹性。

为重点分析人力资源流失与经济增长之间的关系，结合上述计量模型建立面板回归模型：

$$\ln Y_{it} = \beta_0 + \beta_1 \ln K_{it} + \beta_2 \ln H_{it} + \beta_3 \ln h_{it} + \beta_4 (\ln h_{it})^2 + \mu_i + \varepsilon \tag{2-3}$$

其中，$i=1, 2, 3$分别表示辽宁、吉林和黑龙江；$t=1, 2, \cdots, 27$分别代表1992~2018年；β为斜率项，设定东北三省相应自变量的斜率项一致；μ_i为截距项，反映东北三省之间的差异。根据截距项的不同，上述模型可以具体为混合回归模型、固定效应模型或随机效应模型。若不存在个体效应时，即为混合回归模型；若存在个体效应时，则分为固定效应模型（μ_i与自变量相关）和随机效应模型（μ_i与自变量不相关）。

其中，选择1992~2018年东北三省的GDP，并以2000年价格为基准的缩减指数对GDP进行缩减，得到以2000年不变价格的GDP，数据来自历年《中国统计年鉴》；K_t采用永续盘存法按不变价格测算东北三省的资本存量，根据$K_t = I_t + (1-\delta)K_{t-1}$计算历年资本存量指标，其中$I_t$代表$t$年的实际投资，$\delta$为折旧率。关于基期资本存量的确定，采用国际常用方法，即$K_0 = I_0/(g+\delta)$，其中g为实际投资的年均增长率，δ为折旧率，本书将其定为5%。H_t和h_t均为人力资源指标，本书以人口迁移表示人口流失，H_t是除去东北三省流出的人力资源后（h_t）的存量。其中，当期各省人力资源流失量=当期各省人口迁移率×上一期各省人力资源总量。[①] 东北各省人力资源总量来源于《中国人力资源指数报告2019》，人口迁移率通过人口平衡方程式计算获得。

通过估计辽宁、吉林和黑龙江三省的人力资源流失对经济增长的影响效应（见表2-4），发现除辽宁省外，吉林和黑龙江两省人力资源流失与经济增长之间关系成"U"型曲线。同时，东北三省的人力资源流失在短期内均对经济增长产生负面影响，这种负面影响在辽宁省一直存在，而吉林省与黑龙江省则在到达一定的拐点后转变为正向影响。

表2-4　　人力资源流失与东北各省经济增长的计量分析结果

省份	ln$h$	(ln$h$)²
辽宁	-0.0549** (-2.2269)	0.0079 (1.1900)
吉林	-0.0554*** (-4.3763)	0.0137** (2.1337)
黑龙江	-0.0314*** (-2.7099)	0.0121** (2.2782)
调整R²	0.5605	
F统计量	10.8848	

注：括号内为t值，***、**、*分别表示在1%、5%、10%的显著水平上显著。
资料来源：EViews统计输出。

---

① 人力资源总量来源于《中国人力资本指数报告》，包含女性0~55岁人口、男性0~60岁人口。

3. 结果分析

通过上述分析可见，无论是东北三省整体还是各个省份，人力资源流失均对区域经济增长产生负面影响。这一结果与前文的理论分析一致，说明人力资源从区域内流出虽然缓解了当地财政负担，但高素质和高学历人才的流失导致区域内人力资源存量下降，产生了回浪效应，人力资源流失区域的经济增长受阻。近几年，东北三省的经济增速持续处于全国底部也验证了这一结论。然而，随着人力资源流失，这种负面的效应并非一直持续，当其到达一个拐点或门槛时，人力资源流失的扩散效应将逐渐显现，除辽宁省外，吉林省和黑龙江省及整体东北地区的人力资源流失将开始对区域经济产生正向影响。本书认为，这种"U"型曲线的存在说明随着人力资源从东北三省不断流出导致整体人力资源的不断下降，而当其达到拐点时，现有的人力资源存量无法满足区域经济发展要求，将刺激本区域人力资源的整体提升并盘活东北地区的人力资源。而且伴随第三产业、交通运输业的发展，人力资源的地域差别成本将逐渐降低，这将促进人力资源的流动，进而使东北地区的经济得以增长。

东北地区人口分布和结构分析的种种迹象表明，东北地区已经成为人口流出的典型区域，而伴随着人口整体流失，其中一部分具有人力资本的劳动力逐渐离开东北地区，不但使得东北地区劳动力减少，更为严峻的是带走了东北地区多年的教育投入与技能培训成果。基于资源禀赋的人力资源配置效率分析显示，东北地区产业人力资源配置存在较大程度的调整空间。从整体看，东北地区人力资源增长速度缓慢，各产业人力资源存在着较大程度的短缺和过剩并存的现象；在东北区域内部，各地区也存在着不同的特征，应该结合人力资源配置对各种资源禀赋使用效率的影响，有效促进人力资源在不同产业间的流动。虽然对于区域资本禀赋来说，东北地区现有的人力资源配置相对来说比较合理，但是这种合理是以市场机制为导向的，是建立在现有的区域资源禀赋的基础上的，随着人力资源的流失，这种平衡将被打破，现阶段的人力资源流失已经对东北地区增长产生明显的负向影响，阻碍了东北地区振兴，但长期来看，"U"型关系将有利于东北地区经济转化，这与当下学者认为东北"人口流失"未必是危机的观点一致。

2.4.2 要素错配视角下的"新东北现象"的内在原因

尽管中高速发展的经济"新常态"成为近期全国经济走势的大方向，但迅速跌落的东北经济问题远非增速趋缓、结构调整、动力转换等常态原因能解释。三次"东北现象"一脉相承，溯其根源，必须回到东北经济发展的历史脉络上来。

1. 东北地区的资源基础与产业定位

任何地区的经济发展都是以产业体系为基础的。新中国成立后在国家的重点投资建设下，东北地区成为我国最早的大型重工业基地和原材料供给基地，初步建成一大批工业基地，随着东北的工业结构逐渐发生变化，向以采掘业为主的重工业偏移，建立起一大批大型石油化工基地，随着大庆油田的进一步开发，东北经济结构也发生了重大变化。机械工业始终占据工业部门产值的首位，石油工业上升到第二位，化学工业的相对地位不断提高。至此，东北地区作为全国重工业基地的地位不断强化，形成了以冶金、采掘、石油加工、机械制造等为主体的重工业体系。

不难看出，这一时期东北地区的经济任务，主要是为国家整体经济建设生产基础性产品，以保证全局生产的有效运转。由此，东北老工业基地在"创业"之初，就被定位为国家整体产业体系的基础层，是主要提供资源、技术和产品的生产资料生产部门，而生活资料生产部门在东北地区所占比重很小。特别是机械制造业，其崛起符合当时国家生产力的发展要求，因而也成为东北老工业基地的"王牌"，始终占据地区工业部门产值的首位。具体来说，东北地区所布局的产业主要为钢铁、煤炭、石油、木材等资源型产业，以及机械、化工、汽车、纺织等制造业。人们普遍认为，这一时期的东北产业发展为国家的经济腾飞做出了卓越贡献，但通过数据的横向比较发现，东北地区占据的优势实质上是工业基础性产品的数量优势，而不是决定国家经济命脉的产值优势。

这一时期东北地区经济发展的物质基础在于工业产品规模化生产的产业发展模式，目的是为国家整体的产业体系与经济循环打造根基，缺少高附加值产业的建立与发展，并未掌握能够使产业持续发展的核心技术与研发能力。这种固着于低附加值产业的整体定位，从一开始就奠定了东北地区长期以来发展的物质基础，尽管在新中国成立初期显现出经济高速发展的繁荣景象，但这一基础是薄弱的、不可持续的，使东北在后续的发展中受到冲击。

2. 渐进式改革对东北地区的冲击

改革开放以来，中国采取了分阶段的开发策略，东南沿海地区率先成为国家投资的重点区域，引入市场机制成为国家政策主流。面临"市场化"，东北老工业基地遇到了前所未有的困难。从东北地区早期的经济发展可以看出，机械制造业是老工业基地的"王牌"，是国家重工业的命脉，在产业体系中占据了至关重要的地位。新中国成立初期百废待兴，东北地区机械制造业的崛起符合当时国家生产力的发展需求，因而取得了快速发展。从新中国成立到改革开放前，机械制造业始终占据东北地区工业部门产值的首位，对该地区经济效益有着重要影响。

改革开放之后，东南沿海地区率先从国外进口工业生产所需的原材料、机器设备以及产业技术，直接导致具有国际竞争力的产业与产品全面涌入中国，这对东北老工业基地造成了巨大冲击，东北地区的重工业产品质量无法与国外同类产品相抗衡，造成了在产业体系中占据重要地位的机械制造业被国外相关产业直接替代、东北老工业基地的产品无法进入经济发达地区市场的现象。

国家在东南沿海地区率先推进改革开放战略，归因于该地区优越的地理位置、便利的陆海交通、易于接纳先进技术的产业基础，这些都是在计划时期已发展成形、规模相当的东北老工业基地所不具备的区位条件。东南沿海地区凭借对外开放与市场化的快速发展，迅速建立起自身的工业体系，轻重工业合理搭配。改革开放政策与市场化模式在东北地区推进的滞后，必然造成东北老工业基地在国家整体的产业体系中失去自身定位，经济效益也在长期的发展中逐步衰落。

3. 经济周期的冲击

20 世纪 90 年代，在市场化改革、经济转轨的过程中，东北老工业基地经济陷入困境，大批企业处于停产、半停产状态，经济亏损额居高不下，众多职工面临下岗失业。东北地区传统的工业部门产值逐年缩减，原有的主导产业及优势产品在全国的地位也呈现下降的态势。

"新东北现象"引起了社会各界的广泛关注，振兴东北老工业基地的国家战略提上日程。东北地区一度进入高速发展的"十年振兴"阶段，经济走势有所回升，GDP增长率均保持在10%以上，高于全国平均水平。然而，2014年起东北经济再次出现下行态势，三省经济增长率明显下降。从自身问题上看，有东北产业定位的固化，有国家政策执行的滞后；从世界范围内的经济运行来看，这一次大规模的东北经济危机，实际上是第二次产业革命成果将至终结的一次全盘清算。迄今为止，人类社会经济活动仍然以第二次产业革命时期形成的产业体系为主，第三次产业革命及IT革命带来的只是这个体系局部枝干的发达和革命性进步。中华人民共和国成立初期，在指令性经济体制下国有资本大量涌入东北地区，带来经济的跟随性增长。受益于密集型投资和煤炭、石油等资源禀赋，并以内燃机技术、电力技术、石油技术为源动力，东北地区迅速建立起机械制造业、石油化工产业、电力设备制造业等一批产业，形成了覆盖社会基本需求的、较为完整的产业体系。这一产业体系始终处于第二次产业革命的框架之内，由于产业技术源动力长期的不变性，局部枝干的发达与进步并不能带来全局性、革命性的改变。随着自然资源的枯竭和不可再生，新材料、新能源的开发迫在眉睫，以此为基础的新一轮产业革命悄然来临。新技术、新动力的产生必然带来旧有产业的淘汰与更新换代。在产业技术即将到达周期终点的同时，世界市场的需求结构也在发生深刻的变化。东北地区的产出结构始终以重工业产品为主，这适应了中华人民共和国成立初期世界市场和中国经济发展的双重需要，但已经与当前阶段以高新技术为核心的产品市场需求不符。根植于第二次产业革命成果的东北老工业基地，正处于这样一个世界性的变革洪流之中，已有产业的衰落是历史必然，需要的是抽薪止沸的解决方法，而不是基于现有产业基础的、反复无用的局部改良。

4. 管理体制的僵化

从经济基础上看，"新东北现象"的产生既有内因，也是外部环境使然；从上层建筑上看，"新东北现象"则表现于制度、政策、市场组织等方面的体制僵化。

老牌国企长期处于经济亏损状态，无法满足经济社会发展的新需求，但地方政府并未因此减少扶植力度，逐渐形成了东北地区主导产业单一的局面。该局面在经历了一轮振兴后并未得到实质性改变，而东北地区真正需要的产业技术变革问题始终没有得到应有的重视，对外被动接受国际市场上高端产业的梯度转移，对内重复着自身低端产业与产品的无序竞争。

在地方政府制度性扶植国有企业的策略影响下，东北地区在具体执行政策的过程中也陷入了僵化的局面。由于改革开放和市场化进程相对滞后，东北地区对国际资本的吸引力明显不如东南沿海地区，因而在外资选择和转移过程中始终处于被动地位。为了在短期内弥补资本引进环节的缺陷，经济振兴方式往往选择依靠地方政府招商优惠政策的拉动，也就是脱离市场运行的自然规律，依赖政府"指挥"，以指令性的行政干预使资金到位。总结东北振兴时期各地发展产业的政策方式，基本都是以当地主导产业为核心，大力招商引资，兴建产业工业园区，以产业集群的方式实现规模化经营，以此带动地方经济的发展。短时间内的集中建设没有考虑市场的实际需求与承载能力，短暂的繁荣仅仅能维持几年。这些都破坏了市场主体的公平竞争和地区生产能力，并造成市场组织的僵化。

2.5 本 章 小 结

东北地区经济增长持续走低，尤其 2016 年辽宁省的 GDP 增速为 -2.5%，而同期全国的增速为 6.7%，吉林省和黑龙江省的增速分别为 6.9% 和 6.1%。从分产业的 GDP 增速变化趋势来看，三个省份的 GDP 增速变化趋势整体上具有一致性，第一产业增速最慢，在 2012 年前第二产业增速高于其他产业，但 2012 年以后第三产业的增速明显提升。

从 2012 年起，东北三省的固定资产投资开始出现下降，并且黑龙江和辽宁两个省份在 2014 年左右固定资产投资出现了负增长，尤其是辽宁省在 2014 年以来出现了断崖式的负增长，甚至在 2016 年的负增长率高达 -62.65%，这也是对当时经济状况的直接反映。东北地区人口分布和结构分析的种种迹象表明，东北地区已经成为人口流出的典型区域，而伴随着人口整体流失，其中一部分具有人力资本的劳动力逐渐离开东北地区，不但使东北地区劳动力减少，更为严峻的是带走了东北地区多年教育的投入与技能培训的成果，恰恰是这部分具有人力资本的劳动力，对东北地区社会和经济发展的影响更为明显。

可见，东北地区的要素并未配置到最合理的产业及行业间，进而导致了一系列经济增长滞后的现象。尽管中高速发展的经济"新常态"成为近期全国经济走势的大方向，但迅速跌落的东北经济问题远非增速趋缓、结构调整、动力转换等常态原因所能解释，与东北地区的资源基础与产业定位、渐进式改革对东北地区的冲击、经济周期的冲击和管理体制的僵化均有一定的关系。

第3章

要素错配导致经济增长
损失的影响机制

资源及要素的错配最直观和主要的表现是各个部门要素的边际报酬不再相等，资源错配的存在不仅使产业和部门间的要素配置发生扭曲，引起整个经济各产业部门的结构变迁，而且资源的流动障碍在短期内会改变各部门的产出总量及其产出比例，在长期内则会通过宏观系统的传导机制改变整个经济在其既有技术和要素禀赋下的产出组合方式，从而使需求结构、产出结构和分配结构等经济结构偏离帕累托最优状态，并最终使整个社会的资源配置效率发生变化。

3.1
要素错配与经济增长损失的作用机制

假设经济中仅有两个部分——农业部门和非农业部门，农业部门为劳动密集型部门，非农业部门为资本密集型部门，在要素投入方面只有资本和劳动两种要素。如图3-1所示，横坐标代表劳动力要素，纵坐标代表资本要素。1和2为两个部门等产量曲线，其上的每一个点都代表一定比例的资本与劳动的投入，当市场是完全竞争市场时，两个部门最优市场决策显而易见，为 A 点和 B 点，相应的资本投入也可以看出，部门1和部门2的资本与劳动投入分别为（K1，L1）和（K2，L2），虽然两个部门资本与劳动密集度不同，完美市场的假设使得经济当中的要素分配符合 $K1+K2=K$，$L1+L2=L$，即整个经济的要素分配净尽，配置完全有效率，不存在要素的过度配置或配置不足。

假定状态下的资源配置状态部门2由于政府管制、制度差异等因素的介入而被打破，要素自由流动被阻碍，各部门间的要素边际收入不再相等，等成本线开始移动，由 $C2$ 变为 $C2'$，非最优的要素配置方式也使得部门2的产量发生缩减，O 点成为部门2的最优生产点，其要素投入方式也相应发生了变化，此时整个经济的资源配置方式出现了变化，K 由于配置不足形成不可能实现的过度需求，而 L 则由于劳动力无法配置而形成失业。事实上，这仍不是最终的生产状态，由于短期内资本的非流动性，部门2形成的过度资本投入需求无法实现，实际上只能获得 $K2$ 的资本投入，而导致产出减少，由此要素错配产生。事实上，要素错配的存在不但影响经济短期结果，也影响了经济的长期产出组合，整个社会资源配置效率也发生了变化。

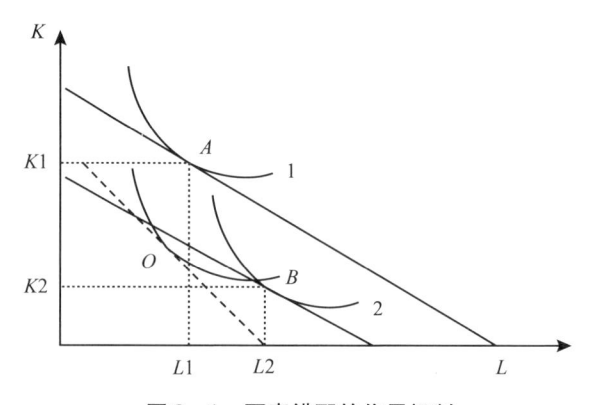

图 3-1 要素错配的作用机制

资料来源：笔者根据要素错配与经济增长损失的作用机制理论分析绘制。

3.2
要素错配与经济增长损失的传导与影响机制

构建存在两种产业的经济系统（见图 3-2），分别为产业1和产业2，其

第3章 要素错配导致经济增长损失的影响机制

中进行社会生产的要素投入分别是资本和劳动,1和2和分别为产业1和产业1的等产量曲线,C是在初始的一般均衡状态下的等成本线,C1和C2为要素相对价格变化后的等成本线。基于此,从两个背景情况下讨论要素错配的产生及其对经济系统的传导和影响机制。

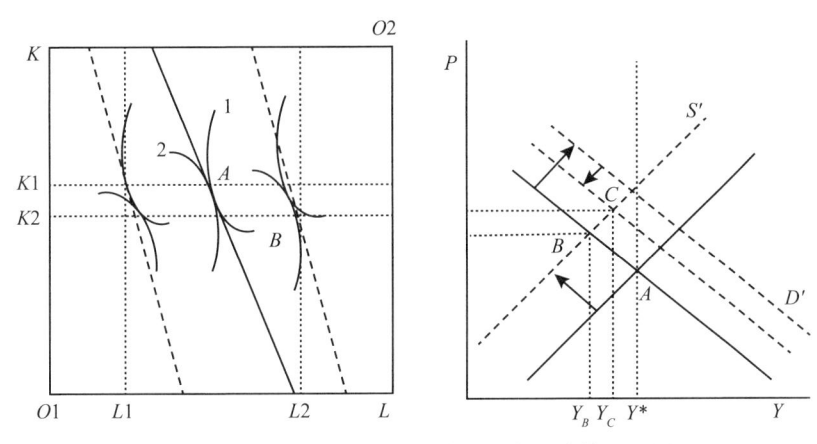

图3-2 要素错配的产业影响机制与经济传导机制

资料来源:笔者根据要素错配与经济增长损失的传导与影响机制理论分析绘制。

第一种情况:经济系统完全竞争,即产品要素市场双竞争,此时的帕累托最优配置点为A,即要素的配置为(K0,L0),此时系统的要素配置达到了最有效利用。若此时政策产生了变化,为刺激经济进行降息政策,同时劳资谈判的结果决定提升员工的工资水平,此时资本相对于劳动的价格上升,产业1和产业2的成本曲线分别变为C1和C2,且将分别改在B点和C点重新安排生产,与有效的最优配置点相比,资本被配置过多而劳动配置相对过少,此时要素配置为(K1+K2,L1+L2),要素错配现象由此产生,其中K1、K2部分是资本的过度配置,而L1、L2则出现了部分失业,与帕累托最优生产点相比,产业结构发生了变化,社会总产出也出现了下降。

第二种情况:经济系统非完全竞争,假定产业1为垄断部门,即产品要素市场双垄断,产业2为竞争部门。垄断企业享受了国家的优惠政策,可以获得相对较低的资本利率,而且垄断企业对劳动要素市场的垄断可以参与收益分成,从而产生相对于市场竞争时更高的劳动价格。与前述分析类似,这种状态下仍然会出现过度的资本投资与劳动市场失业状态,依旧出现了要素错配现象。

在明晰要素错配对于产业的影响机制基础上,进一步分析其对经济增长的传导机制。假定最初的生产点是供给与需求的均衡焦点 A 处,此时经济处于充分就业状态,理想的潜在产出水平为 Y^*。以上述情况为例:政府对于要素市场的制度干预使得要素配置偏离最优的配置比例,非效率的要素配置产生了非效率的产出水平,总供给较最优生产状况相比发生了下降,总供给曲线移向 S',与此同时,低于市场竞争水平的资本使用成本使垄断企业有了增加投资以获取更多垄断利润的冲动,这样,由投资需求增加引发的总需求增加促使总需求曲线移向图中 D'。若考虑长期状况,通货膨胀、工资的刚性加上要素收入份额的变化降低了工人的实际工资和收入水平,消费需求随之下降,但投资需求并未有减少的迹象,最终的总需求曲线为有效需求水平小于 Y^*,此时的经济不仅存在着失业与过度投资,而且内需不足与通货膨胀并存。由此,也可以直观地看出要素错配通过影响产业结构变化进而导致经济增长损失的传导过程。

3.3
要素错配对区域经济增长影响效应的模型构建

3.3.1 区域经济增长的衡量

1. 研究方法选择

技术进步是经济发展的重要源泉,是经济发展的长久动力,以全要素生产率(TFP)为代表的技术进步水平已成为中国工业经济得以持续增长的根本源泉,本研究以全要素生产率增长衡量经济增长动力。全要素生产率(TFP)最初由索罗于1957年提出,并将TFP增长率定义为"索罗余项",

采取"索罗余值法(SRA)"估算 TFP 增长率实质上是存在一个假定前提的,即经济主体技术有效。而事实上,转型国家市场不完善、信息不对称以及制度缺陷等会造成效率损失,中国工业企业并不处于最佳前沿技术水平上(周晓艳等,2009)。因此,克服这一缺点的前沿技术方法在测算全要素生产率增长率的研究中得到了广泛应用,最具代表的是数据包络分析法(DEA)(陈勇等,2005;李丹等,2008;李春顶,2009;尹向飞等,2016)和随机前沿生产函数法(SFA)(涂正革等,2005;张军等,2009;郑兵云等,2010;牛泽东等,2012;孙早等,2016)。就 DEA 和 SFA 两种方法,DEA 法虽不需设定函数形式,但由于 DEA 法对于面板数据是每个周期构造一个生产前沿,对数据的准确性要求很高,容易受到样本异常点的影响;而 SFA 法允许误差项的存在,由于仅构造一个生产前沿,即使某一周期数据整体都有异常,对整体结果的影响也不很明显,但也有需要先验设定函数形式的缺点,错误设定函数形式往往导致结果与实际偏差较大(李胜文等,2008)。考虑到实际数据与统计数据会存在一定的偏差,而且样本期间部分指标数据缺失需要进行估算,要求数据精准的 DEA 法显然不太适合,故选择 SFA 法进行 TFP 增长率的测算。而对于 SFA 法的缺点,本书通过构造具有较好柔性特征的超越对数生产函数,通过严格的假设检验,解决函数形式的束缚。

随机前沿生产模型(SFA)最早提出于 1977 年,假定由于管理、制度等非价格性因素导致了效率损失,难以实现最佳前沿技术水平(Aigner,1977;Meeusen 等,1977)。自首次采用随机前沿生产模型将全要素生产率增长率分解为技术进步与技术效率变化后(Nishinizu et al.,1982),很多研究选用此方法针对全要素生产率增长率的分解开展了一系列研究(Bauer,1990;Fecher 等,1992;Granderson,1997)。随着全要素生产率增长率被分解为技术进步(technical progress)、技术效率变化(changes in technical efficiency)、配置效率变化(changes in allocative efficiency)和规模效应(scale effects),以及将这种分解方式应用到分析韩国制造业全要素生产率变化(Kunbhakar,2000;Kim et al.,2001),这种分解方式被越来越多的学者认可。国内方面,类似研究多集中于中国工业全要素生产率(涂正革等,2005;郑兵云等,2010;孙早等,2016)、中国农业全要素生产率(张乐等,2013)、中国地区全要素生产率(周晓艳等,2009)、中国环境全要素生产率(匡远凤等,2012)等研究领域。当然,也有以中国装备制造业为对象的研究(牛泽东等,2012),但样本期仅到了2009年,缺乏全球性金融危机之后对我国装备制造业产出及生产率影响方面的研究。值得注意的是,同样采取此方法的TFP增长率研究结果却存在较大差异,其原因在于统计指标的选择与数据的处理(郑兵云等,2010)。考虑到现有可获资料有限的现实,全面、细致的指标选择与数据处理就显得尤为重要。

2. 随机前沿生产函数模型(SFA)构建与假设

假定随机前沿生产函数为超越对数形式:

$$\ln y_{it} = \alpha_0 + \sum_j \alpha_j \ln x_{jit} + \alpha_T t + \frac{1}{2} \sum_j \sum_l \beta_{jl} \ln x_{lit} \ln x_{jit}$$
$$+ \frac{1}{2} \beta_{TT} t^2 + \sum_j \beta_{Tj} t \ln x_{jit} + v_{it} - u_{it} \qquad (3-1)$$

y_{it}代表地区i第t年的产出,x_{lit}和x_{jit}代表地区i第t年l和j种要素投入,t代表时间趋势,同时引入了要素投入与时间趋势交叉项$t\ln x_{jit}$,代表非中性技术进步。v_{it}是随机误差性,服从半正态分布$N(0,\sigma_v^2)$。

根据巴蒂斯和科埃利(Battese and Coelli,1992)的研究,假定技术无效率项u_{it}服从:

$$u_{it} = u_i \exp(-\eta[t-T]) \qquad (3-2)$$

u_i服从非负截尾的正态分布$N(\mu,\sigma_u^2)$;η代表技术效率指数的变化率,其值为正,代表技术效率不断改善,其值为负,代表技术效率不断恶化,若为0,代表技术效率不随时间变化。

结合本研究实际,存在两种投入:资本K和劳动L。将系数统一标示,式(3-1)的随机前沿生产函数可以具体改写为:

$$\ln y_{it} = \beta_0 + \beta_K \ln K_{it} + \beta_L \ln L_{it} + \beta_T t + \frac{1}{2}\beta_{KK}(\ln K_{it})^2 + \frac{1}{2}\beta_{LL}(\ln L_{it})^2$$
$$+ \beta_{KL} \ln K_{it} \ln L_{it} + \frac{1}{2}\beta_{TT} t^2 + \beta_{TK} t \ln K_{it} + \beta_{TL} t \ln L_{it} + v_{it} - u_{it} \qquad (3-3)$$

y_{it}表示地区i第t年的产出,K_{it}表示地区i第t年资本要素的投入,L_{it}表

示地区 i 第 t 年劳动要素的投入，t 代表年份，资本与劳动要素投入与年份交叉项 $t\ln K_{it}$ 和 $t\ln L_{it}$ 代表非中性技术进步。v_{it} 是随机误差项，服从半正态分布 $N(0, \sigma_v^2)$。u_{it} 为技术无效率项，设定为 $u_{it} = u_i \exp(-\eta[t-T])$，假定 u_i 服从非负截尾的正态分布 $N(\mu, \sigma_u^2)$，η 为待估参数，反映技术效率的变化率。令 $\gamma = \sigma_u^2/(\sigma_u^2 + \sigma_v^2)(0 \leqslant \gamma \leqslant 1)$，以 γ 作为检验模型设定是否合理的一项依据，γ 越接近 1，意味着误差源于技术无效率项的程度越大，表明技术无效引起的实际产出与前沿产出的差距程度越大。

3.3.2 研究模型构建

1. TFP 增长率的分解

参照库姆巴卡尔（Kumbhakar，2000）、金和韩（Kim and Han，2001）的研究，将 TFP 的变化分为四个部分，即技术进步（TP）、技术效率变化（TEC）、规模效率变化（SEC）和配置效率变化（AEC）。

假定随机前沿生产函数形式为：

$$y_{it} = f(x_{it}, t)\exp(-u_{it}) \qquad (3-4)$$

其中，y_{it} 表示产出水平，$f(\cdot)$ 表示产出前沿，x 表示投入向量，i 代表行业，t 代表年份，u_{it} 是生产技术无效率项，服从零点截断型正态分布。通过把生产函数取对数并对 t 求导，进行 TFP 增长率的分解，为了简洁，省略 it。

$$\dot{y} = \frac{\partial \ln f(x, t)}{\partial t} + \sum_j \frac{\partial \ln f(x, t)}{\partial x_j}\frac{dx_j}{dt} - \frac{du}{dt} \qquad (3-5)$$

令 $\varepsilon_j = \frac{\partial \ln f(x, t)}{\partial x_j}$，表示投入 j 的产出弹性，式（3-5）可以表示为：

$$\dot{y} = \frac{\partial \ln f(x, t)}{\partial t} + \sum_j \varepsilon_j \dot{x}_j - \frac{du}{dt} \qquad (3-6)$$

TFP 是产出增长无法被投入增长解释的部分，表示为产出增长率与投入增长率之差：

$$\dot{TFP} = \dot{y} - \sum_j S_j \dot{x}_j \qquad (3-7)$$

S_j 是投入 j 的成本份额，将式（3-6）代入式（3-7）可以得到：

$$\dot{TFP} = \frac{\partial \ln f(x, t)}{\partial t} - \frac{du}{dt} + \sum_j \varepsilon_j \dot{x}_j - \sum_j S_j \dot{x}_j$$

$$= \frac{\partial \ln f(x, t)}{\partial t} - \frac{du}{dt} + (RTS - 1) \sum_j \lambda_j \dot{x}_j + \sum_j (\lambda_j - S_j) \dot{x}_j \quad (3-8)$$

式（3-8）中，$RTS = \sum_j \varepsilon_j$，为投入规模弹性，用来测度规模效应；$\lambda_j = \frac{\varepsilon_j}{RTS}$，表示投入 j 的相对产出弹性。按照式（3-8），TFP 增长率依次被分解为技术进步（TP）、技术效率变化（TEC）、规模效率变化（SEC）和配置效率变化（AEC）。

2. TFP 增长率的计算方法

结合式（3-3）和式（3-8），将前述 TFP 增长率进行分解具体化：

（1）技术进步（TP），表示要素投入不变情况下产出随时间的变化，即技术变化带来的产出增长。

$$TP = \frac{\partial \ln f(x, t)}{\partial t} = \beta_T + \beta_{TT} t + \beta_{TK} \ln K_{it} + \beta_{TL} \ln L_{it} \quad (3-9)$$

（2）技术效率变化（TEC），指在既定的要素投入和技术条件下，实际产出与潜在最优产出之间差距的变化，即要素与技术的应用效率的变化。

$$TE = -\frac{du}{dt} \quad (3-10)$$

（3）规模效率变化（SEC），用来度量规模经济或规模不经济带来的生产率变化。

$$SEC = (RTS - 1) \sum_j \lambda_j \dot{x}_j$$
$$= (\beta_K + \beta_{KK} \ln K_{it} + \beta_{KL} \ln L_{it} + \beta_{TK} t + \beta_L + \beta_{LL} \ln L_{it} + \beta_{KL} \ln K_{it} + \beta_{TL} t - 1)$$
$$\times \left(\frac{\beta_K + \beta_{KK} \ln K_{it} + \beta_{KL} \ln L_{it} + \beta_{TK} t}{\beta_K + \beta_{KK} \ln K_{it} + \beta_{KL} \ln L_{it} + \beta_{TK} t + \beta_L + \beta_{LL} \ln L_{it} + \beta_{KL} \ln K_{it} + \beta_{TL} t} \dot{K}_{it} \right.$$
$$\left. + \frac{\beta_L + \beta_{LL} \ln L_{it} + \beta_{KL} \ln K_{it} + \beta_{TL} t}{\beta_K + \beta_{KK} \ln K_{it} + \beta_{KL} \ln L_{it} + \beta_{TK} t + \beta_L + \beta_{LL} \ln L_{it} + \beta_{KL} \ln K_{it} + \beta_{TL} t} \dot{L}_{it} \right)$$

$$(3-11)$$

（4）配置效率变化（AEC），衡量要素投入比例变化带来的生产率变化。

第3章 要素错配导致经济增长损失的影响机制

$$AEC = \sum_j (\lambda_j - S_j) \dot{x}_j$$
$$= \left(\frac{\beta_K + \beta_{KK}\ln K_{it} + \beta_{KL}\ln L_{it} + \beta_{TK}t}{\beta_K + \beta_{KK}\ln K_{it} + \beta_{KL}\ln L_{it} + \beta_{TK}t + \beta_L + \beta_{LL}\ln L_{it} + \beta_{KL}\ln K_{it} + \beta_{TL}t} - S_{itK} \right) \dot{K}_{it}$$
$$+ \left(\frac{\beta_L + \beta_{LL}\ln L_{it} + \beta_{KL}\ln K_{it} + \beta_{TL}t}{\beta_K + \beta_{KK}\ln K_{it} + \beta_{KL}\ln L_{it} + \beta_{TK}t + \beta_L + \beta_{LL}\ln L_{it} + \beta_{KL}\ln K_{it} + \beta_{TL}t} - S_{itL} \right) \dot{L}_{it}$$
(3-12)

(5) 全要素生产率变化（$\dot{TFP}$）
$$\dot{TFP} = TP + TEC + SEC + AEC \qquad (3-13)$$

3.3.3 要素错配对经济增长损失影响的模型构建

由于要素总量是一定的，要素在不同行业间最合理配置应该是行业价格一致，而事实上要素在不同行业间存在着配置扭曲，难以使生产达到最优产出，通常情况下这种实际产出与潜在产出的缺口被认为是要素错配造成的效率损失（谢呈阳等，2014），不但行业间可能出现要素错配，而且由于要素流动在地区间并不一致，可能造成同一行业在不同地区的配置也可能存在扭曲。基于上述研究逻辑，借鉴陈永伟等（2011）及青木（2012）的模型和方法，将要素错配拓展到行业间和地区间等研究层面，构建一个存在要素错配的异质性行业空间模型。

1. N 行业 M 地区的生产均衡问题

假定不同行业的生产函数具有异质性，同一行业同一地区企业生产函数具有同质性，同一行业不同地区企业生产函数具有异质性。所有行业都是用两种要素：资本 K 和劳动力 L，[①] 每个企业都是价格接受者。与众多研究一样，假定企业面临价格存在扭曲，以价税刻画行业间和同一行业不同地区因要素错配而导致的价格扭曲，即在无摩擦情形下，资本 K 和劳动力 L 的价格分别为 p_K 和 p_L；在面临扭曲情形下，资本 K 和劳动力 L 的价格分别为（1+

[①] 目前关于是否将"中间投入"纳入 C-D 函数仍存在争议，陈永伟和胡伟民不但将中间投入纳入模型，而且得到了中间投入对产出显著贡献的结论，而周新苗和钱欢欢则指出现阶段移除中间投入是流行做法。笔者之所以移除中间投入，在变量选择部分进行了解释。

$\tau_{K_{ij}})p_K$ 和 $(1+\tau_{L_{ij}})p_L$，其中，$\tau_{K_{ij}}$ 和 $\tau_{L_{ij}}$ 分别表示行业 i 地区 j 的资本和劳动力的扭曲"税"。

假设行业 i 地区 j 的代表性企业生产函数为：

$$Y_{ij} = TFP_{ij} \cdot K_{ij}^{\alpha_{ij}} \cdot L_{ij}^{\beta_{ij}} \tag{3-14}$$

式（3-14）中，Y_{ij} 表示产出，K_{ij} 和 L_{ij} 分别表示资本与劳动力的投入量，α_{ij} 和 β_{ij} 分别表示资本和劳动力对于产出的贡献。假定生产函数规模报酬不变，即满足 $\alpha_{ij} + \beta_{ij} = 1$。

行业中代表性企业的目标是利润最大化：

$$\max_{K_{ij}, L_{ij}} \pi_{ij} = p_i Y_{ij} - (1+\tau_{K_{ij}})p_K K_{ij} - (1+\tau_{L_{ij}})p_L L_{ij} \tag{3-15}$$

式（3-15）中，p_i 是行业 i 的产品价格，① 整个行业的总产出为地区产出加总：$Y_i = \sum_{j=1}^{M} p_i Y_{ij}$。

假设各地区要素总量是给定的，而且短时间内无法跨行业流动，资源与劳动力面临如下资源约束条件：

$$\sum_{j=1}^{M} K_{ij} = K_i, \quad \sum_{j=1}^{M} L_{ij} = L_i \tag{3-16}$$

基于上述分析，通过拉格朗日乘数法容易解到约束条件下的最优解，即存在要素价格扭曲的竞争均衡解：

$$K_{ij} = \frac{\dfrac{\alpha_{ij} p_i Y_{ij}}{(1+\tau_{K_{ij}})p_K}}{\sum_j \dfrac{\alpha_{ij} p_i Y_{ij}}{(1+\tau_{K_{ij}})p_K}} K_i, \quad L_{ij} = \frac{\dfrac{\beta_{ij} p_i Y_{ij}}{(1+\tau_{L_{ij}})p_L}}{\sum_j \dfrac{\beta_{ij} p_i Y_{ij}}{(1+\tau_{L_{ij}})p_L}} L_i \tag{3-17}$$

2. 要素错配的度量

关于要素配置的扭曲系数，相关研究提出了绝对扭曲系数与相对扭曲系数。

（1）绝对扭曲系数（γ）以要素在不同地区理想配置价格与实际价格之比表示。因此，行业 i 资本和劳动力要素在地区 j 的绝对扭曲系数可以分别表示为：

---

① 本章研究要素市场价格扭曲带来的要素错配，考虑到产品市场发展较要素市场更加完善，故假设产品市场不存在扭曲。

$$\gamma_{K_{ij}} = \frac{1}{1+\tau_{K_{ij}}}, \quad \gamma_{L_{ij}} = \frac{1}{1+\tau_{L_{ij}}} \qquad (3-18)$$

（2）相对扭曲系数（$\hat{\gamma}$）以要素在某一地区的配置扭曲程度与该要素在其他地区扭曲程度之比表示。假定竞争均衡状态下行业 i 在地区 j 的产值占整个行业的份额为：$s_{ij} = Y_{ij}/Y_i$，资本与劳动力要素的产出加权贡献值则分别为：$\bar{\alpha}_i = \sum_{j=1}^{M} s_{ij}\alpha_{ij}$ 和 $\bar{\beta}_i = \sum_{j=1}^{M} s_{ij}\beta_{ij}$。因此，行业 i 资本和劳动力要素在地区 j 的相对扭曲系数可以分别表示为：

$$\hat{\gamma}_{K_{ij}} = \frac{\gamma_{K_{ij}}}{\sum_{j=1}^{M}(s_{ij}\alpha_{ij}/\bar{\alpha}_i)\gamma_{K_{ij}}}, \quad \hat{\gamma}_{L_{ij}} = \frac{\gamma_{L_{ij}}}{\sum_{j=1}^{M}(s_{ij}\beta_{ij}/\bar{\beta}_i)\gamma_{L_{ij}}} \qquad (3-19)$$

两种扭曲系数具有不同含义，考虑到在决定要素在行业间和地区间配置时，相对扭曲程度起到了关键作用，与无法测定的绝对扭曲系数相比，相对扭曲系数是可以被估计的，故本章以要素配置的相对扭曲系数度量要素错配程度。具体含义为：若 $\hat{\gamma} > 1$，则要素使用成本相对于整个行业偏低，该要素供给过量；若 $\hat{\gamma} = 1$，则要素使用成本与行业平均水平持平；若 $\hat{\gamma} < 1$，则要素使用成本相对于整个行业偏高，该要素供给不足。

进一步，结合式（3-17）和式（3-19）将相对扭曲系数进行整理：

$$\hat{\gamma}_{K_{ij}} = \frac{K_{ij}/K_i}{s_{ij}\alpha_{ij}/\bar{\alpha}_i}, \quad \hat{\gamma}_{L_{ij}} = \frac{L_{ij}/L_i}{s_{ij}\beta_{ij}/\bar{\beta}_i} \qquad (3-20)$$

由式（3-20）可以看到，要素空间错配程度可以以要素的实际比例与理想状态下的理论比例进行衡量，分子刻画了资本和劳动力要素在行业 i 地区 j 的实际比例，分母刻画了资本和劳动力有效配置状态下行业 i 地区 j 的理论比例。

3. 要素错配的产出缺口

关于要素错配产出缺口的估计，参照谢呈阳等（2014）关于产出缺口的估计方法。

结合 C-D 函数，构建存在要素错配的生产函数：

$$Y_{ij} = TFP_{ij} \cdot \left(\frac{s_{ij}\alpha_{ij}}{\bar{\alpha}_i}\hat{\gamma}_{K_{ij}}K_i\right)^{\alpha_{ij}} \cdot \left(\frac{s_{ij}\beta_{ij}}{\bar{\beta}_i}\hat{\gamma}_{L_{ij}}L_i\right)^{\beta_{ij}} \qquad (3-21)$$

将各地区行业 i 的产值加总，可得到存在要素错配情况下的竞争均衡产出

(Y_i) 与无要素错配的最有效产出 (Y_i^e)：

$$Y_i = \sum_{j=1}^{M} TFP_{ij} \cdot \left(\frac{s_{ij}\alpha_{ij}}{\alpha_i}\hat{\gamma}_{K_{ij}}K_i\right)^{\alpha_{ij}} \cdot \left(\frac{s_{ij}\beta_{ij}}{\beta_i}\hat{\gamma}_{L_{ij}}L_i\right)^{\beta_{ij}} \quad (3-22)$$

$$Y_i^e = \sum_{j=1}^{M} TFP_{ij} \cdot \left(\frac{s_{ij}\alpha_{ij}}{\alpha_i}K_i\right)^{\alpha_{ij}} \cdot \left(\frac{s_{ij}\beta_{ij}}{\beta_i}L_i\right)^{\beta_{ij}} \quad (3-23)$$

令效率损失为 θ_i，以两者比值与 1 的差值表示由于要素错配导致的产出缺口：

$$\theta_i = 1 - \frac{Y_i}{Y_i^e} \quad (3-24)$$

由式（3-22）至式（3-24）也可以看出，要素的相对扭曲系数是导致产出缺口的唯一原因。

针对要素错配的产出缺口的估计，还有一种方法也得到了学者的广泛应用。与上述直接加总生产函数形式不同，假定加总函数是 C-D 型的，此时得到：

$$\frac{Y_i}{Y_i^e} = \prod_{j=1}^{M}((\hat{\gamma}_{K_{ij}})^{\alpha_{ij}}(\hat{\gamma}_{L_{ij}})^{\beta_{ij}})^{s_{ij}} \quad (3-25)$$

依照式（3-25）可以估算 C-D 型加总生产函数下的产出效率损失。

4. 要素错配变动对产出变化的贡献

关于要素错配变动对产出变化的贡献，陈永伟等（2011）、青木（2012）基于不同视角的假设进行了表达式的推导，而且现有大部分研究均借鉴这两种处理方法，考虑到陈永伟和胡伟民（2011）的表达式更加直观与简洁，故借鉴此种做法，在式（3-19）的基础上，得到了资本与劳动力错配变动对产出的贡献：[1]

$$AE_{K_i} = \sum_{j=1}^{M} s_{ij}\alpha_{ij}\left(1 - \frac{1}{\alpha_i}\right)\Delta\ln\hat{\gamma}_{K_{ij}} \quad (3-26)$$

$$AE_{L_i} = \sum_{j=1}^{M} s_{ij}\beta_{ij}\left(1 - \frac{1}{\beta_i}\right)\Delta\ln\hat{\gamma}_{L_{ij}} \quad (3-27)$$

其中，$\Delta\ln\hat{\gamma}_{K_{ij}} = \ln\hat{\gamma}_{K_{ijt}} - \ln\hat{\gamma}_{K_{ijt-1}}$，$\Delta\ln\hat{\gamma}_{L_{ij}} = \ln\hat{\gamma}_{L_{ijt}} - \ln\hat{\gamma}_{L_{ijt-1}}$。

---

[1] 详细推导请参照陈永伟和胡伟民（2011）的研究，本书将地区维度加入其中。

5. 要素错配对TFP的损失贡献

全要素生产率增长率被分解为技术进步、技术效率变化、配置效率变化和规模效应四个部分已被越来越多的学者认同（Kumbhakar，2000；Kim et al.，2001），这也说明了要素错配会对TFP产生影响。结合生产函数，本书认为要素错配对产出影响是通过TFP实现的，因此通过分析要素错配对TFP的损失贡献，分别估算资本错配和劳动力错配对产出效率的损失。

借鉴袁志刚和解栋栋（2011）的做法，以行业的地区相对产出的加权和表示要素错配对行业的总效应，以托恩奎斯特指数（Tornqvist index）衡量两个产量的差异：

$$\ln\left(\frac{Y_i}{Y_i^e}\right) = \sum_{j=1}^{M} \bar{s}_{ij} \ln\left(\frac{Y_{ij}}{Y_{ij}^e}\right), \text{ 其中} \bar{s}_{ij} = \frac{s_{ij} + s_{ij}^e}{2} ① \qquad (3-28)$$

将式（3-17）、式（3-22）、式（3-23）代入式（3-28），按照TFP的一般概念定义TFP（索罗余项），以 $ATFP$ 反映两个产量的TFP差异，得到：

$$ATFP_i = \sum_{j=1}^{M} \bar{s}_{ij}\alpha_{ij}\ln\hat{\gamma}_{K_{ij}} + \sum_{j=1}^{M} \bar{s}_{ij}\beta_{ij}\ln\hat{\gamma}_{L_{ij}} \qquad (3-29)$$

进一步可以讨论资本错配和劳动力错配引发的TFP损失水平，即：

$$ATFP_{K_i} = \sum_{j=1}^{M} \bar{s}_{ij}\alpha_{ij}\ln\hat{\gamma}_{K_{ij}} \qquad (3-30)$$

$$ATFP_{L_i} = \sum_{j=1}^{M} \bar{s}_{ij}\beta_{ij}\ln\hat{\gamma}_{L_{ij}} \qquad (3-31)$$

3.3.4 考虑技术进步有偏的模型构建

值得注意的是，前述分析隐含了一个关键假设——技术进步中性，事实上，在要素配置影响全要素生产率过程中，很可能出现技术进步偏向。技术进步偏向性研究越来越受到学者的关注，尽管希克斯、哈罗德和索罗均对技术进步偏向进行过定义，但多数学者以希克斯技术进步偏向定义进行研究，

---

① 关于 s_{ij}^e 的计算，袁志刚和解栋栋的做法是以名义份额作为要素完全有效配置的均衡结果，但这与用收入份额法进行产出弹性估算的结果一致。笔者处理方式是基于式（3-22）和式（3-23）估算无要素错配时的行业产值，并得到无要素错配时的 s_{ij}^e。

也并未考虑前提条件。虽然目前采用固定替代弹性生产函数估计技术进步偏向得到了广泛的应用，但就影响技术进步偏向的两股力量（价格效应和市场规模效应）而言，要素替代弹性的大小决定了某种效应占有主导地位，采用可变替代弹性的超越对数函数放松了替代弹性固定的严格假设，可以充分反映要素间的替代效应与交互效应。本书运用SFA进行技术进步偏向测算，可以放松替代弹性固定的严格假设，充分反映要素间的替代效应与交互效应，使技术进步偏向反映更多的经济特征，也可以在要素错配测算中放宽，采用C-D函数进行要素错配测算的中性技术进步假设。

1. 偏向性技术进步分解

在式（3-9）基础上，将技术进步（TP）进一步分解为中性技术进步（$NTP = \beta_T + \beta_{TT}t$）和偏向性技术进步（$BTP = \beta_{TK}\ln K_{it} + \beta_{TL}\ln L_{it}$）。

2. 技术进步偏向指数的测度

关于技术进步偏向指数的计算，国内研究多采用希克斯的定义。戴蒙德（Diamond，1965）较早地采用希克斯关于技术进步偏向的定义提出了技术进步偏向指数的计算方法，[①] 坎纳（Khanna，2001）采用该方式以技术进步偏向导致产出的非对称性衡量技术进步偏向程度。

$$DBias_{KL} = \frac{F_{Kt}}{F_K} - \frac{F_{Lt}}{F_L} \qquad (3-32)$$

F_{Kt}和F_{Lt}分别表示由技术进步引起的资本K和劳动L的边际产出的增量，F_K和F_L分别表示由技术进步引起的资本K和劳动L的边际产出。

技术进步偏向指数（$DBias_{KL}$）以技术进步引起的资本K和劳动L的边际产出增长率之差来表示。当$DBias_{KL} > 0$时，技术引起的资本K边际产出增长率大于劳动L的边际产出增长率，属于资本偏向性技术进步；当$DBias_{KL} < 0$时，技术引起的资本K边际产出增长率小于劳动L的边际产出增长率，属于劳动偏向性技术进步；当$DBias_{KL} = 0$时，技术进步无偏，属于中性技术进步。

结合式（3-3）将技术进步偏向指数具体化：

[①] 在全要素生产率增长率分解中提到的偏向性技术进步（BTP）衡量的是技术前沿随时间变化而变化的速率，是最优产出水平而非实际的。技术进步偏向指数反映的是技术进步过程中要素边际产出变化的速度，非潜在最优的产出水平。

$$DBias_{KL} = \frac{\partial MP_K/\partial t}{MP_K} - \frac{\partial MP_L/\partial t}{MP_L} = \frac{\beta_{TK}}{\varepsilon_K} - \frac{\beta_{TL}}{\varepsilon_L} \quad (3-33)$$

$$MP_K = \frac{\partial Y}{\partial K} = \frac{Y}{K}\frac{\partial \ln Y}{\partial \ln K} = \frac{Y}{K}\varepsilon_K = \frac{Y}{K}(\beta_K + \beta_{KK}\ln K_{it} + \beta_{KL}\ln L_{it} + \beta_{TK}t) \quad (3-34)$$

$$MP_L = \frac{\partial Y}{\partial L} = \frac{Y}{L}\frac{\partial \ln Y}{\partial \ln L} = \frac{Y}{L}\varepsilon_L = \frac{Y}{L}(\beta_L + \beta_{LL}\ln L_{it} + \beta_{KL}\ln K_{it} + \beta_{TL}t) \quad (3-35)$$

基于随机前沿生产函数的技术进步偏向指数的处理方式也被很多国内学者运用（王静，2016；杨振兵等，2016），但运用希克斯定义计算技术进步偏向限定了资本与劳动比（K/L）不变，显然要素供给无弹性的假设更加适用于技术进步发生的瞬间，而对于长期和动态的情形的解释力就稍显不足。而哈罗德定义的资本与产出比（K/Y）不变的假设更加符合长期经济增长事实，也突破了要素供给无弹性的假设。相对于希克斯的假定，哈罗德的假定更加符合长期的经济事实。

事实上，无论是资本与劳动比（K/L）还是资本与产出比（K/Y），都不是恒定不变的，这一点后文的数据也有所反映，同时计算了哈罗德技术进步偏向。

$$DBias_K = \frac{\partial MP_K/\partial t}{MP_K} = \frac{\beta_{TK}}{\varepsilon_K} \quad (3-36)$$

较希克斯技术进步偏向，哈罗德技术进步偏向仅考虑资本边际产出的变化。当 $DBias_K > 0$ 时，技术引起的资本 K 边际产出增长率上升，属于资本偏向性技术进步；当 $DBias_K < 0$ 时，技术引起的资本 K 边际产出增长率下降，属于劳动偏向性技术进步；当 $DBias_K = 0$ 时，属于中性技术进步。

3. 要素错配指数的测度

考虑到由于要素价格扭曲而导致要素出现错配现象，以要素价格绝对扭曲程度和相对扭曲程度衡量要素错配程度的研究比较普遍（陈永伟等，2011）。令劳动实际价格为 w，资本实际价格为 r，以要素实际价格与边际产出的比值衡量要素绝对价格程度：

$$Dis_K = \frac{MP_K}{r} = \frac{Y}{K}\frac{\varepsilon_K}{r} \quad (3-37)$$

$$Dis_L = \frac{MP_L}{w} = \frac{Y}{L}\frac{\varepsilon_L}{w} \quad (3-38)$$

假设市场为完全竞争市场状态下，边际产出与要素实际价格相等，而现实中两者并不相等，要素市场存在价格扭曲与错配。$Dis_{K(L)}$的值若大于1，意味着要素边际产出大于要素实际价格，存在负向错配；若小于1，意味着要素边际产出小于要素实际价格，存在正向错配。进一步，以要素绝对价格的偏离程度衡量要素错配程度，借鉴邵敏等（2012）、杨振斌（2016）的做法，以价格扭曲指数表征要素绝对错配指数为$\tau_{K(L)}$，$\tau_{K(L)} = Dis_{K(L)} - 1$。若$\tau_{K(L)} > 0$，表明要素存在负向错配；$\tau_{K(L)} < 0$，表明要素存在正向错配；$\tau_{K(L)} = 0$，表明要素不存在错配。

以要素绝对错配指数比值反映要素相对错配指数：

$$|\tau_{KL}| = \left|\frac{\tau_K}{\tau_L}\right| \qquad (3-39)$$

$|\tau_{KL}|$表示资本劳动相对错配指数，比值为1时，意味着资本与劳动要素不存在相对错配，否则说明资本与劳动要素存在相对错配。$|\tau_{KL}| > 1$，说明资本错配程度高于劳动错配程度；$0 < |\tau_{KL}| < 1$，说明资本错配程度小于劳动错配程度。

3.4 本章小结

本章对要素错配的形成机理及其对经济的传导机制进行了分析，在此基础上构建要素错配及其对经济增长影响的研究模型，并明确测度与分析的计量方法。通过分析区域层面全要素生产率增长变化，基于中性技术进步与偏向性技术进步的双重视角考虑，分别构建要素错配的测度及其对经济增长损失影响的计量模型，为后续实证研究奠定基础。

第4章

东北地区产业及行业全要素生产率增长的分解分析

本章分别采用2000~2018年的中国省际三次产业、装备制造业及其细分行业的面板数据，构建超越对数形式的随机前沿生产函数模型，通过严格的假设检验选择最佳模型，全面考察东北地区三次产业、装备制造业及其细分行业TFP的动态变化特征，对其进行效率分解分析，并检验样本期三次产业、装备制造业及其细分行业的增长方式特点。

4.1 东北地区三产全要素生产率增长的演化轨迹与动力分析

4.1.1 变量与数据处理

结合选择的随机前沿生产函数模型可知，在估计全要素生产率增长率的过程中，需要获取产出变量、资本投入变量、劳动投入变量、要素成本份额。本书根据所需要年份的《中国统计年鉴》《中国劳动统计年鉴》以及各省份的统计年鉴，形成2000~2018年的中国三次产业30个省份（不包括港、澳、台和西藏）的面板数据。

（1）产出变量。选择各省份三次产业增加值为产出变量，消除了中间消耗更加直观反映真实产出，并以2000年为100的分省份三次产业增加值平减指数进行统一平减。

（2）资本投入变量。采用永续盘存法进行估算：$K_{it} = (1 - \delta_{it})K_{it-1} + I_{it}$，$K_{it}$和$K_{it-1}$分别表示$i$省各产业在第$t$年和$t-1$年的实际资本存量，$I_{it}$为$i$省各产业在第$t$年的实际投资额，$\delta_{it}$表示资本折旧率。实际投资额$I_{it}$选择各产业固定资产投资作为当年的投入指标，2002年以前用资本形成总额替代。农、林、牧、渔业全社会固定资产投资为第一产业投资指标；采矿业、制造业、建筑业以及电力、燃气及水的生产和供应业固定资产投资为第二产业投资指标；固定资产投资总额与第一和第二产业差为第三产业投资指标。借鉴杰斐逊（Jefferson et al.，1992）、张军（2004）、宗振利和廖直东（2014）的研究，选择农业生产资料价格指数作为第一产业的投资缩减指数，工业品出厂价格指数作为第二产业的投资缩减指数，利用式（4-1）获得第三产业的缩减指数，其中，I表示固定资产投资总额，I_i表示第i产业的固定资产投资，P表示总体投资缩减指数，P_i表示第i产业的投资缩减指数，缩减指数以2000年为基期。

$$\frac{I}{P} = \frac{I_1}{P_1} + \frac{I_2}{P_2} + \frac{I_3}{P_3} \qquad (4-1)$$

通常情况下，即使同一产业不同年份的折旧率并不相同，以不变折旧率进行资本存量估算并不合理（陈诗一，2011）。假定资本品按照几何方式递减：$d_t = (1-\delta)^t$，其中d_t为资本品相对效率，t为寿命期。借鉴黄勇峰等（2002）研究，以法定残值率代替资本品相对效率并取值4%；借鉴单豪杰（2008）的研究，将建筑和机器设备年限设定为38和16年，估算建筑折旧率和设备折旧率，并以两者比值计算各省份各产业的历年折旧率。基期资本存量采用$K_{i0} = I_{i0}/(g_{it} + \delta_{i0})$进行估计，考虑到投资缩减指数是估计的，借鉴徐现祥等（2007）的研究，g选择可以直接从相关年鉴计算获取的2000~2018年各省份三次产业增长的几何平均数。

（3）劳动投入变量。采用各省份统计年鉴中的三次产业就业人员构造劳动投入变量。

（4）其他相关数据。在进行全要素生产率增长率分解计算过程中，配置效率变化获取需要资本要素成本和劳动要素成本份额。资本要素成本份额借鉴张军等（2009）的处理方式，采用分省份、分产业的固定资产折旧表示：$\delta_{it}=D_{it}/F_{it-1}$，其中，$D_{it}$ 为 i 省分产业在第 t 年的本年折旧，F_{it-1} 为代表 i 省分产业在第 $t-1$ 年的固定资产原值。劳动要素成本份额采用劳动报酬总额表示，以各省份分产业职工平均工资为劳动力价格，与从业人员数相乘获得。

4.1.2 假设检验与计量分析

检验上述模型的合理性，研究进行了八个假设设定：（1）$H_0:\beta_{KK}=\beta_{LL}=\beta_{KL}=\beta_{TT}=\beta_{TK}=\beta_{TL}=0$，前沿生产函数应采用 C-D 生产函数形式；（2）$H_0:\beta_T=\beta_{TT}=\beta_{TK}=\beta_{TL}=0$，不存在技术进步；（3）$H_0:\beta_{TK}=\beta_{TL}=0$，技术进步是希克斯中性；（4）$H_0:\gamma=\eta=\mu=0$，不存在技术无效率项；（5）$H_0:\mu=\eta=0$，服从半正态分布且技术无效率不随时间变动；（6）$H_0:\eta=0$，技术无效率不随时间变动；（7）$H_0:\mu=0$，服从半正态分布；（8）$H_0$：初选模型中系数不显著项为 0。所有假设都使用广义似然比统计量（LR）进行检验，$LR=-2[L(H_0)-L(H_1)]$，$L(H_0)$ 代表零假设 H_0 的似然函数值，$L(H_1)$ 表示被择假设 H_1 的似然函数值。若检验统计量 LR 服从 $\chi_\alpha^2(m)$，其中 m 为受约束变量的数目，此时零假设成立。

由表 4-1 的检验结果可知，在 5% 的显著水平下，假设 1 被拒绝，说明 C-D 生产函数形式并不适合，选择的前沿生产函数是合理的；假设 2 被拒绝，说明在 2000~2016 年的考察期内，随着时间变化，农业存在明显的技术进步；假设 3 被拒绝，进一步说明农业存在的技术进步并不是中性技术进步，投入要素的变化也会导致技术进步的变化；假设 4 被拒绝，说明了选择随机前沿模型的适宜性与合理性；假设 5 被拒绝，否定了 μ 和 η 同时为 0 的可能性；假设 6 被拒绝，说明了技术效率是随着时间变化的；假设 7 被接受，说明模型 μ 服从半正态分布，也意味着在进行随机前沿模型分析时应设定 $\mu=0$ 这一参数条件；假设 8 被接受，回归结果也证明了这一点，可以看出不显著项去掉后，估计结果显示接受零假设，而且此时所有系数均显著。随机前沿模型回归结果显示，γ 值为 99.15%，说明在控制要素投入后，生产波动几乎都可以归因于技术无效率,反映了模型的合理性;η 系数为正且显著,说明农业技术效率在不断改进。可见,构建的超越对数形式的随机前沿生产函数模型较好地刻画了中国农业全要素生产率的特点与波动。同理,构建了第二产业和第三产业的超越对数形式的随机前沿生产函数模型。

表4-1 随机前沿模型回归结果

变量	系数	第一产业			第二产业	第三产业
		模型1	模型2:$\beta_{KL}=\beta_{TK}=0$	模型3:$\mu=0$ 且 $\beta_{KL}=\beta_{TK}=0$	模型4:$\eta=0$ 且 $\beta_K=\beta_{LL}=\beta_{KL}=0$	模型5:$\mu=0$ 且 $\beta_{LL}=\beta_{KL}=0$
常数项		0.9767 (1.4356)	0.8513 (1.3215)	0.9421 (1.4506)	3.7324*** (12.0974)	0.9413 (1.2267)
$\ln K_{it}$	β_K	-0.2062*** (-2.3797)	-0.2814*** (-3.7995)	-0.2851*** (-3.9633)	—	1.1852*** (6.0716)
$\ln L_{it}$	β_L	1.8368*** (8.6130)	1.9156*** (9.3369)	1.8771*** (8.8772)	0.2995*** (6.7779)	0.1183*** (4.3853)
t	β_T	0.0294* (1.6633)	0.0476*** (3.1648)	0.0480*** (3.3701)	0.2500*** (24.3682)	0.1633*** (5.1540)
$0.5(\ln K_{it})^2$	β_{KK}	0.0514* (1.8858)	0.0543*** (4.1905)	0.0550*** (4.3709)	0.0639*** (17.1246)	-0.1053*** (-4.4146)
$0.5(\ln L_{it})^2$	β_{LL}	-0.2430*** (-6.2067)	-0.2662*** (-7.7610)	-0.2596*** (-7.3133)	—	—
$\ln K_{it} \ln L_{it}$	β_{KL}	-0.0126 (-0.5727)	—	—	—	—
$0.5t^2$	β_{TT}	-0.0036*** (-5.1248)	-0.0034*** (-6.9335)	-0.0035*** (-6.8502)	-0.0117*** (-13.5905)	-0.0020** (-2.0872)
$t\ln K_{it}$	β_{TK}	0.0017*** (0.4860)	—	—	-0.0068*** (-2.2712)	0.0084** (2.0532)
$t\ln L_{it}$	β_{TL}	0.0079*** (2.1578)	0.0065*** (3.7574)	0.0065*** (3.9257)	-0.0071*** (-3.0803)	-0.0156*** (-5.8087)

续表

变量	系数	第一产业 模型1	第一产业 模型2: $\beta_{KL}=\beta_{TK}=0$	第一产业 模型3: $\mu=0$ 且 $\beta_{KL}=\beta_{TK}=0$	第二产业 模型4: $\eta=0$ 且 $\beta_K=$ $\beta_{LL}=\beta_{KL}=0$	第三产业 模型5: $\mu=0$ 且 $\beta_{LL}=\beta_{KL}=0$
σ^2		0.4332** (2.3200)	0.4512** (2.1255)	0.9454*** (4.0983)	0.1375*** (2.8328)	3.2663*** (3.9966)
γ		0.9817*** (120.9772)	0.9823*** (115.8318)	0.9915*** (440.5854)	0.9211*** (31.7737)	0.9986*** (2767.52)
μ		0.6500*** (3.2283)	0.6277*** (2.8734)	—	0.6647*** (5.7546)	—
η		0.0215*** (9.7142)	0.0202*** (9.7889)	0.0202*** (10.3186)	—	-0.0264*** (-12.0872)
似然函数对数值		411.29	409.74	408.86	353.11	539.17

第一产业随机前沿模型检验结果					第二产业	第三产业
假设检验	似然对数值	似然比	临界值 5%	结果	结果	结果
$H_0: \beta_{KK}=\beta_{LL}=\beta_{KL}=\beta_{TT}=\beta_{TK}=\beta_{TL}=0$	307.50	207.58	12.59	拒绝	拒绝	拒绝
$H_0: \beta_T=\beta_{TT}=\beta_{TK}=\beta_{TL}=0$	238.33	345.92	9.49	拒绝	拒绝	拒绝
$H_0: \beta_{TK}=\beta_{TL}=0$	346.63	129.32	5.99	拒绝	拒绝	拒绝
$H_0: \gamma=\eta=\mu=0$	-179.53	1181.64	7.81	拒绝	拒绝	拒绝
$H_0: \mu=\eta=0$	316.35	189.88	5.99	拒绝	拒绝	拒绝
$H_0: \eta=0$	316.35	189.88	3.84	拒绝	接受	拒绝
$H_0: \mu=0$	410.28	2.02	3.84	接受	拒绝	接受
$H_0: \beta_{KL}=\beta_{TK}=0$	409.74	3.1	5.99	接受	—	—
第二产业随机前沿模型检验结果: $H_0: \beta_K=\beta_{LL}=\beta_{KL}=0$					接受	—
第三产业随机前沿模型检验结果: $H_0: \beta_{LL}=\beta_{KL}=0$					—	接受

注：括号内为t统计值，***、**、*分别表示1%、5%、10%的显著性水平（双尾检验）。
资料来源：FRONTIER4.1统计输出。

4.1.3 结果分析与讨论

1. 东北地区农业全要素生产率的变动趋势及其分解

进入21世纪以来,中国对于农业的关注程度更加广泛,通过一系列农业政策(如农业税的取消、农业补贴推进等)不断释放政策性改革红利,但农业产出增长率并未呈现明显增加,整体上仍处于波动下降阶段,特别是2011年以后农业产出增长率下降明显,2013年后稳定在4%左右。如图4-1所示,在样本考察期内,农业全要素生产率增长呈现平稳下降趋势,2013年以来与产出增长率呈现同步递减状态。进一步分析资本与劳动力两种要素发现,在农业劳动力不断减少的同时,农业资本投入在不断增加,而且增长速度越来越快,特别是2011年以后与农业产出和全要素生产率变动呈现明显的反向对比。可见,在历年"中央1号文件"关注农业发展的同时,资本也逐渐以各种形式进入农业中,但这种农业投资的效率并不高,甚至出现了对农业全要素生产率的排挤效应。

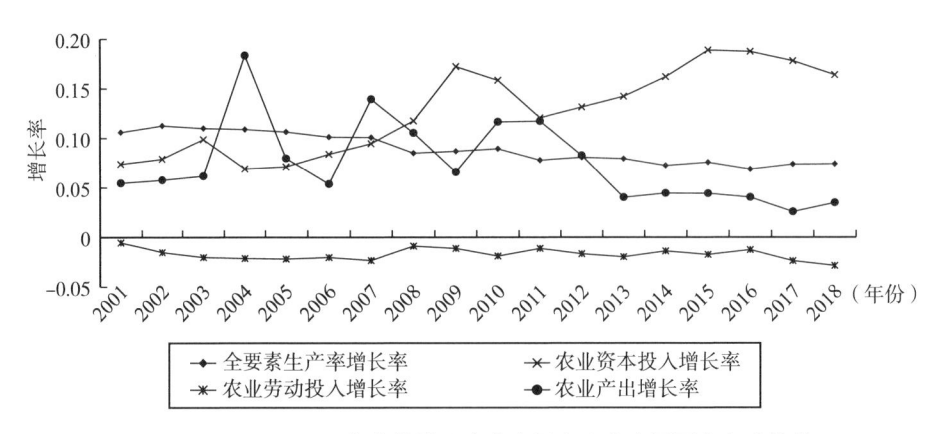

图4-1 2001~2018年东北地区农业全要素生产率及要素变动趋势

资料来源:根据《中国统计年鉴》《中国劳动统计年鉴》以及各省份的统计年鉴计算整理。

进一步分析中国农业全要素生产率增长的分解状况,见表4-2。农业技术进步(TP)在考察期内均为正值,说明农业生产技术前沿不断推进,技进步变化对农业全要素生产率具有促进作用，但通过贡献度可以看到，虽然这种促进作用正在逐渐减弱，但偏向性技术进步变化并不明显，这种减弱主要源于中性技术进步；农业技术效率变化（TEC）同技术进步（TP）趋势一致，随着时间推移逐渐递减，由 2001 年的 0.0135 下降至 2018 年的 0.0103，虽然技术效率变化的增速放缓，但农业技术效率的改进仍对农业全要素生产率的增长起到了积极作用；农业规模效率变化（SEC）多数年份为负值，表明农业投入规模的增加并没有引发农业规模报酬递增，反而制约了农业全要素生产率的增长，投入规模弹性（RTS）结果显示，要素弹性在考察期内均小于 1，虽然在逐渐提高，但仍抑制农业全要素生产率的增长；农业配置效率变化（AEC）与规模效率变化（SEC）趋势基本相反，特别是 2009 年以来，正向贡献相对稳定，已经逐渐成为促进农业全要素生产率增长的主要贡献力量，要素配置效率的作用在农业生产中的重要作用逐渐显现。由农业全要素生产率的分解结果来看，农业配置效率变化（AEC）已经成为全要素生产率增长的主要贡献力量，规模效率变化（SEC）已经成为阻碍全要素生产率增长的主要障碍，技术进步（TP）和技术效率变化（TEC）虽然仍促进全要素生产率增长，但促进作用在不断减弱，而且将技术进步（TP）分解来看，中性技术进步甚至已经开始阻碍农业全要素生产率的增长，表明原有的要素配置结构已经无法适应技术进步的需要。可见，农业配置效率变化（AEC）已成为推进农业全要素生产率增长的关键，农业经济发展的着力点是要素配置的优化，而规模效应正在制约农业全要素生产率增长，规模的盲目扩张已经不利于农业经济的发展。

表 4-2　东北地区农业全要素生产率增长率（TFPG）的分解与贡献程度

年份	TFPG	TP	BTP	TEC	SEC	AEC	TP 贡献度	TEC 贡献度	SEC 贡献度	AEC 贡献度
2001	0.1060	0.0883	0.0472	0.0135	0.1055	-0.1013	0.8334	0.1269	0.9957	-0.9560
2002	0.1126	0.0847	0.0471	0.0133	0.0132	0.0013	0.7521	0.1182	0.1177	0.0120
2003	0.1100	0.0809	0.0468	0.0132	0.0312	-0.0154	0.7358	0.1202	0.2837	-0.1396
2004	0.1089	0.0774	0.0468	0.0129	-0.2954	0.3140	0.7109	0.1183	-2.7122	2.8831
2005	0.1064	0.0738	0.0466	0.0126	-0.0703	0.0903	0.6934	0.1183	-0.6603	0.8486

续表

年份	TFPG	TP	BTP	TEC	SEC	AEC	TP 贡献度	TEC 贡献度	SEC 贡献度	AEC 贡献度
2006	0.1012	0.0702	0.0465	0.0123	-0.0273	0.0460	0.6942	0.1212	-0.2697	0.4544
2007	0.1008	0.0667	0.0464	0.0120	0.0663	-0.0441	0.6610	0.1186	0.6575	-0.4370
2008	0.0849	0.0631	0.0464	0.0117	0.0369	-0.0268	0.7434	0.1378	0.4346	-0.3158
2009	0.0868	0.0596	0.0463	0.0115	-0.2489	0.2646	0.6863	0.1330	-2.8680	3.0485
2010	0.0893	0.0559	0.0461	0.0114	-0.1264	0.1484	0.6264	0.1276	-1.4153	1.6614
2011	0.0778	0.0524	0.0460	0.0113	-0.0671	0.0813	0.6729	0.1449	-0.8626	1.0449
2012	0.0806	0.0487	0.0459	0.0112	-0.0618	0.0826	0.6044	0.1384	-0.7669	1.0243
2013	0.0793	0.0451	0.0457	0.0110	-0.0607	0.0838	0.5686	0.1391	-0.7645	1.0567
2014	0.0724	0.0416	0.0456	0.0109	-0.0666	0.0866	0.5743	0.1507	-0.9210	1.1962
2015	0.0756	0.0380	0.0455	0.0107	-0.0767	0.1036	0.5025	0.1417	-1.0139	1.3699
2016	0.0687	0.0344	0.0454	0.0106	-0.0740	0.0977	0.5014	0.1539	-1.0772	1.4219
2017	0.0737	0.0308	0.0453	0.0104	-0.0640	0.0965	0.4179	0.1411	-0.8684	1.3094
2018	0.0740	0.0272	0.0451	0.0103	-0.0573	0.0939	0.3671	0.1390	-0.7733	1.2672

资料来源：根据《中国统计年鉴》等，结合式（3-9）至式（3-13）计算整理。

为进一步比较中国农业全要素生产率增长的区域差异，从省级层面对农业全要素生产率进行分解，结果如表4-3所示。在样本考察期内，农业全要素生产率增长均值高于0.1的有7个省份，最低的北京也超过了0.05，表明各省份的农业全要素生产率仍处于增长态势。从四个分解项而言，技术进步（TP）与技术效率变化（TEC）在考察期内的均值均为正，表明所有省市的农业均存在明显的技术进步，而且技术效率变化在持续改进；规模效率变化（SEC）值有正有负，仅有9个省市为正值，其他均为负值；配置效率变化（AEC）值同样有正有负，在7个省市体系为负值。进一步分析中国13个粮食主产区①的农业全要素生产率增长率的分解可以发现，除江苏省外，其他

---

① 我国粮食主产区包括辽宁、河北、山东、吉林、内蒙古、江西、湖南、四川、河南、湖北、江苏、安徽、黑龙江等13个省份。

12个省份的规模效率变化（SEC）均制约了农业全要素生产率的增长，可见在粮食主产区盲目扩张规模亦不利于农业发展；除吉林省外，配置效率变化（AEC）的正向贡献均比较明显，技术进步与要素配置的优化仍是农业全要素生产率增长的主要贡献。

表4-3　　30个省份农业全要素生产率增长率的分解（2001~2018年均值）

地区	TFPG	TP	TEC	SEC	AEC	地区	TFPG	TP	TEC	SEC	AEC
北京	0.0542	0.0381	0.0304	0.0045	-0.0188	河南	0.1009	0.0634	0.0033	-0.0739	0.1080
天津	0.0561	0.0396	0.0325	0.0039	-0.0199	湖北	0.0883	0.0596	0.0099	-0.0477	0.0666
河北	0.0777	0.0592	0.0072	-0.0924	0.1036	湖南	0.0971	0.0602	0.0081	-0.0592	0.0879
山西	0.0938	0.0538	0.0348	-0.0161	0.0213	广东	0.0786	0.0592	0.0054	-0.0380	0.0519
内蒙古	0.0695	0.0530	0.0199	-0.0227	0.0194	广西	0.0861	0.0593	0.0129	-0.0658	0.0796
辽宁	0.0607	0.0543	0.0122	-0.0170	0.0112	海南	0.0658	0.0468	0.0235	-0.0033	-0.0012
吉林	0.0702	0.0528	0.0191	-0.0025	0.0009	重庆	0.1078	0.0535	0.0253	0.0090	0.0199
黑龙江	0.0727	0.0551	0.0164	-0.0309	0.0320	四川	0.1017	0.0616	0.0051	-0.0599	0.0949
上海	0.0713	0.0373	0.0314	0.0079	-0.0053	贵州	0.1028	0.0585	0.0289	-0.0184	0.0337
江苏	0.1048	0.0575	0.0027	0.0282	0.0164	云南	0.0975	0.0599	0.0191	-0.7780	0.7964
浙江	0.0965	0.0535	0.0137	0.0227	0.0066	陕西	0.1003	0.0558	0.0253	-0.0262	0.0454
安徽	0.0997	0.0597	0.0120	-0.0457	0.0737	甘肃	0.0946	0.0559	0.0335	-0.0149	0.0202
福建	0.0804	0.0539	0.0127	-0.0055	0.0193	青海	0.0877	0.0434	0.0493	0.0088	-0.0138
江西	0.0876	0.0556	0.0174	-0.0105	0.0250	宁夏	0.0832	0.0444	0.0472	0.0014	-0.0098
山东	0.0986	0.0619	0.0004	-0.0796	0.1159	新疆	0.0606	0.0515	0.0210	-0.0180	0.0061

资料来源：根据《中国统计年鉴》等，结合式（3-9）至式（3-13）计算整理。

进一步将30个省份（不包括港、澳、台和西藏）分为四个区域，以各省份农业增加值比重为权重进行加权得到各区域考察期内的各分解项值。由图4-2可以直观观察中国四个区域的农业全要素生产率的差异及对TFP的动态影响。

(a)

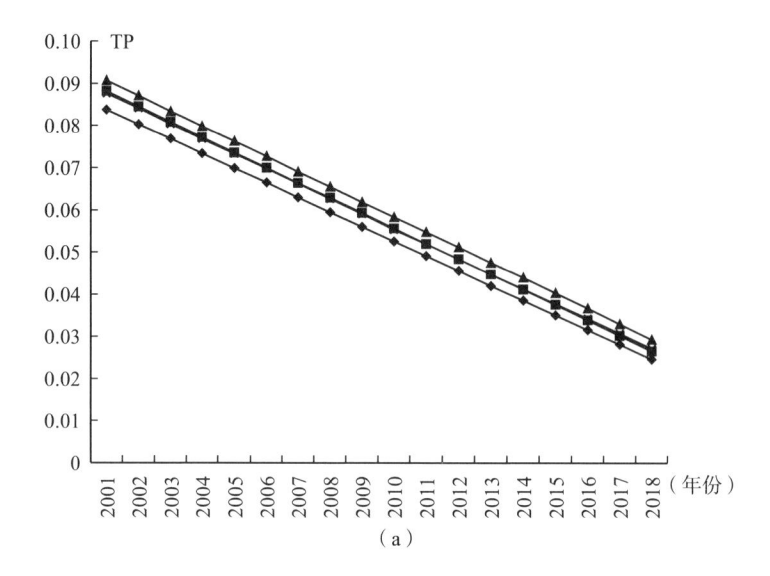

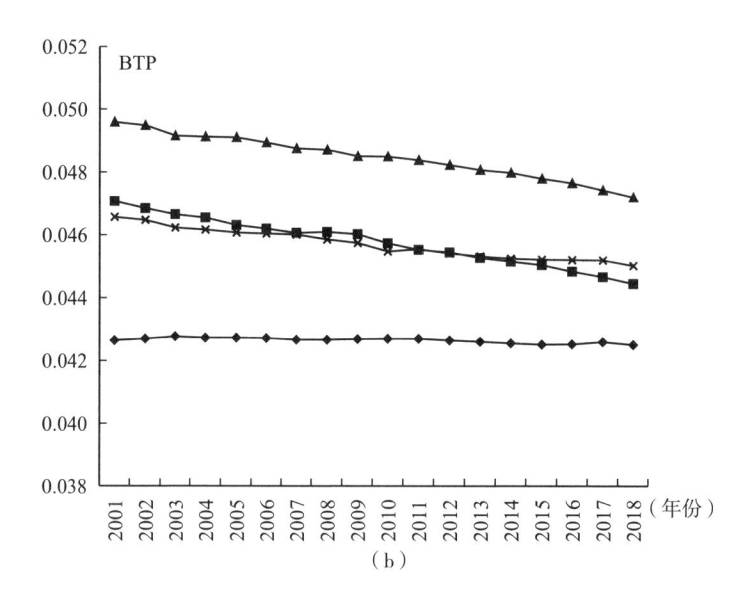

(b)

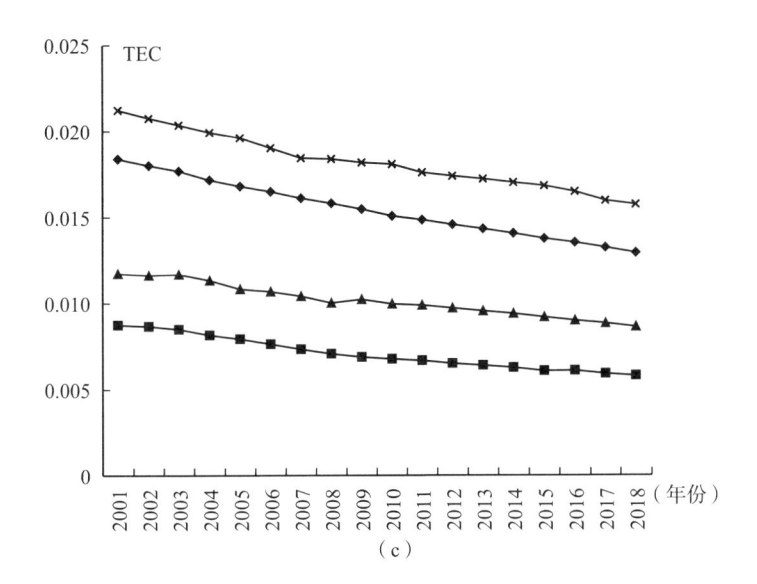

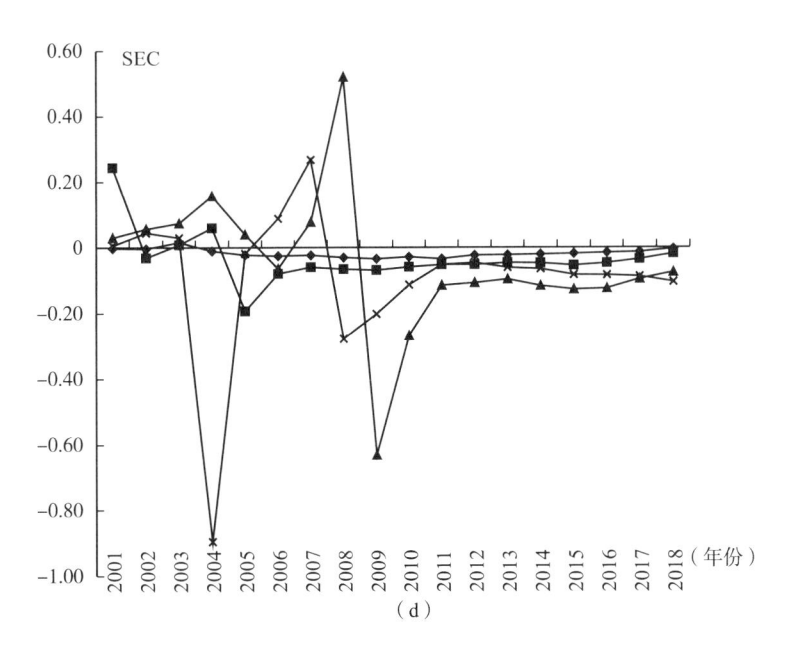

| 第 4 章　东北地区产业及行业全要素生产率增长的分解分析 |

（c）

（d）

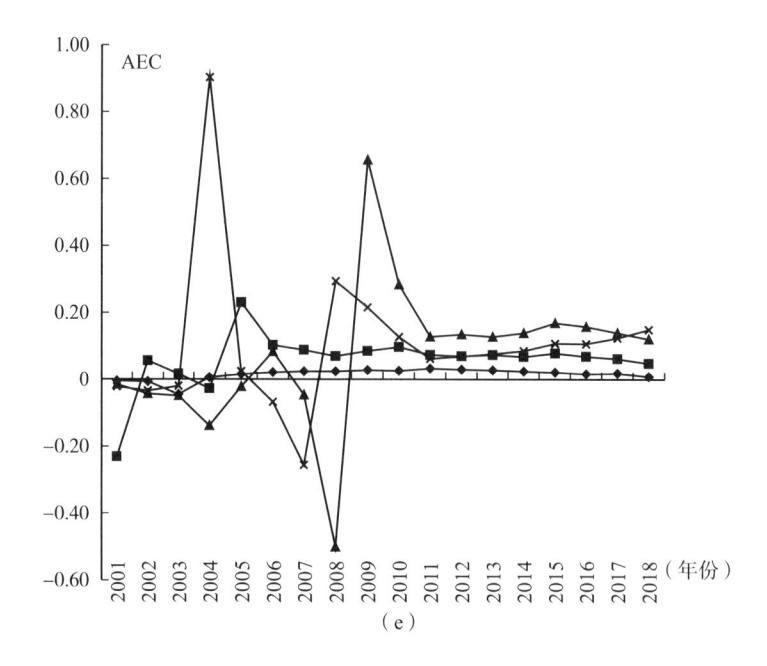

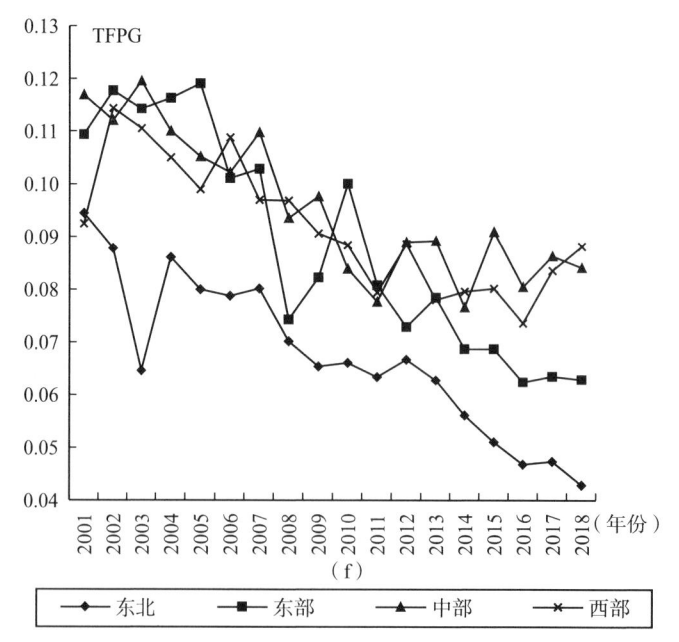

图 4-2 中国及各区域农业全要素生产率增长率分解的变动趋势

资料来源：根据《中国统计年鉴》等，结合式（3-9）至式（3-13）计算整理。

第 4 章 东北地区产业及行业全要素生产率增长的分解分析

(1) 技术进步（TP）：四个区域的农业技术进步均呈现出明显的递减趋势，虽仍为正值，但正向贡献不断减弱，东部与西部区域差距并不明显。将 TP 进一步分解，其中偏向性技术进步（BTP）直接导致了区域差异，东部地区和西部地区相对接近，中部地区最高，东北地区最低，而且仅东北地区呈现平稳状态，其他几个区域均有下降趋势。

(2) 技术效率变化（TEC）：虽然四个区域的技术效率均处于改善状态，变化趋势一致，但程度仍存在差异，东部技术效率改善最低，西部最高。

(3) 规模效率变化（SEC）：该分解项在区域间具有明显差异，相比其他几个分解项，SEC 整体处于负值。东部地区的 SEC 最为平稳，在考察期变化并不明显，东部地区自 2006 年后也趋于平稳，而中部和西部地区则自 2011 年以来处于平稳状态。就四个区域而言，东北地区的 SEC 负效应最低，中部地区的 SEC 负效应最高。

(4) 配置效率变化（AEC）：四个区域趋于平稳，中部地区农业配置效率变化对于全要素生产率增长贡献最低，东北地区该分解项的贡献相对最小。

综合而言，农业 TFP 增长在区域间呈现出明显异质性，而且以变异系数反映区域差异也发现，由 2002 年的 0.1847 波动上升至 2018 年的 0.3248，区域间的差异在不断增大。东北地区相对于其他三个区域的农业 TFP 增长在考察期内均最低，虽然东北地区拥有相对优良的生产条件和气候，但农业 TFP 却未得到有效提升，更多仍依赖于要素投入。

2. 东北地区第二产业全要素生产率的变动趋势及其分解

20 世纪 90 年代以前，东北地区是我国经济相对发达的地区，同时也是我国最重要的工业基地，但相比经济发展更快的地区，东北地区经济发展还是相对较慢。2003 年 10 月，中共中央、国务院发布《关于实施东北地区等老工业基地振兴战略的若干意见》，明确了实施振兴战略的指导思想、方针任务和政策措施。随着振兴战略实施，东北地区加快了发展步伐。尽管如此，东北地区的第二产业产出增长率并未呈现明显增加，整体上仍处于波动下降阶段，特别是 2010 年以后，产出增长率下降明显，2015 年后甚至出现负值。如图 4-3 所示，在样本考察期内，第二产业全要素生产率增长呈现平稳下降趋势，2012 年后一直为负值。进一步分析资本与劳动力两种要素发现，在劳动力不断减少的同时，资本投入在不断增加，虽然增速在逐渐降低，但整体上仍然高于产出。可见，随着东北地区等老工业基地振兴战略的实施，资本也逐渐以各种形式进入东北地区，但这种投资的效率并不高。

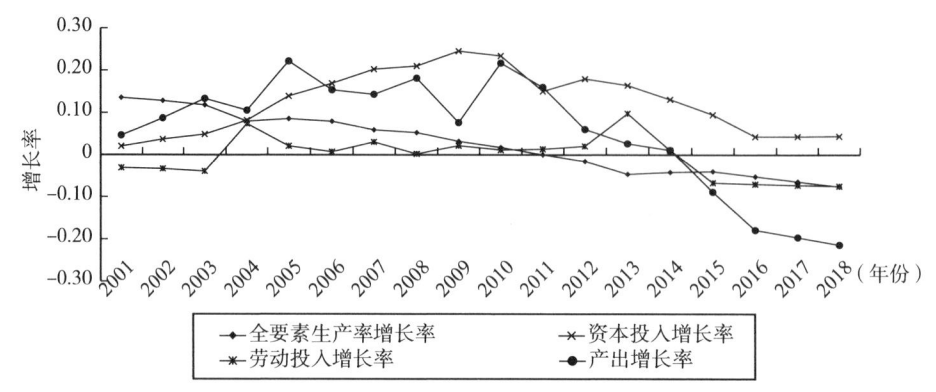

图 4-3　2001~2018 年东北地区第二产业全要素生产率及要素变动趋势

资料来源：根据《中国统计年鉴》《中国劳动统计年鉴》以及各省份的统计年鉴计算整理。

进一步分析东北地区第二产业全要素生产率增长的分解状况（见表 4-4）。技术进步（TP）在考察期内均为正值，说明第二产业生产技术前沿不断推进，技术进步变化对全要素生产率具有促进作用，但通过贡献度可以看到，这种促进作用正在逐渐减弱。规模效率变化（SEC）在样本考察期为负值，表明投入规模的增加并没有引发农业规模报酬递增，反而制约了全要素生产率的增长。投入规模弹性（RTS）结果显示，要素弹性在考察期内均小于 1，虽然在逐渐提高，但仍抑制全要素生产率的增长。配置效率变化（AEC）与规模效率变化（SEC）趋势基本相反，正向贡献相对稳定，已经逐渐成为促进农业全要素生产率增长的主要动力因素，要素配置效率的作用在农业生产中的重要作用逐渐显现。由全要素生产率增长的分解结果来看，配置效率变化（AEC）已经成为全要素生产率增长的主要动力因素，规模效率变化（SEC）已经成为阻碍全要素生产率增长的主要障碍因素，技术进步（TP）虽然仍促进全要素生产率增长，但促进作用在不断减弱，表明原有的要素配置结构已经无法适应技术进步的需要。可见，要素配置效率的改善已成为推进东北地区第二产业全要素生产率增长的关键，第二产业经济发展的着力点是要素配置的优化，而规模的盲目扩张已经不利于第二产业经济的发展。

表4-4　东北地区第二产业全要素生产率增长率（TFPG）的分解与贡献程度

年份	TFPG	TP	SEC	AEC	TP贡献度	SEC贡献度	AEC贡献度
2001	0.1355	0.1274	-0.0004	0.0085	0.9403	-0.0029	0.0628
2002	0.1283	0.1158	-0.0029	0.0154	0.9025	-0.0225	0.1198
2003	0.1179	0.1041	-0.0039	0.0177	0.8831	-0.0334	0.1500
2004	0.0798	0.0916	-0.0187	0.0069	1.1475	-0.2339	0.0862
2005	0.0856	0.0788	-0.0234	0.0303	0.9200	-0.2738	0.3537
2006	0.0795	0.0660	-0.0279	0.0414	0.8298	-0.3510	0.5205
2007	0.0592	0.0529	-0.0357	0.0420	0.8935	-0.6030	0.7099
2008	0.0529	0.0397	-0.0351	0.0483	0.7508	-0.6627	0.9122
2009	0.0321	0.0263	-0.0431	0.0490	0.8185	-1.3434	1.5268
2010	0.0179	0.0131	-0.0410	0.0458	0.7295	-2.2874	2.5590
2011	0.0003	0.0003	-0.0279	0.0279	1.1143	-93.3378	93.4142
2012	-0.0154	-0.0127	-0.0345	0.0319	0.8273	2.2462	-2.0746
2013	-0.0463	-0.0262	-0.0375	0.0174	0.5651	0.8100	-0.3752
2014	-0.0418	-0.0389	-0.0262	0.0233	0.9305	0.6275	-0.5572
2015	-0.0399	-0.0506	-0.0152	0.0259	1.2676	0.3802	-0.6484
2016	-0.0518	-0.0612	-0.0052	0.0146	1.1817	0.1002	-0.2817
2017	-0.0522	-0.0614	-0.0055	0.0147	1.1762	0.1054	-0.2394
2018	-0.0521	-0.0616	-0.0056	0.0151	1.1823	0.1065	-0.2451

资料来源：根据《中国统计年鉴》等结合式（3-9）至式（3-13）计算整理。

3. 东北地区第三产业全要素生产率的变动趋势及其分解

东北地区的第三产业产出增长率呈现出波动下滑趋势，特别是2016年甚至出现负值。在样本考察期内，全要素生产率增长则呈现平稳下降趋势，2014年后有所提升。进一步分析资本与劳动力两种要素发现，劳动的增长率相对平稳，在劳动力在不断增加同时，资本投入在不断增加，虽然增速呈现出倒"U"型趋势，近些年在逐渐降低，但整体上仍然高于产出。可见，随着同时资本也逐渐以各种形式进入东北地区中，但这种投资的效率并不高（见图4-4）。

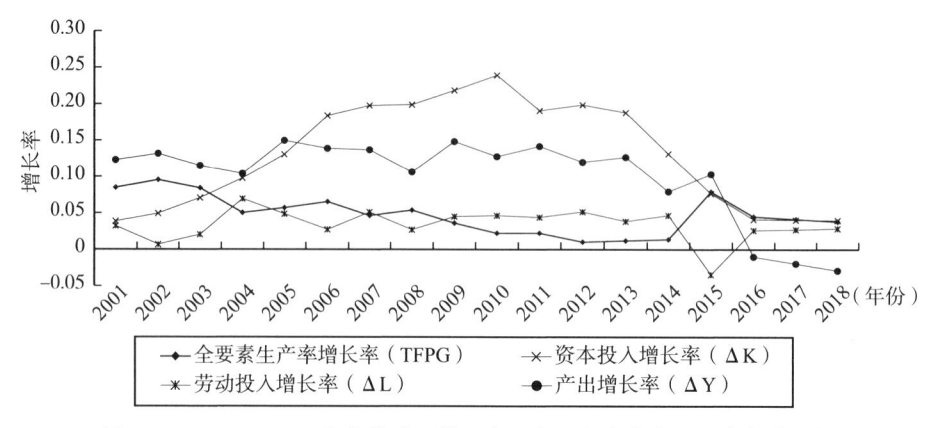

图4-4　2001~2018年东北地区第三产业全要素生产率及要素变动趋势

资料来源：根据《中国统计年鉴》等结合式（3-9）至式（3-13）计算整理。

进一步分析东北地区第三产业全要素生产率增长的分解状况（见表4-5）。技术进步（TP）在考察期内均为正值，说明东北地区第三产业生产技术前沿不断推进，技术进步变化对全要素生产率具有促进作用，但通过贡献度可以看到，这种促进作用正在逐渐减弱。农业技术效率变化（TEC）的变化同技术进步（TP）相反，随着时间推移逐渐递减，由2001年的-0.0256下降至2018年的-0.0386，虽然技术效率变化的增速放缓，但技术效率的改进仍对全要素生产率增长起到了积极作用。规模效率变化（SEC）多数年数为负值，表明投入规模的增加并没有引发规模报酬递增，反而制约了全要素生产率的增长。投入规模弹性（RTS）结果显示，要素弹性在考察期内均小于1，虽然在逐渐提高，但仍抑制全要素生产率的增长。配置效率变化（AEC）与规模效率变化（SEC）趋势基本相反，特别是2009年以来，正向贡献相对稳定，已经逐渐成为促进全要素生产率增长的主要动力因素，要素配置效率的作用在生产中的重要作用逐渐显现。由全要素生产率增长的分解结果来看，配置效率变化（AEC）已经成为TFP增长的主要动力因素，规模效率变化

(SEC)已经成为阻碍全要素生产率增长的主要障碍因素。可见，要素配置效率的改善已成为推进第三产业全要素生产率增长的关键，东北地区经济发展的着力点是要素配置的优化，而规模的盲目扩张已经不利于第三产业经济的发展。

表4-5　东北地区第三产业全要素生产率增长率（TFPG）的分解与贡献程度

年份	TFPG	TP	TEC	SEC	AEC	TP贡献度	TEC贡献度	SEC贡献度	AEC贡献度
2001	0.0850	0.1304	-0.0256	-0.0225	0.0028	1.5335	-0.3014	-0.2642	0.0325
2002	0.0956	0.1286	-0.0263	-0.0247	0.0179	1.3454	-0.2751	-0.2580	0.1873
2003	0.0843	0.1269	-0.0270	-0.0391	0.0235	1.5059	-0.3204	-0.4645	0.2789
2004	0.0504	0.1246	-0.0277	-0.0606	0.0141	2.4721	-0.5495	-1.2032	0.2807
2005	0.0572	0.1227	-0.0283	-0.0825	0.0452	2.1453	-0.4950	-1.4415	0.7906
2006	0.0656	0.1217	-0.0291	-0.1232	0.0961	1.8567	-0.4440	-1.8786	1.4652
2007	0.0465	0.1205	-0.0299	-0.1431	0.0990	2.5922	-0.6438	-3.0799	2.1310
2008	0.0540	0.1195	-0.0307	-0.1583	0.1235	2.2135	-0.5695	-2.9330	2.2886
2009	0.0362	0.1184	-0.0316	-0.1889	0.1383	3.2750	-0.8743	-5.2236	3.8231
2010	0.0224	0.1174	-0.0324	-0.2357	0.1731	5.2319	-1.4437	-10.5009	7.7136
2011	0.0227	0.1162	-0.0333	-0.2096	0.1494	5.1291	-1.4689	-9.2539	6.5928
2012	0.0104	0.1149	-0.0341	-0.2466	0.1762	11.0966	-3.2904	-23.8204	17.0178
2013	0.0122	0.1137	-0.0348	-0.2955	0.2288	9.3314	-2.8598	-24.2524	18.7819
2014	0.0140	0.1120	-0.0357	-0.2296	0.1674	7.9947	-2.5527	-16.3965	11.9571
2015	0.0796	0.1111	-0.0367	-0.2753	0.2805	1.3959	-0.4609	-3.4598	3.5250
2016	0.0452	0.1089	-0.0386	-0.0708	0.0457	2.4096	-0.8544	-1.5659	1.0115
2017	0.0003	0.1062	-0.0399	-0.1342	0.0682	354	-133	-447.3333	227.3333
2018	0.0164	0.1041	-0.0407	-0.1012	0.0542	6.3476	-2.4817	-6.1707	3.3049

资料来源：根据《中国统计年鉴》等结合式（3-9）至式（3-13）计算整理。

4.2
东北地区装备制造业全要素生产率增长轨迹与异质性分析

4.2.1 变量与数据处理

1. 样本确定与数据来源

1998 年，中央经济工作会议明确提出"要大力发展装备制造业"，从而正式提出了"装备制造业"这一概念。基于东北地区的老工业基地作用，加之装备制造业的重要地位，在产业样本选择中选择具有代表意义的装备制造业开展研究。故本章使用中国装备制造业细分行业的分省份面板数据，采用随机前沿生产函数进行 TFP 增长率的估计，需要获取细分行业的产出变量、要素投入变量、要素成本份额等数据，而由于存在数据缺失、行业分类标准变化、价格指数约束和指标口径不统一等问题，使得延长样本时期存在一定困难。为最大限度地延伸考察时期跨度，尽可能保证指标数据的准确性，本章考察期限设定为 2000~2016 年。[①] 随机前沿模型中变量的数据获取主要来源于《中国工业经济统计年鉴》（2012 年以前）、《中国工业统计年鉴》（2013~2017年）、《中国经济普查年鉴》（2004 年、2008 年和 2013 年）、《中国城市（镇）生活与价格年鉴》（2005~2011 年）、《中国价格统计年鉴》（2012~2017年）、历年《中国劳动统计年鉴》等。

[①] 考虑到《中国工业经济统计年鉴》1999 年没有出台，故关于装备制造业数据自 1999 年开始收集，而且在全要素生产率估算中涉及资本数据，需要前一年数据作为支撑，难以准确获得，虽然有研究以《中国工业企业数据库》获取 1998 年数据，但由于工业企业数据库可能存在一些潜在问题（聂辉华等，2012），故本书仅研究 2000~2016 年中国分省份装备制造业及其细分行业的全要素生产率问题。

2. 行业分类标准

《国民经济行业分类标准》(GB/T 4754) 经历了 1984 年首次提出,并在 1994 年、2002 年和 2011 年进行了修订,其中装备制造业细分行业也经历了微调。在考察期间内,2002 年修订的行业分类标准 2002 版 (GB/T 4754 – 2002) 应用的年份最多,而且就装备制造业的 7 个大类而言,与 1994 年修订版的变化不大,因此以此为基准进行调整与分析。

《国民经济行业分类标准》(GB/T 4754 – 2002) 将装备制造业分为金属制品业、通用装备制造业、专用设备制造业、交通运输设备制造业、电气机械及器材制造业、通信设备、计算机及其他电子设备制造业、仪器仪表及文化、办公用装备制造业 7 个大类,与 1994 年修订版基本一致。与 2012 年开始运用最新版本的行业分类标准 (GB/T 4754 – 2011) 相比,将 2002 版的"交通运输设备制造业"划分为"汽车制造业"和"铁路、船舶、航空航天和其他运输设备制造业",并将"通信设备、计算机及其他电子设备制造业"更名为"计算机、通信和其他电子设备制造业";将"仪器仪表及文化、办公用装备制造业"调整为"仪器仪表制造业"。就装备制造业细分大类的中类而言,以 2002 版为基准,"金属制品业"共有 9 个中类,三个版本没有变化;"通用装备制造业"共有 9 个中类,1994 版与 2002 版一致,但 2011 年不同在于将"文化、办公用机械制造"中类纳入"通用装备制造业"这一大类中;"专用设备制造业"共有 9 个中类,三个版本没有变化;"交通运输设备制造业"共有 7 个中类,1994 版与 2002 版一致,2011 版将"汽车制造业"和"铁路、船舶、航空航天和其他运输设备制造业"两个大类合计后中类基本没有变化;"电气机械及器材制造业"共有 8 个中类,三个版本没有变化;"通信设备、计算机及其他电子设备制造业"共有 8 个中类,1994 版与 2002 版一致,虽然 2011 年进行了更名,但 8 个中类基本没有什么变化;"仪器仪表及文化、办公用装备制造业"共有 6 个中类,1994 版与 2002 版一致,2011 版将"文化、办公用机械制造"中类归类到"通用装备制造业"大类中。

本书基于《国民经济行业分类标准》(GB/T 4754 – 2002),将 2011 版"汽车制造业"和"铁路、船舶、航空航天和其他运输设备制造业"数据合并处理,形成了共计 7 个大类的装备制造业行业 2000~2016 年的分行业分省份的面板数据。

3. 数据获取与处理

（1）产出变量。产出变量的选择，学术界主要集中于两个指标的选择，一部分学者选择工业增加值（涂正革等，2005；杨汝岱，2015；孙早等，2016）；另一部分学者选择工业总产值（陈诗一，2011；苏锦红等，2015；施卫东等，2016）。当然，也有研究以产品销售收入作为衡量产出变量的指标（程惠芳等，2014）。以工业增加值测量产出相当普遍，特别在于宏观经济学视角，是反映实际经济成果的更好测定，然而，从微观层面上看，只有工业总产值（工业销售总额）才是企业采取决策时考虑的对象。由于工业实际生产过程中中间投入对固定资产和劳动的替代作用不可忽视，选择以工业总产值测度产出的研究均考虑了中间投入，即工业增加值是由劳动力和资本贡献的，工业总产值是由劳动力、资本和中间投入结合而成的。本章研究对象在2007年以后并未直接提供中间投入指标，考虑到增加值的经验定义为总产值与中间投入之差，故以工业增加值测度产出。

数据可获视角，针对2004年的数据缺乏，以前后两年线性推算得到。2008年之后《中国工业经济统计年鉴》不再统计分行业增加值数据，有学者通过总产值、中间投入和应交增值税估算（孙早等，2016），但中间投入仍难以获取；有学者依据2006~2007年的增加值率估算工业增加值（陆菁等，2016），均具有较大的误差。高越等（2011）以国家统计局网站公布的"工业分大类行业增加值增长速度"估算了2008年的各行业工业增加值，但此方法难以估算分省数据，而且以2007年的实际值与估算值检验发现两者存在较大误差，工业增加值的累计估算可能带来更大的误差。2008年后可获取数据中，与工业增加值相关的可获数据为工业总产值，2012年以后只统计"工业销售产出"，[①] 2011年提供了"工业总产值"和"工业销售产值"，假定"工业总产值"与"工业销售产值"增长率相同，可估算2012~2016年的"工业总产值"。牛泽东等（2012）采用2007年工业增加值在工业总产值占比估算了2008~2009年装备制造业工业增加值，对比装备制造业各行业2000~2007年

[①] 工业总产值与工业销售产值的计算基础不一样，不具有可比性。

工业增加值在工业总产值占比变化不大，故采用2000~2007年的平均比重，估算2008年以后的工业增加值。部分省份分行业工业增加值存在缺失，① 采用线性关系进行获取。

口径调整方面，1998年以来将工业统计口径定为全部国有及规模以上非国有工业数据。在研究样本的跨期内，"规模以上"这一标准也有所不同。1998~2006年为全部国有及年产品销售收入在500万元及以上非国有工业企业；2007~2010年为年主营业务收入在500万元及以上的工业企业；2011年及以后为年主营业务收入在2000万元及以上工业企业。这些数据的口径前后不匹配，无法直接比较，使得跨期分析变得困难。第一个跨期：2000~2006年，参照陈诗一（2011）的做法，② 利用装备制造业细分行业1999年和2004年全部国有及规模以上非国有工业占全部工业口径的比例数据，通过线性函数的假定构造2000~2006年的口径调整比例。其中，2004年全口径数据可以通过《中国经济普查年鉴2004》获得，而1999年的全口径数据需要进行估算。根据1997年分行业的全部工业口径，③ 假定1997~1999年的细分行业增长率不变，可估算1999年装备制造业细分行业的全部工业口径数据。虽然陈诗一（2011）的研究跨期到了2008年，但并未对2007~2008年口径进行实质性调整，孙早等（2016）基于两方面考虑：一是没有合适的口径调整比例；二是2007年后规模以上工业企业在全部工业占比很大，假定口径调整比例为1。通过《中国经济普查年鉴2008》和《中国经济普查年鉴2013》发现，装备制造业细分行业的口径调整比例在1.2左右，显然若不调整，难以获得有说服力的研究结论。考虑到第二跨期（2007~2010年）和第三跨期（2011~2016年）的跨度为四年，相对跨度较少，故假定在相应跨期内的调整口径比例不变，即第二跨期以2008年的口径进行调整；第三跨期以2013年的口径

---

① "通信设备、计算机及其他电子设备制造业"缺失：青海（2004~2007），宁夏（2000、2007~2008）；"仪器仪表及文化、办公用装备制造业"缺失：内蒙古（2003、2005~2007）。

② 2004年《中国经济普查年鉴》和2006年《中国统计年鉴》表14-2提供了2004年工业分行业主要经济指标的全部工业口径数据，可以获得2004年全部国有及规模以上非国有工业占全部工业口径的不同细分行业的比例数据，使得利用它们把其他年份规模以上工业分行业数据调整到全部工业口径成为可能。

③ 假定1997年装备制造业细分行业的工业总产值由乡及乡以上独立核算指标与对应的村办工业指标共同构成，不存在其他经济类型贡献，以两者之和作为全口径的分行业工业总产值。

进行调整。①

价格平减方面，由于在进行工业增加值跨期对比时，包含了各个年份的价格变动因素，必须消除价格变动的影响，通过价格平减真实反映工业产出的增长状况。国家统计局从2004年开始采用价格指数缩减法来计算工业发展速度，即采用工业品出厂价格指数缩减当年价工业总产值得到消除价格波动影响后的可比价产出指标。② 根据《中国城市（镇）生活与价格年鉴》（2005~2011）、《中国价格统计年鉴》（2012~2017）提供的分省份、分行业工业品出厂价格指数对工业增加值数据进行平减，2004年以前由于缺乏分省份分行业的相关数据，以分省份工业品出厂价格指数替代，③ 统一调整为以2000为基期的增加值序列。④

（2）资本投入变量。关于资本存量的估算，学界也存在着一些差异。一些文献直接选择固定资产净值或固定资产净值年平均余额作为资本存量的近似估计（李小平等，2005；涂正革，2008；Hsieh et al.，2009；庞瑞芝等，2011）。然而，单纯以统计年鉴中提供的固定资产原值或净值数据来代替资本存量显然不合适，现有文献多采用目前通行的永续盘存法进行估算。虽然采用永续盘存法可以估算相应的资本存量数据，但是测算结果很大程度上取决于折旧率和初始资本存量的确定，采用不同的折旧率和初期资本存量测算出来的资本存量差异较大（李斌等，2013）。因此，本章采用永续盘存法构建资本投入变量用于分析与检验。

---

① 2013年的《中国经济普查年鉴2013》只提供了全工业口径的"主营业务收入"，以此调整全工业口径。

② 工业增加值主要是由总产值减去工业中间投入来构成，事实上应该用工业品出厂价格指数和原材料、燃料、动力购进价格指数同时消除产品和原材料的价格变动因素，所谓"双缩法"。但现行的工业价格指数缩减法采用的是"单缩法"方式，处理工业增加值时未考虑原材料等购进价格因素。陈诗一（2011）也注意到了这个问题，但也用官方的单缩法平减工业增加值，本书亦采用此法。

③ 牛泽东（2012）的研究就采取分省工业品出厂价格指数对得到的工业增加值数据进行平减，但不同行业的工业品出厂价格不同，会产生一定误差。

④ 海南：2000~2001年工业品出厂价格指数缺失，2008~2014年"仪器仪表及文化、办公用装备制造业"工业品出厂价格指数缺失；新疆：2008~2009年"仪器仪表及文化、办公用装备制造业"和2008年"通信设备、计算机及其他电子设备制造业"工业品出厂价格指数缺失；青海：2005年、2006年、2008年和2009年"通信设备、计算机及其他电子设备制造业"工业品出厂价格指数缺失。缺失数据以当年全国平均水平替代。

采用永续盘存法进行估算的具体公式为：$K_{it}=(1-\delta_{it})K_{it-1}+I_{it}$。其中，$K_{it}$ 和 K_{it-1} 分别表示 i 省装备制造业及其分行业在第 t 年和 $t-1$ 年的实际资本存量，I_{it} 为 i 省装备制造业及其分行业在第 t 年的实际投资额，δ_{it} 表示资本折旧率。

实际投资额 I_{it}：参照张军等（2009）的做法进行估算。具体做法是：$I_{it}=F_{it}-F_{it-1}$，其中，F_{it} 和 F_{it-1} 分别代表 i 省装备制造业细分行业在第 t 年和 $t-1$ 年的固定资产原值。[①] 关于实际投资额的全口径调整，难以找到比工业总产值占比更好的口径调整比例，虽然《中国经济普查年鉴2004》提供了全口径的固定资产原值，但规模以上与规模以下总和与全部工业原值并不相等，而且即便有一个年度的时间点，也难以进行口径调整。故采用工业总产值占比进行固定资产原值的全口径调整，进而获取实际投资额的全口径数据。由于无法获得装备制造业细分行业的固定资产投资价格指数，虽然采用李小平等（2005）的做法可以估算分行业固定资产投资价格指数，但仍无法获取分省份数据，故以2000年为100的分省份固定资产投资价格指数对各个行业进行统一平减。

折旧率 δ_{it}：现有文献通常估算一个不变的折旧率数值用于不同年份不同行业的资本存量估算，但这种方法过于粗糙。参照陈诗一（2011）做法：$\delta_{it}=D_{it}/F_{it-1}$，其中，$D_{it}$ 为 i 省装备制造业细分行业在第 t 年的本年折旧，F_{it-1} 为代表 i 省装备制造业细分行业在第 $t-1$ 年的固定资产原值。对于统计年鉴未明确统计"本年折旧"的年份，借鉴张军等（2009）的做法，利用累计折旧进行差分获得当年折旧数据：$D_{it}=Da_{it}-Da_{it-1}$，其中，Da_{it} 和 Da_{it-1} 分别为 i 省装备制造业细分行业在第 t 年和第 $t-1$ 年的累计折旧。根据《中国工业统计年鉴》数据显示，2001~2007年直接统计了"本年折旧"，2000年、

[①] 固定资产原值差分得到数据为新增投资，由于投资不可能为负，且整个装备制造业也不可能没有投资，因此对于差分后为负值的项，我们采用前后年份的滑动平均来代替，2000年处于样本边界，对其新增投资为负值的项我们用2001年的数据来近似。

2008～2016年采用上述估算方式。① 通过以工业总产值比例调整为全口径，计算分省份分行业以及装备制造业总体折旧率。

基期资本存量K_0：以2000年为基期，采用霍尔（Hall et al., 1999）的方法估计：具体公式为：$K_{i0} = I_{i0}/(g_{it} + \delta_{i0})$。其中，$I_{i0}$为$i$省装备制造业及细分行业在基年的实际投资额，$g_{it}$为样本期间内$i$省装备制造业及细分行业产业的年均增长率，$\delta_{i0}$为$i$省装备制造业及细分行业在基年的折旧率。然而，在现实数据处理中，在2000年为基期资本存量确定过程中，装备制造业细分行业实际投资额部分省份为负，这是现实中不可能存在的。这显然采用永续盘存法难以确定分省份分产业的基期资本存量，此法只能获取装备制造业整体基期数据。因此，参照陈诗一（2010）以统一口径和平减后的2000年装备制造业细分行业的固定资产净值作为资本存量，通过加总获得装备制造业整体基期数据。

(3) 劳动投入变量。陈诗一（2011）在其研究中曾构造了两套工业分行业劳动投入数据，这一方法也被部分研究采用（孙早等，2016）。针对研究对象装备制造业及其细分行业，《中国统计年鉴》和《中国劳动统计年鉴》并未分省份就工业全口径给出装备制造业细分行业的就业人数，全国层面数据不足以满足分析需求，而仅以制造业为行业划分的分省份就业人员数也无法作为装备制造业劳动投入的分析数据。故本书仅采用陈诗一（2011）构造的第二套分行业劳动数据。由《中国统计年鉴》和《中国工业经济统计年鉴》提供的分行业全部从业人员年平均人数构造，统计口径与上文工业分行业总产值的口径一致，口径调整方法与前文类似。2004年提供了一个全口径分行业从业人员数量，仍然以1999年作为另一个指标点。假定1998～1999的增速度与1997年相同，② 以1997年分行业乡以上工业和村工业平均用工人数之和为当年全口径从业人员，通过增长率计算出1999年全口径装备制造业细分行业的从业人员。仍然采用前文全口径拟合方法，通过线性函数的假定构造

---

① "仪器仪表及文化、办公用装备制造业"行业由于2012年内部子行业出现变化，导致以此方法估算的本年折旧为负，故以2013年本年折旧替代。由于本书采取的是累计折旧差分估算本年折旧，这一方法也被牛泽东等（2012）提出了质疑，在本书数据收集过程中，也发现个别数据估算中"本年折旧"出现负数或大于1的数据，以前后两年滑动平均来代替，边界年由相邻年份的折旧替代。

② 1997年速度根据《中国统计年鉴》中"各行业职工数量"估算增长速度。

2000～2006年的口径调整比例，以此形成2000～2006年分行业分省份的全口径从业人员。同样，假定在相应跨期内的调整口径比例不变，即第二跨期以2008年的口径进行调整。第三跨期以2013年的口径进行调整。在可获年鉴中，《中国工业经济统计年鉴2013》并没有提供分行业从业人员平均人数，故用前后两年的平均数替代。对于存在缺失的数据通过线性关系进行拟合，①边界年以相邻年份替代。

（4）其他相关数据。在使用随机前沿分析方法计算配置效率变化进而计算TFP增长时，需要计算各投入要素的成本份额。借鉴张军等（2009）的做法，采用各省装备制造业细分行业的固定资产折旧和利息支出度量资本要素成本，②采用劳动报酬总额度量劳动要素成本。其中，固定资产折旧数据获取方式如前文所述，利息支出数据来源于历年《中国工业经济统计年鉴》和《中国工业统计年鉴》，口径与平减方式同上。劳动报酬数据来自《中国劳动统计年鉴》，根据历年分地区分行业平均劳动报酬与全口径下从业人数相乘获得，并用2000年为基期的分省份分行业工业品出厂价格指数进行平减。

4.2.2 假设检验与计量分析

1. 假设检验设定

检验上述模型的合理性，研究进行了八个假设设定：

（1）$H_0: \beta_{KK} = \beta_{LL} = \beta_{KL} = \beta_{TT} = \beta_{TK} = \beta_{TL} = 0$，前沿生产函数应采用C-D生产函数形式；

（2）$H_0: \beta_T = \beta_{TT} = \beta_{TK} = \beta_{TL} = 0$，不存在技术进步；

（3）$H_0: \beta_{TK} = \beta_{TL} = 0$，技术进步是希克斯中性；

（4）$H_0: \gamma = \eta = \mu = 0$，不存在技术无效率项；

---

① "通信设备、计算机及其他电子设备制造业"：青海缺失2003～2008年数据，宁夏缺失2000年、2007年、2008年、2010年、2013年和2014年数据；"仪器仪表及文化、办公用装备制造业"：内蒙古缺失2005～2007年数据，新疆缺失2009年数据，海南缺失2002年数据。

② 缺失值的处理方式同前文。"通信设备、计算机及其他电子设备制造业"：青海省缺失2000～2008年的数据，新疆缺失2000～2003年数据；"仪器仪表及文化、办公用装备制造业"：内蒙古缺失2001～2003年、2005～2008年数据。

（5）$H_0: \mu = \eta = 0$，服从半正态分布且技术无效率不随时间变动；

（6）$H_0: \eta = 0$，技术无效率不随时间变动；

（7）$H_0: \mu = 0$，服从半正态分布；

（8）H_0：初选模型中系数不显著项为 0。

所有假设都使用广义似然比统计量（LR）进行检验，$LR = -2[L(H_0) - L(H_1)]$，$L(H_0)$ 代表零假设 H_0 的似然函数值，$L(H_1)$ 表示被择假设 H_1 的似然函数值。若检验统计量 LR 服从 $\chi_\alpha^2(m)$，其中 m 为受约束变量的数目，此时零假设成立。

2. 计量分析

（1）装备制造业假设检验与计量结果。采用 FRONTIER4.1 最大似然估计法对前述的 8 个假设进行估计，结果见表 4-6。

表 4-6　　　　　　　　　　随机前沿模型假设检验结果

原假设	似然对数值	似然比	临界值（5%）	结果
$H1$：原模型	198.46	—	—	—
（1）$H_0: \beta_{KK} = \beta_{LL} = \beta_{KL} = \beta_{TT} = \beta_{TK} = \beta_{TL} = 0$	128.33	140.26	12.59	拒绝
（2）$H_0: \beta_T = \beta_{TT} = \beta_{TK} = \beta_{TL} = 0$	92.61	211.7	9.49	拒绝
（3）$H_0: \beta_{TK} = \beta_{TL} = 0$	193.75	9.42	5.99	拒绝
（4）$H_0: \gamma = \eta = \mu = 0$	-261.73	920.38	7.81	拒绝
（5）$H_0: \eta = \mu = 0$	184.79	27.34	5.99	拒绝
（6）$H_0: \eta = 0$	184.98	26.96	3.84	拒绝
（7）$H_0: \mu = 0$	198.11	0.7	3.84	接受
（8）$H_0: \beta_K = \beta_{KK} = 0$	197.07	2.78	5.99	接受

资料来源：FRONTIER4.1 统计输出。

由表 4-6 的检验结果可知，在 5% 的显著水平下，假设 1 被拒绝，说明 C-D 生产函数形式并不适合，选择的前沿生产函数是合理的；假设 2 被拒绝，说明在 2000~2016 年的考察期内，随着时间变化装备制造业存在明显的技术进步；假设 3 被拒绝，进一步说明装备制造业存在的技术进步并不是中性技术进步，投入要素的变化也会导致技术进步的变化；假设 4 被拒绝，说明了选择随机前沿模型的适宜性与合理性；假设 5 被拒绝，否定了 η 和 μ 同时为 0 的可能性；假设 6 被拒绝，说明了技术效率是随着时间变化的；假设 7 被接受，说明模型 μ 服从半正态分布，也意味着在进行随机前沿模型分析时应设定 $\mu=0$ 这一参数条件；假设 8 均被接受，表 4-7 的回归结果也证明了这一点，可以看出不显著项去掉后，估计结果显示接受零假设，而且此时所有系数均显著。

表 4-7　　　　　　　　　　随机前沿模型回归结果

变量	系数	模型 1	模型 2：$\beta_K=\beta_{KK}=0$	模型 3：$\mu=0$ 且 $\beta_K=\beta_{KK}=0$
常数项		1.5135*** (8.1930)	1.4564*** (9.2273)	1.4446*** (15.5836)
$\ln K_{it}$	β_K	-0.0173 (-0.3292)	0	0
$\ln L_{it}$	β_L	1.2111*** (18.0970)	1.2059*** (19.8946)	1.2006*** (29.6558)
t	β_T	0.1787*** (13.9257)	0.1798*** (18.4648)	0.1802*** (18.0372)
$0.5(\ln K_{it})^2$	β_{KK}	-0.0465 (-1.4197)	0	0
$0.5(\ln L_{it})^2$	β_{LL}	-0.1850*** (-4.3708)	-0.1280*** (-7.7194)	-0.1279*** (-8.2639)
$\ln K_{it}\ln L_{it}$	β_{KL}	0.0741** (2.0458)	0.0212*** (2.8874)	0.0220*** (3.0579)
$0.5t^2$	β_{TT}	-0.0107*** (-7.7604)	-0.0093*** (-8.6986)	-0.0093*** (-8.8456)
$t\ln K_{it}$	β_{TK}	0.0088*** (2.8029)	0.0043*** (3.0592)	0.0039*** (3.0009)
$t\ln L_{it}$	β_{TL}	-0.0220*** (-3.1187)	-0.0123*** (-4.5328)	-0.0123*** (-4.6226)
σ^2		0.3550*** (6.3557)	0.3667* (1.7124)	0.3816*** (3.6489)
γ		0.9441*** (98.1984)	0.9456*** (30.4971)	0.9657*** (98.3889)

续表

变量	系数	模型1	模型2：$\beta_K=\beta_{KK}=0$	模型3：$\mu=0$ 且 $\beta_K=\beta_{KK}=0$
μ		0.3891** (2.5144)	0.4653 (1.1273)	0
η		0.0189*** (5.6855)	0.0186*** (5.5026)	0.0185*** (5.6854)
似然函数对数值		198.46	197.37	197.07

注：括号内为t统计值，***、**、* 分别表示1%、5%、10%的显著性水平（双尾检验）。
资料来源：FRONTIER4.1 统计输出。

模型3结果显示，σ^2 值为0.3816，说明误差项和无效率项存在一定波动；γ 值为96.57%，说明在控制要素投入后，生产波动几乎都可以归因于技术无效率，反映了模型的合理性；η 系数为正且显著，说明装备制造业技术效率在不断改进。可见，构建的超越对数形式的随机前沿生产函数模型较好地刻画了装备制造业全要素生产率的特点与波动。

（2）装备制造业细分行业假设检验与计量结果。采用FRONTIER4.1最大似然估计法对装备制造业细分行业逐一进行假设检验与回归分析，结果见表4-8。

表4-8　装备制造业七个细分行业的随机前沿模型回归结果

变量	系数	金属制品业（I1）	通用装备制造业（I2）	专用设备制造业（I3）	交通运输设备制造业（I4）	电气机械及器材制造业（I5）	通信设备、计算机及其他电子设备制造业（I6）	仪器仪表及文化、办公用装备制造业（I7）
常数项		0.3135*** (4.5034)	0.9068*** (6.9332)	-0.6682*** (-5.4070)	1.4390*** (6.4325)	0.0363** (0.2037)	2.5061*** (17.2735)	0.9386*** (7.2969)
$\ln K_{it}$	β_K	0	0	0.2752*** (4.1423)	0	0.8860*** (18.7255)	0	0
$\ln L_{it}$	β_L	1.1138*** (24.6665)	1.2677*** (31.8724)	0.8840*** (11.4217)	0.7067*** (15.9722)	0	0.9918*** (24.0864)	0.8039*** (10.3369)

续表

变量	系数	金属制品业（I1）	通用装备制造业（I2）	专用设备制造业（I3）	交通运输设备制造业（I4）	电气机械及器材制造业（I5）	通信设备、计算机及其他电子设备制造业（I6）	仪器仪表及文化、办公用装备制造业（I7）
t	β_T	0.2536*** (21.6651)	0.2572*** (17.7181)	0.2927*** (11.8152)	0.3025*** (15.6218)	0.2673*** (18.8098)	0.1733*** (13.2161)	0.2241*** (10.9243)
$\frac{1}{2}(\ln K_{it})^2$	β_{KK}	0.3275*** (10.4200)	0.3345*** (11.2339)	0	0.1514*** (6.1911)	−0.1233*** (−4.0117)	0.0318** (2.8162)	0
$\frac{1}{2}(\ln L_{it})^2$	β_{LL}	0.3504*** (7.3567)	0	0	0	−0.2579*** (−7.9458)	0.0911*** (5.3759)	−0.1821*** (−3.0848)
$\ln K_{it}\ln L_{it}$	β_{KL}	−0.3317*** (−8.9610)	−0.2634*** (−13.2179)	0	−0.0574*** (−2.9345)	0.2145*** (9.0060)	−0.0271** (−2.0984)	0.1405*** (4.6432)
$\frac{1}{2}t^2$	β_{TT}	0.0039** (2.1543)	−0.0072*** (−5.2488)	−0.0187*** (−6.9587)	−0.0055*** (−3.4408)	0	0	−0.0132*** (−6.0308)
$t\ln K_{it}$	β_{TK}	−0.0518*** (−7.0513)	−0.0392*** (−5.2154)	—	−0.0233*** (−7.0592)	−0.0324*** (−11.5451)	0	0.0175*** (3.0343)
$t\ln L_{it}$	β_{TL}	0.0313*** (4.4391)	0.0336*** (4.6698)	—	0	0	−0.0241*** (−11.0654)	−0.0391*** (−5.6418)
σ^2		1.0739*** (3.5085)	0.2152*** (5.5170)	—	2.2841*** (2.5980)	0.3986** (2.4532)	0.9269*** (2.9581)	1.1416*** (3.7833)
γ		0.9577*** (75.0086)	0.7748*** (19.0707)	—	0.9699*** (79.8256)	0.8271*** (11.1342)	0.8749*** (20.1313)	0.7834*** (13.0288)
μ		0	0.8167*** (5.6654)	—	0	1.0503*** (3.8166)	1.6127*** (5.5108)	0
η		−0.0721*** (−9.7356)	0.0169*** (3.5468)	—	−0.0286*** (−3.7677)	−0.0472*** (−5.4519)	−0.0149** (−2.3290)	0
似然函数对数值		8.11	−14.36	—	−165.73	−95.33	−239.68	−411.36
LR 统计量		0.03	0.54	—	2.54	4.18	1.66	4.30

注：专用设备制造业（I3）的随机前沿分析发现，在选定模型中 gamma 为 0.0038，接近于 0，可判断非效率项的影响几乎可忽略，效率的实际值与理论值的差几乎完全来源于随机误差，故直接用 OLS 形成最终模型（调整 R^2 = 0.9114；F 值 = 1309.46）。括号内为 t 统计值，***、** 分别表示 1%、5% 的显著性水平（双尾检验）。

资料来源：FRONTIER4.1 统计输出。

结果显示，除专用设备制造业外，其他模型的假设1至假设4均被拒绝，意味着选择随机前沿生产函数是合理的。在2000~2016的样本考察期内，装备制造业细分行业均存在明显的技术进步，同时这种技术进步并不完全是中性的，这一结果也为开展技术进步偏向研究提供了依据。仪器仪表及文化、办公用装备制造业接受了假设5，肯定了 η 和 μ 同时为0的可能性；金属制品业和交通运输设备制造业接受了假设7，说明这两个行业的模型 μ 服从半正态分布。在剔除不显著项后，形成了表4-8中所示的最终选定模型，由LR统计量可知，最终选定模型均接受零假设，而且进入模型参数均显著。虽然七个行业均属于装备制造业，但在具有技术效率的时变参数 η 的五个行业中却并不一致，通用装备制造业为正值，而其他四个行业为负。

4.2.3 结果分析与讨论

1. 东北地区装备制造业全要素生产率增长率及其分解项波动

如图4-5所示，考察期内，东北地区装备制造业全要素生产率增长率呈现出波动的趋势，整体全要素生产率在2008年之前呈现波动下降态势，2011年后呈现出增长态势。从全要素生产率增长率的分解项而言，四个分解项直接动态影响了全要素生产率增长率的变化。尽管技术进步在考察期内下降明显，但仍是东北地区装备制造业全要素生产率增长的主要正向贡献；技术效率变化虽呈现出正向贡献，但贡献程度并不明显；配置效率变化变动趋势与全要素生产率增长率整体基本相似，呈现出波动影响，配置效率在东北地区一直是负向贡献，规模效率变化多数年份为负值，2014年后扭转为正向贡献。

如表4-9，分省份而言，除内蒙古、青海、湖北和江西外，其他省份的全要素生产率增长率在考察期内均值为正值；技术进步和技术效率变化在所有省份均体现为正值；规模效率变化除黑龙江、海南和甘肃体现为正值，其他省份均为负值；配置效率变化则在浙江省、福建省和广东省三省表现为正值，其他地区均为负值。分区域而言，规模效率变化和配置效率变化对全要素生产率增长率产生负向贡献；而技术进步、技术效率变化表现为正向贡献。

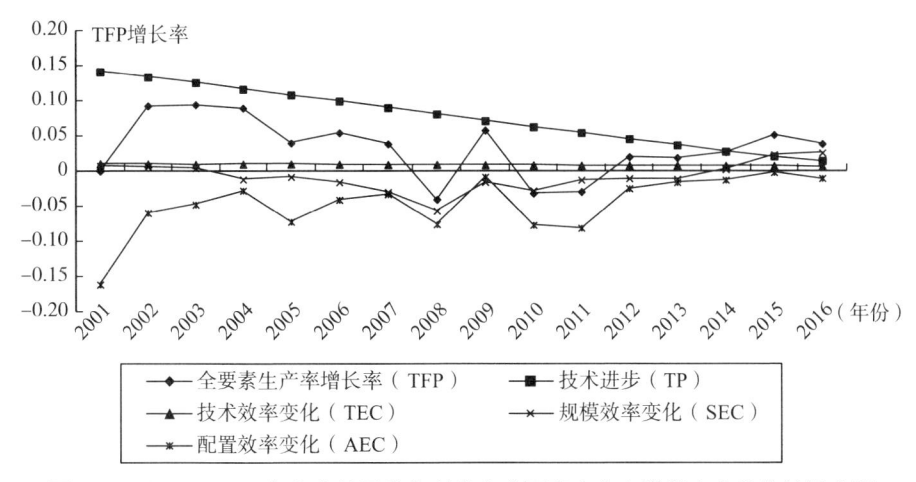

第 4 章 东北地区产业及行业全要素生产率增长的分解分析

图 4-5 2001~2016 年东北地区装备制造业全要素生产率增长率变化趋势及分解

资料来源：根据《中国工业统计年鉴》等年鉴数据结合式（3-9）至式（3-13）计算整理。

就贡献度而言，东北地区贡献程度为 TP(2.33) > AEC(-1.39) > TEC(0.29) > SEC(-0.23)；东部地区贡献程度为 TP(1.91) > SEC(-0.83) > AEC(-0.17) > TEC(0.09)；中部地区贡献程度为 TP(7.43) > AEC(-5.52) > SEC(-2.15) > TEC(1.25)；西部地区贡献程度为 TP(1.89) > AEC(-0.92) > TEC(0.36) > SEC(-0.33)。由贡献度可以看出，技术进步是全要素生产率增长的主要贡献，配置效率变化也对全要素生产率增长具有重要影响。

表 4-9　　　　　　　　装备制造业 TFP 增长率的分解

地区	TFPG	TP	TEC	SEC	AEC
北京	0.0603	0.0793	0.0030	-0.0058	-0.0162
天津	0.0594	0.0777	0.0025	-0.0084	-0.0124
河北	0.0242	0.0736	0.0151	-0.0189	-0.0456
山西	0.0574	0.0793	0.0317	-0.0022	-0.0513
内蒙古	-0.0225	0.0893	0.0128	-0.0014	-0.1232
辽宁	0.0303	0.0736	0.0106	-0.0087	-0.0452
吉林	0.0238	0.0828	0.0042	-0.0052	-0.0581
黑龙江	0.0870	0.0833	0.0241	0.0020	-0.0225

续表

地区	TFPG	TP	TEC	SEC	AEC
上海	0.0604	0.0739	0.0005	-0.0091	-0.0049
江苏	0.0159	0.0641	0.0022	-0.0399	-0.0105
浙江	0.0533	0.0653	0.0110	-0.0253	0.0023
安徽	0.0296	0.0760	0.0105	-0.0229	-0.0340
福建	0.0672	0.0748	0.0054	-0.0162	0.0032
江西	-0.0969	0.0765	0.0173	-0.0213	-0.1694
山东	0.0145	0.0677	0.0029	-0.0279	-0.0283
河南	0.0252	0.0693	0.0142	-0.0297	-0.0286
湖北	-0.0039	0.0731	0.0075	-0.0173	-0.0672
湖南	0.0310	0.0751	0.0138	-0.0182	-0.0397
广东	0.0308	0.0606	0.0010	-0.0416	0.0108
广西	0.0472	0.0784	0.0145	-0.0114	-0.0343
海南	0.0085	0.1000	0.0013	0.0011	-0.0939
重庆	0.0564	0.0769	0.0143	-0.0194	-0.0154
四川	0.0344	0.0743	0.0105	-0.0169	-0.0335
贵州	0.0855	0.0856	0.0271	-0.0032	-0.0240
云南	0.0789	0.0852	0.0221	-0.0004	-0.0280
陕西	0.0403	0.0777	0.0196	-0.0077	-0.0492
甘肃	0.0861	0.0906	0.0304	0.0007	-0.0356
青海	-0.0776	0.0997	0.0262	-0.0011	-0.2023
宁夏	0.0823	0.0941	0.0252	-0.0014	-0.0355
新疆	0.0517	0.0956	0.0205	-0.0011	-0.0633
全国	0.0322	0.0695	0.0056	-0.0262	-0.0166
东北地区	0.0332	0.0774	0.0096	-0.0075	-0.0463
东部地区	0.0352	0.0672	0.0032	-0.0291	-0.0061
中部地区	0.0099	0.0735	0.0123	-0.0213	-0.0546
西部地区	0.0413	0.0780	0.0149	-0.0135	-0.0380

注：表中数值为2001~2016年的平均值。
资料来源：根据《中国工业统计年鉴》等年鉴数据结合式（3-9）至式（3-13）计算整理。

通过图 4-6 的 2001~2016 年中国、区域及黑龙江省技术进步、技术效率变化、规模效率变化和配置效率变化的变动趋势可看出装备制造业全要素生产率增长率的区域差异以及分解项对于 TFP 增长率的动态影响。

（1）技术进步（TP）。如图 4-6，无论是东北地区整体水平还是东北三省装备制造业均具有同样递减的变化趋势，虽为正值，但技术进步对于 TFP 增长的拉力却在逐渐减小。东北地区的技术进步水平高于全国平均水平，而黑龙江省和吉林省的技术进步对于全要素生产率增长的贡献高于东北地区的平均水平。

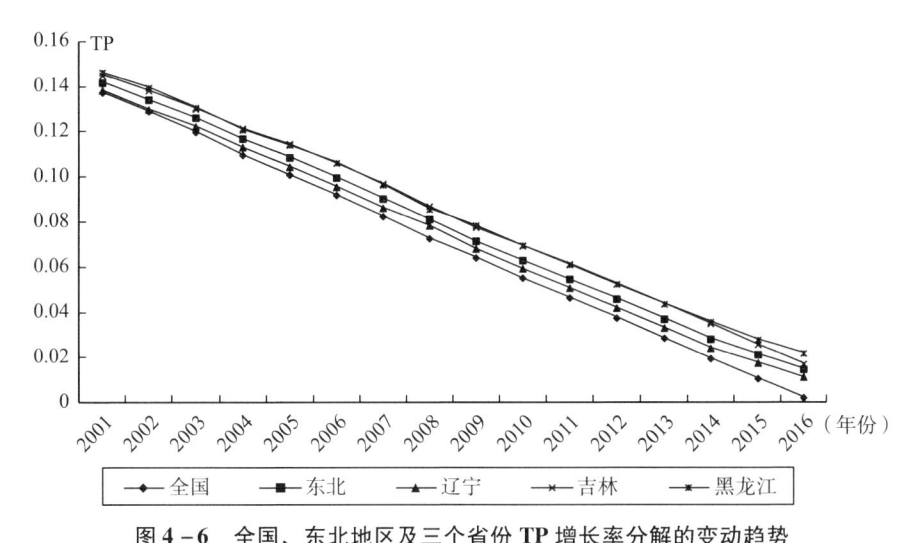

图 4-6　全国、东北地区及三个省份 TP 增长率分解的变动趋势

资料来源：根据《中国工业统计年鉴》等年鉴数据结合式（3-9）计算整理。

（2）技术效率变化（TEC）。如图 4-7，全国层面和东北地区装备制造业技术效率变化的变化趋势相对平稳，随着时间推移，技术效率变化逐渐趋于平缓。尽管并未进入上升阶段，也意味着装备制造业的技术效率在逐渐上升，不断靠近生产前沿面。黑龙江省装备制造业的技术效率明显高于全国与区域水平。

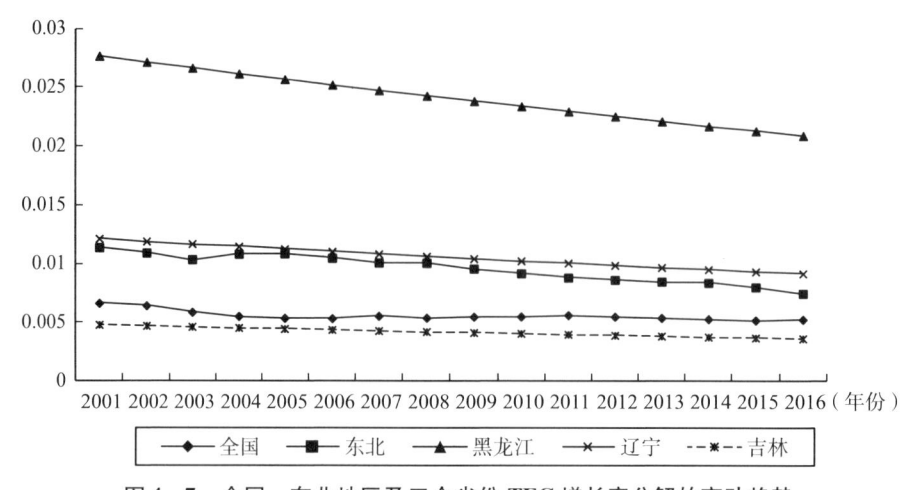

图4-7 全国、东北地区及三个省份TEC增长率分解的变动趋势

资料来源：根据《中国工业统计年鉴》等年鉴数据结合式（3-10）计算整理。

（3）规模效率变化（SEC）。如图4-8，装备制造业在此分解项的发展并不理想，多处于恶化状态，而且具有明显的阶段性特征。2001~2008年期间，整体趋势均是平稳恶化状态，虽然在2009年的各种经济政策的刺激下有所遏制，但效果并不十分理想，仍处于恶化状态，但2010年后恶化程度有所缓解。

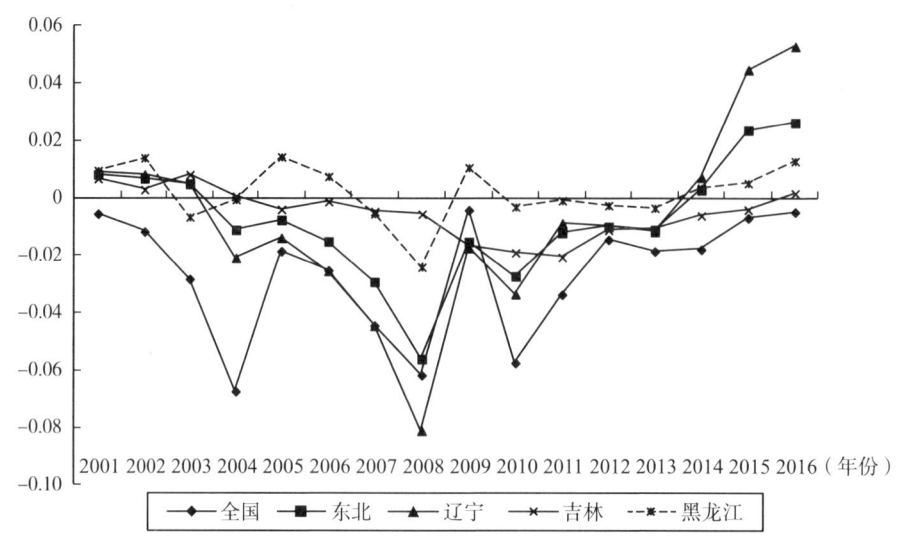

图4-8 全国、东北地区及三个省份SEC增长率分解的变动趋势

资料来源：根据《中国工业统计年鉴》等年鉴数据结合式（3-11）计算整理。

（4）配置效率变化（AEC）。如图4-9，就平均水平而言，均值为负值，说明在样本期间内装备制造业的配置效率整体上处于恶化状态。但从全国平均水平来看，最近几年（2014年来）已经逐渐转变为正值，但东北地区的要素配置仍处于恶化状态，但程度有所缓解，意味着区域正在努力扭转配置效率变化的方向。黑龙江省装备制造业配置效率恶化明显低于全国与东北地区的平均水平，辽宁和吉林省配置效率相对较高。

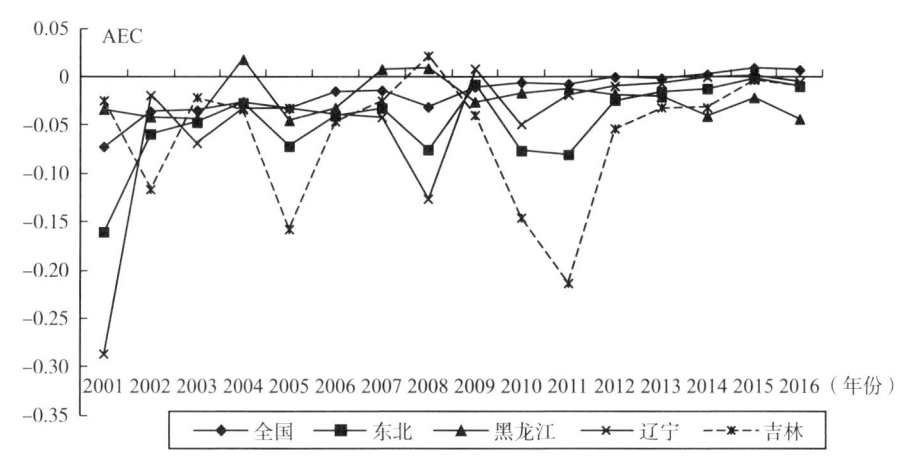

图4-9　全国、东北地区及三个省份AEC增长率分解的变动趋势

资料来源：根据《中国工业统计年鉴》等年鉴数据结合式（3-12）计算整理。

整体而言，技术进步与技术效率变化的趋势相对稳定，规模效率变化和配置效率变化则呈现较大的波动，在技术进步逐渐稳步下降和技术效率变化趋渐平稳的状态下，规模效率变化和配置效率变化对于装备制造业TFP增长率的影响就变得更加重要。从TFP增长率的变化趋势来看，近些年规模效率变化与配置效率变化得到了一些改善。就规模效率变化而言，样本期间内的中国装备制造业仍呈现明显的规模报酬递减趋势。根据RTS的计算可知，全国平均RTS为0.7431，东北、东部、中部、西部四个区域分别为0.8156、0.6851、0.8191、0.8062，可见规模更易扩大的经济发达的东部地区产业，规模效应恶化程度却更加明显，制约TFP增长率的提升。从配置效率变化而言，2001~2016年间全国装备制造业资本投入年均增长率

21.64%，虽然全国各省份 2010 年以后该比重均有下降，下降到 11%~15% 之间，仍高于劳动投入年均增长率（7.64%）；而资本产出弹性在要素总产出弹性中的份额仅为 24.56%，即便最近几年这一比重已上升到 30% 左右，仍存在明显的要素配置效率的恶化，直接制约装备制造业全要素生产率的提升。

2. 东北地区装备制造业分行业全要素生产率增长及分解项波动

图 4-10 直观地反映了 2001~2016 年东北地区装备制造业细分行业的全要素生产率增长率的变化趋势，不同行业之间存在着明显的异质性。虽然各行业全要素生产率增长率在不同时间点及变化程度各异，但整体上装备制造业细分行业均呈现全要素生产率增长率逐年降低的趋势。专用设备制造业（I3）是在样本期变化最明显的行业，由 2001 年的 25.26% 下降至 2016 年的 -5.95%，年均下降 1.66%，特别是最近两年出现了负增长；金属制品业（I1）和通信设备、电气机械及器材制造业（I5）相对波动较小。

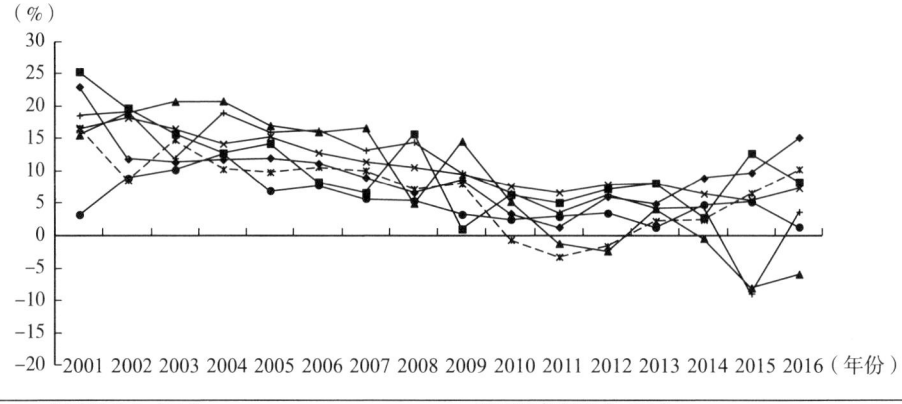

图 4-10 2001~2016 年东北地区装备制造业细分行业全要素生产率增长率变化趋势

资料来源：根据《中国工业统计年鉴》等年鉴数据结合式（3-13）计算整理。

第4章 东北地区产业及行业全要素生产率增长的分解分析

如图4-11，就区域层面而言，从2001～2016年装备制造业细分行业的全要素生产率增长率均值可以看到，各行业在各区域的表现也存在明显异质性，不同行业在不同区域的全要素生产率增长程度各不相同。东北地区在金属制品业（I1）、交通运输设备制造业（I4）、通信设备、计算机及其他电子设备制造业（I6）这三个产业的全要素生产率增长高于其他地区，东部地区的专用设备制造业（I3）和仪器仪表及文化、办公用装备制造业（I7）高于其他地区，西部地区则在通用装备制造业（I2）电气机械及器材制造业（I5）这两个体现出增长优势。其中，通信设备、计算机及其他电子设备制造业（I6）的全要素生产率增长在区域间差异最明显，中部地区明显低于其他地区，分解数据证实这主要是中部地区配置效率明显恶化的结果。

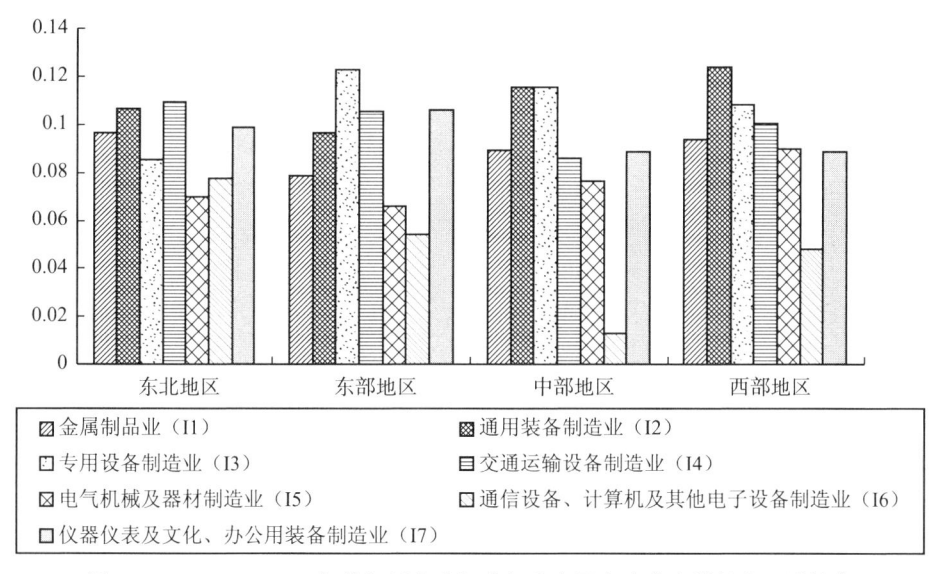

图4-11　2001~2016年装备制造业细分行业全要素生产率增长率区域特点

资料来源：根据《中国工业统计年鉴》等年鉴数据结合式（3-9）计算整理。

图4-12反映了2001~2016年东北地区装备制造业细分行业全要素生产率增长率的四个分解项的变动趋势，同时四个分解项直接地动态影响了全要素生产率增长率的变化。技术进步（TP）变动方面，7个细分行业的

趋势并不一致，金属制品业（I1）、通信设备、计算机及其他电子设备制造业（I6）和仪器仪表及文化、办公用装备制造业（I7）维持稳定状态，有所上升；其他行业均处于递减变化趋势，但程度各不相同，可见全要素生产率增长的主要拉力正在逐步减弱。技术效率变化（TEC）变动方面，在具有技术效率的五个行业中，除通用装备制造业（I2）处于平缓的改善状态外，其他四个行业均处于恶化状态，而且下降趋势逐渐显现。规模效率变化（SEC）变动方面，通用装备制造业（I2）和交通运输设备制造业（I4）整体上具有相同的变化趋势，通用装备制造业（I2）波动最为明显，以2010年为分界点，专用设备制造业（I3）继续恶化，其他各行业均有回升趋势，这与2009年的"十大产业振兴计划"等经济政策刺激不无关系；配置效率变化（AEC）变动方面，七个细分行业波动与差异明显，并未形成稳定趋势。金属制品业（I1）、专用设备制造业（I3）、电气机械及器材制造业（I5）、通信设备、计算机及其他电子设备制造业（I6）、仪器仪表及文化、办公用装备制造业（I7）在样本考察期内均值为负。

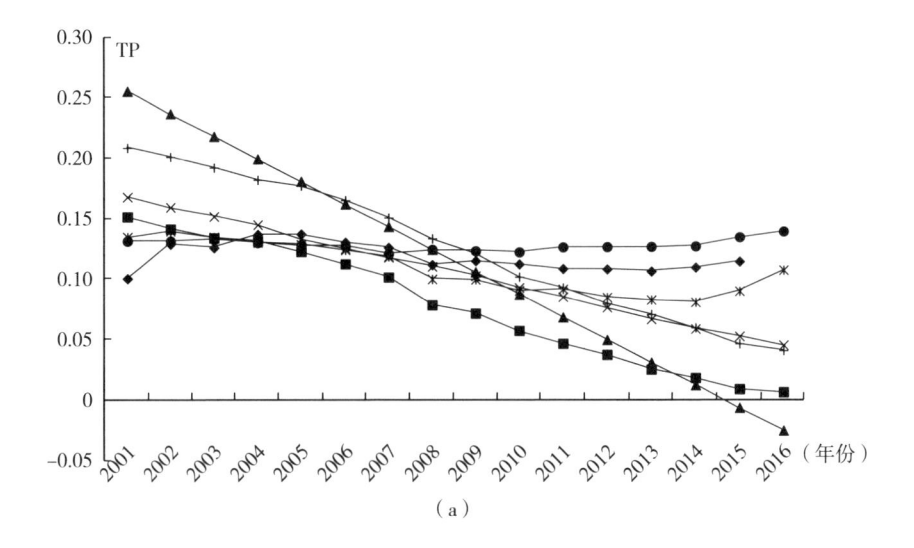

（a）

(b)

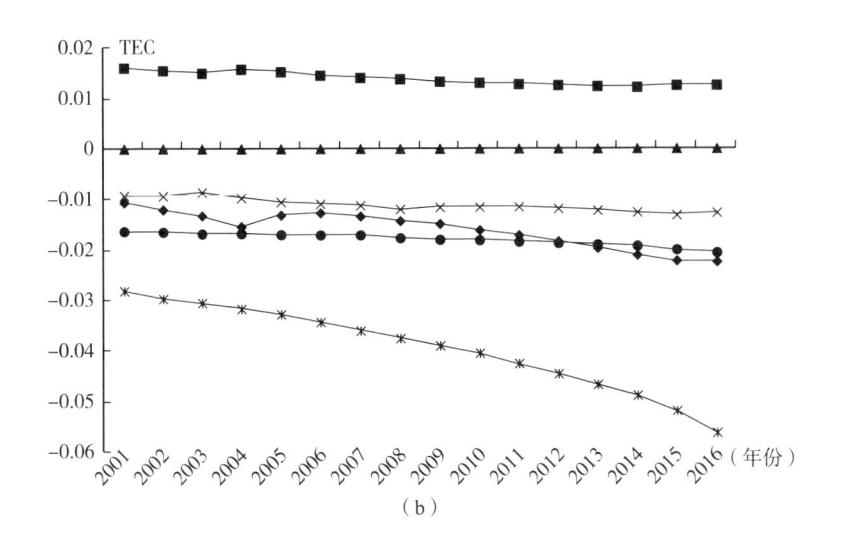

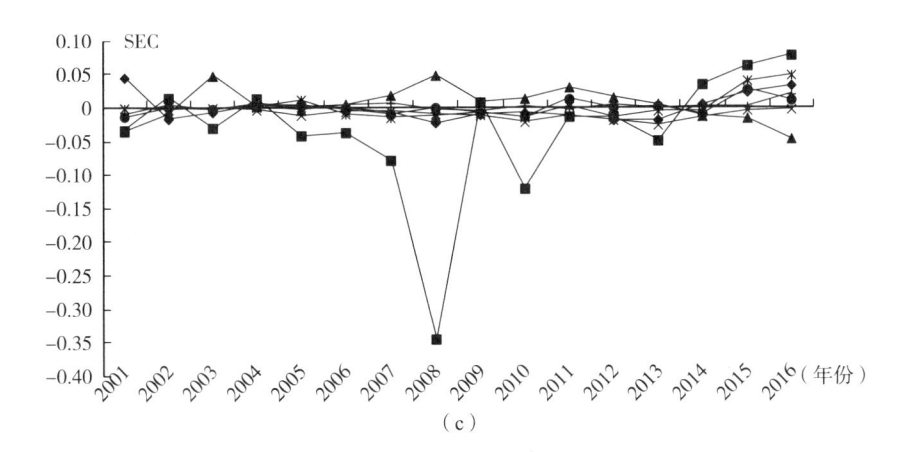

(c)

```
    0.50 ┤ AEC
    0.40 ┤
    0.30 ┤
    0.20 ┤
    0.10 ┤
    0.00 ┤
   -0.10 ┤
   -0.20 ┴────────────────────────────────────────
         2001 2002 2003 2004 2005 2006 2007 2008 2009 2010 2011 2012 2013 2014 2015 2016 (年份)
                                      (d)
```

—◆— 金属制品业（I1）　　　　　　—■— 通用装备制造业（I2）
—▲— 专用设备制造业（I3）　　　　—✕— 交通运输设备制造业（I4）
—✱— 电气机械及器材制造业（I5）　—●— 通信设备、计算机及其他电子设备制造业（I6）
—+— 仪器仪表及文化、办公用装备制造业（I7）

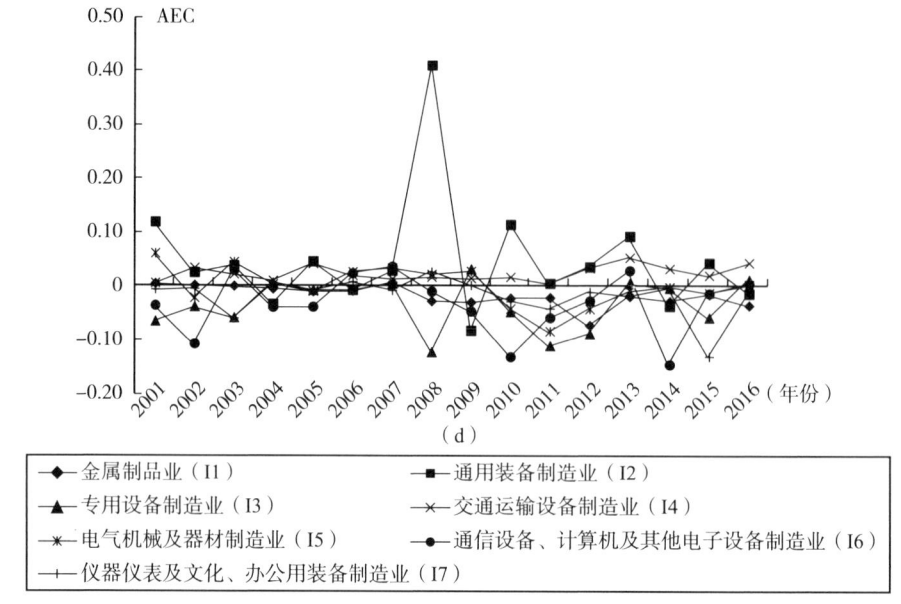

图 4-12　东北地区装备制造业细分行业全要素生产率增长率分解的变动趋势

资料来源：根据《中国工业统计年鉴》等年鉴数据结合 TFP 增长率分解式计算整理。

以 2001~2016 年东北地区装备制造业细分行业四个分解项均值对于全要素生产率增长率的贡献程度来看，金属制品业（I1）仅 TP 具有显著正贡献，贡献程度为 TP(1.49) > AEC(-0.22) > TEC(-0.19) > SEC(-0.006)；通用装备制造业（I2）除 SEC 具有负贡献，其他三个分解项均体现了正贡献，贡献程度为 TP(0.73) > AEC(0.46) > SEC(-0.32) > TEC(0.13)；专用设备制造业（I3）不具有 TEC，TP 和 SEC 均体现了正贡献，贡献程度为 TP(1.35) > AEC(-0.41) > SEC(0.06)；交通运输设备制造业（I4）的 TP、AEC 均提供了正贡献，贡献程度为 TP(0.97) > AEC(0.22) > TEC(-0.10) > SEC(-0.08)；电气机械及器材制造业（I5）的 TP 和 AEC 提供了正贡献，贡献程度为 TP(1.56) > TEC(-0.57) > SEC(0.02) > AEC(-0.01)；通信设备、计算机及其他电子设备制造业（I6）的 TP 提供了正贡献，贡献程度为 TP(1.66) > AEC(-0.44) > TEC(-0.23) > SEC(0.01)；仪器仪表及文化、办公用装备制造业（I7）不存在 TEC 贡献，AEC 贡献为负，TP(1.15) > AEC(-0.17) > SEC(0.02)。

3. 东北地区装备制造业及分行业增长的源泉

产业增长不但源于全要素生产率的贡献，还有资本要素投入与劳动要素投入的贡献。以要素投入贡献与全要素生产率贡献为判断标准，学界将要素投入贡献大于全要素生产率贡献的经济增长方式称之为粗放型增长方式，反之，则为集约型增长方式。依据此对装备制造业产业增长贡献进行分析，根据柯布道格拉斯生产函数，采用前述数据进行估计，并考虑到规模收益不变，可得到资本投入和劳动投入对装备制造业及内部行业的贡献份额，结合样本期间资本投入增长率和劳动投入增长率，将产业增长贡献分为资本贡献、劳动力贡献和TFP贡献[①]三个方面。

从TFP贡献与TFP增长率两者比较可以看出，多数细分行业采用随机前沿估算的TFP增长率普遍高于TFP贡献的估算值，而资本贡献程度方面，除I6和I7，其他行业在贡献程度方面均超过50%，可见东北地区的装备制造业仍处于粗放型增长阶段，样本期间80%以上的增长率主要依赖于资本投入的驱动。细分行业来看，五个行业均依赖于资本投入，I3的劳动贡献甚至均值为负，其他劳动贡献虽然为正，但对于产业增长率的贡献程度甚微。以上分析充分表明资本与劳动要素投入仍然是东北地区装备制造业及细分行业的主要原动力（见表4-10），东北地区装备制造业并没有从根本意义上实现由粗放型向集约型增长方式转变。但这种态势正在逐渐转好，这也可以从样本的时间序列中看到，装备制造业及其细分行业资本贡献呈下降趋势，劳动贡献呈上升趋势，而且装备制造业产出增长率的下降趋势也意味着单靠要素投入拉动增长（特别是资本要素）的边际效应不断递减。虽然装备制造业各细分行业TFP增长率并未有明显提升，但其对于产出贡献比重的逐渐提升也意味着装备制造业的产出增长正由主要依靠资本要素驱动逐渐向技术创新驱动逐渐转变。

[①] 这里的TFP贡献是基于索罗残差法估算的，即隐含了一个资源充分利用的假设，全要素生产率增长被等同于技术进步率，本章TFP增长率采用前沿生产函数法通过加总得到，故两者并不相等。

表4-10　装备制造业及其内部行业的产业增长源泉分解

行业	产出增长率	资本 贡献值	资本 占比(%)	劳动 贡献值	劳动 占比(%)	全要素生产率 贡献值	全要素生产率 占比(%)	全要素生产率增长 贡献值	全要素生产率增长 占比(%)
装备制造业	0.1867	0.1501	80.34	0.0068	3.64	0.0299	16.01	0.0322	17.25
I1	0.2290	0.1911	83.45	0.0045	1.97	0.0334	14.59	0.0964	42.10
I2	0.2534	0.1862	73.48	0.0043	1.70	0.0629	24.82	0.1061	41.87
I3	0.2566	0.1934	75.37	-0.0016	-0.62	0.0648	25.25	0.1073	41.82
I4	0.2084	0.1233	59.17	0.0001	0.05	0.085	40.79	0.1089	52.26
I5	0.2108	0.1347	63.90	0.0013	0.62	0.0748	35.48	0.0697	33.06
I6	0.1404	0.0390	27.78	0.0028	1.99	0.0986	70.23	0.0771	54.91
I7	0.2128	0.0676	31.77	0.0048	2.26	0.1404	65.98	0.0986	46.33

资料来源：根据《中国工业统计年鉴》等年鉴数据计算整理。

4.3 本章小结

本章分别采用2000~2016年的中国省际三次产业、装备制造业及其细分行业的面板数据，构建超越对数形式的随机前沿生产函数模型，通过严格的假设检验选择最佳模型，全面考察东北地区三次产业、装备制造业及其细分行业TFP的动态变化特征，对其进行效率分解分析，并检验样本期三次产业、装备制造业及其细分行业的增长方式特点，得出结论。

（1）技术进步变化虽然持续下降，但仍和要素配置效应的改善一并成为推进东北地区TFP增长的关键，东北地区经济发展的着力点是要素配置的优化，而规模效应正在制约东北地区整体TFP增长，规模的盲目扩张已经不利于经济的发展。

（2）东北地区装备制造业全要素生产率增长率呈现出波动的趋势，2011年后呈现出增长态势。技术进步在考察期内下降明显，但仍是东北地区装备制造业全要素生产率增长的主要正向贡献；配置效率变化变动趋势与全要素生产率增长率整体基本相似，呈现出波动影响，配置效率在东北地区一直是负向贡献，规模效率变化多数年份为负值，2014年后扭转为正向贡献。

整体上分析可以发现，东北地区无论在产业上还是具体行业间并没有从根本意义上实现由粗放型向集约型增长方式转变。从装备制造业及其细分行业也可以直观看出资本贡献呈下降趋势，劳动贡献呈上升趋势，而且装备制造业产出增长率的下降趋势也意味着单靠要素投入拉动增长（特别是资本要素）的边际效应不断递减。虽然装备制造业各细分行业 TFP 增长率并未有明显提升，但其对于产出贡献比重的逐渐提升也意味着装备制造业的产出增长正由主要依靠资本要素驱动逐渐向技术创新驱动逐渐转变。因此，后续研究重点以东北地区装备制造业为样本，重点关注要素错配的经济影响效应。

第5章

要素错配对东北地区经济增长影响的实证分析

供给侧结构性改革的重点就是要矫正要素配置扭曲，扩大有效供给，提高供给结构对需求变化的适应性和灵活性。实质上，要素错配已成为一个普遍存在的客观现象。本章在前述理论模型及计量模型分析基础上，继续采用2000~2016年的东北省际装备制造业及其细分行业的面板数据，分别考虑中性技术进步与偏向性技术进步，从行业和地区的异质性视角系统考察东北地区装备制造业的要素错配效应。

5.1 东北地区装备制造业要素错配及其经济影响效应分析

5.1.1 变量与数据处理

产出变量、资本投入变量和劳动投入变量的数据获取与处理参见第4章。其他相关变量的获取与计算。在收入份额方法计算劳动力产出弹性时，需要计算劳动者收入，以劳动报酬记做劳动收入。劳动报酬数据来自《中国劳动统计年鉴》，根据历年分地区分行业平均劳动报酬与全口径下从业人数相乘获得，并用2000年为基期的分省份分行业工业品出厂价格指数进行平减。根据前述规模报酬不变的假定，进而得到资本产出弹性。采用的数据来自行业层面，这也使得OP和LP等针对微观企业的产出弹性估算的半参数方法难以适用。针对行业层面数据的要素产出弹性主要有收入份额法和参数法。采用变系数面板数据模型估算分行业分地区的资本劳动力产出弹性时发现，部分地区的劳动产出弹性为负，而这并不符合劳动的真实贡献，[①] 故依据青木（Aoki，2008）的收入份额法估算行业在地区的要素产出弹性，以劳动收入与行业增加值比值衡量劳动产出弹性，按照规模报酬不变的假定得到各行业各地区资本产出弹性。图5-1反映了装备制造业七个细分行业的劳动力产出弹性，结果显示在2000~2016年的样本期间内，多数行业劳动力产出整体呈先下降后上升趋势，以2011年为拐点开始相对平稳缓慢回升，这一趋势与李稻葵等（2009）得出的2011年左右在初次分配中劳动份额可能进入上升通道的结论一致。

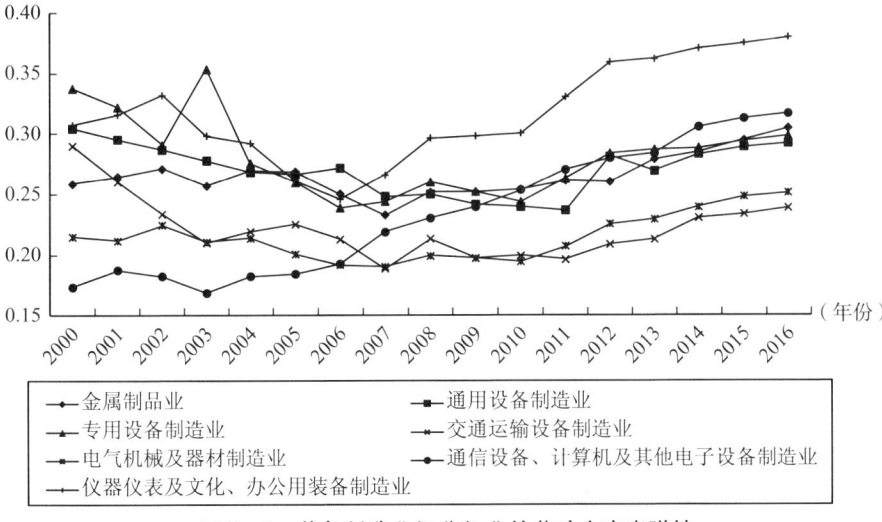

图5-1　装备制造业细分行业的劳动力产出弹性

资料来源：根据《中国工业统计年鉴》等年鉴数据计算整理并绘制。

[①] 偏误可能来源于面板数据在截面或时间上的异方差（董直庆等，2014）。

5.1.2 资本错配的测度与效应

1. 资本错配程度的测度

表5-1显示，就装备制造业七个细分行业间的资本错配程度而言，在2000~2016年的考察期内存在较大的差异性，而且行业间资本错配并没有得到明显改善，甚至多数行业最近几年出现了行业间资本错配加剧的现象。

表5-1　东北地区装备制造业行业间资本错配程度（2000~2016年）

年份	金属制品业	通用设备制造业	专用设备制造业	交通运输设备制造业	电气机械及器材制造业	通信设备、计算机及其他电子设备制造业	仪器仪表及文化、办公用装备制造业
2000	1.2894	1.8009	2.2681	1.0982	2.3479	1.5200	2.9554
2001	2.0731	1.9585	2.7273	0.9319	2.2893	1.3043	2.3290
2002	1.5483	1.8316	2.5910	1.0967	2.1229	1.4464	1.5806
2003	1.6928	1.4527	2.6825	1.0755	2.2176	1.6328	2.1908
2004	1.4289	1.2835	1.8971	1.0945	2.0041	1.4241	2.6114
2005	0.9940	1.0590	1.6755	1.1883	1.7385	1.6106	1.6447
2006	0.9788	1.0020	1.2015	1.0894	1.2939	1.3627	1.1505
2007	0.8716	1.0097	1.0992	0.9840	1.1084	0.9754	1.0365
2008	1.1966	1.2886	1.3471	0.9862	1.7630	1.2310	1.1040
2009	1.1268	0.9522	0.9859	0.9381	1.2092	1.3604	0.9012
2010	1.0238	0.9464	1.0574	0.9748	1.1546	0.9366	0.9418
2011	1.0365	0.9747	1.2492	0.9024	1.1358	1.6049	1.0229
2012	0.8811	0.9781	1.3240	0.9283	1.1626	1.3428	0.6394
2013	0.9507	0.9588	1.2205	0.9931	1.1657	1.2368	0.7621
2014	0.6851	0.8471	1.1024	0.9449	1.1502	1.0596	0.8241
2015	0.9146	0.9971	1.5961	1.0930	1.3687	1.2950	1.1482
2016	0.9960	0.6303	2.5359	1.1359	1.0465	2.1811	1.1955

资料来源：根据《中国工业统计年鉴》等年鉴数据结合式（3-20）计算整理。

由表5-2可以直观看到，金属制品业、通用设备制造业、专用设备制造业和交通运输设备制造业四个行业的行业间资本错配指数大于1，表明这四个行业对资本存在过度使用，其他三个行业的行业间资本错配指数小于1，则意味着这些行业面临着资本匮乏的状况。

表5-2　　装备制造业分行业资本错配程度（2000~2016年均值）

装备制造业分行业	金属制品业	通用设备制造业	专用设备制造业	交通运输设备制造业	电气机械及器材制造业	通信设备、计算机及其他电子设备制造业	仪器仪表及文化、办公用装备制造业
行业间错配							
	1.12	1.13	1.26	1.11	0.87	0.81	0.97
地区间错配							
北京	1.56	1.35	0.97	1.41	0.94	1.00	0.97
天津	1.29	1.22	1.28	1.15	2.03	0.56	1.29
河北	1.24	1.07	1.43	1.26	1.35	2.14	1.08
山西	2.69	2.19	2.95	2.53	2.61	6.55	1.97
内蒙古	1.27	0.95	1.36	1.55	1.37	0.34	5.16
辽宁	1.12	1.12	1.46	1.60	1.57	1.18	1.08
吉林	1.32	1.27	2.04	0.68	1.76	2.50	6.12
黑龙江	1.93	5.67	3.30	2.38	1.74	2.56	2.08
上海	1.13	1.00	0.93	0.77	1.15	1.17	0.82
江苏	0.89	0.98	0.90	1.17	0.92	1.15	0.86
浙江	1.20	1.31	1.11	1.23	1.26	1.38	1.23
安徽	1.01	1.04	0.93	0.97	0.69	2.12	0.71
福建	1.11	0.89	0.75	0.81	0.74	0.55	0.96
江西	1.05	1.36	1.26	1.41	1.39	1.52	2.33
山东	0.80	0.69	0.69	0.86	0.69	0.56	0.76
河南	0.87	0.89	0.99	1.14	1.19	2.95	1.37
湖北	0.91	0.97	0.94	0.97	1.22	0.82	0.87
湖南	1.05	1.23	0.73	1.40	1.44	3.02	1.13

续表

装备制造业分行业	金属制品业	通用设备制造业	专用设备制造业	交通运输设备制造业	电气机械及器材制造业	通信设备、计算机及其他电子设备制造业	仪器仪表及文化、办公用装备制造业
地区间错配
广东	0.91	0.98	0.99	0.72	0.88	0.93	1.12
广西	1.04	1.54	1.03	1.03	1.18	1.04	1.00
海南	1.55	2.42	3.13	0.63	1.62	2.51	4.68
重庆	1.43	0.99	2.41	1.00	1.48	2.29	1.23
四川	0.63	0.72	1.06	1.27	1.18	1.07	1.07
贵州	2.31	3.86	3.76	2.86	1.19	2.01	9.01
云南	1.50	1.58	1.60	1.41	1.80	1.52	2.96
陕西	2.11	1.17	1.56	1.48	1.76	2.95	2.86
甘肃	1.13	2.90	3.29	4.33	1.48	6.04	8.50
青海	1.98	3.30	2.52	4.27	2.12	2.51	1.78
宁夏	3.00	2.91	3.53	4.50	1.46	4.86	1.75
新疆	2.02	2.67	4.94	7.78	1.39	2.75	0.91
东北地区	1.16	1.17	1.68	1.03	1.55	1.38	1.41
东部地区	1.00	0.99	0.93	0.93	0.95	0.93	0.95
中部地区	0.94	1.03	0.96	1.08	1.04	1.73	1.10
西部地区	1.07	1.00	1.49	1.20	1.30	1.36	1.51

资料来源：根据《中国工业统计年鉴》等年鉴数据结合式（3-20）计算整理。

从全国层面看，装备制造业行业在不同地区间存在明显的资本错配，而且不同行业的地区间资本错配也存在明显异质性。从区域层面看，除东部地区存在资本要素配置不足现象，其他三个地区基本表现为资本的过度供给；东部地区资本错配程度最低，东北地区和西部地区的资本错配相对明显。

2. 资本错配的产出缺口

图 5-2 和图 5-3 直观显示了 2000~2016 年间装备制造业资本错配引发的产出缺口。相比于地区间资本错配，行业间资本错配导致的产出缺口相对较小，但以 2010 年为分界点，最近几年不但没有改善，甚至缺口在不断增加。

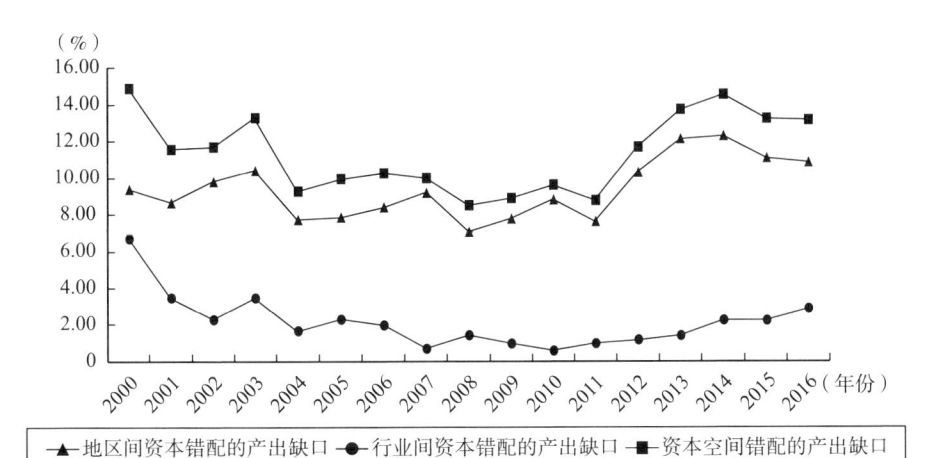

第5章 要素错配对东北地区经济增长影响的实证分析

图5-2 装备制造业资本错配的产出缺口

资料来源：根据《中国工业统计年鉴》等年鉴数据计算整理并绘制。

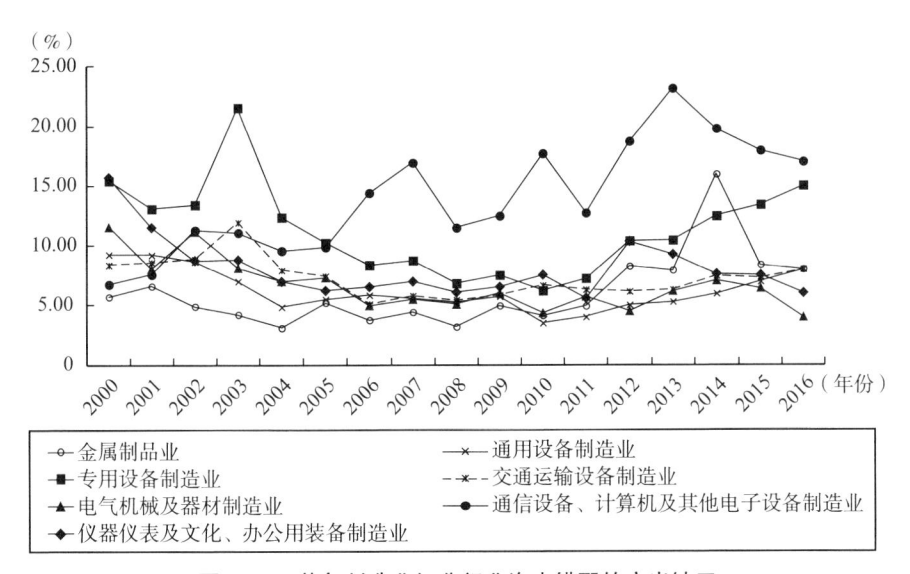

图5-3 装备制造业细分行业资本错配的产出缺口

资料来源：根据《中国工业统计年鉴》等年鉴数据计算整理并绘制。

将装备制造业细分行业的地区间和行业间资本错配的产出缺口进行累加，得到装备制造业资本错配导致的产出总缺口。装备制造业资本错配形成的产出缺口与地区间资本错配形成的产出缺口趋势基本一致，资本错配形成的产出缺口83%是源于地区间资本错配，而且在2011年以来，资本错配的产出缺口在不断增加，2016年因装备制造业资本错配引致的产出损失达13.15%，虽有所缓解但缺口依旧明显。同时，缺口加总结果也意味着，通过优化各行业资本在地区间的布局，对于产业增长的潜力远高于行业间的资本调整。东北地区的资本错配在各个行业中均体现为过剩状态，如何合理调整东北地区装备制造业资本配置将决定效率的提升。

从样本考察期内产出缺口的平均水平看，通信设备、计算机及其他电子设备制造业因资本错配引致的产出缺口最为明显，在样本考察期内平均达到了14.02%；最小的行业是金属制品业，其缺口也达到了近6.09%。在最近几年，装备制造业分行业因资本错配导致的产出缺口变化也呈现出较大差异，专用设备制造业和通用设备制造业的缺口增长明显，交通运输设备制造业的缺口则变化不大，其他几个行业的缺口则有不同程度的回落。由此也可以看出，虽然在2014年后装备制造业因地区间资本错配导致的产出缺口开始减少，但其内部的细分行业仍存在明显的异质性。而就东北地区而言，由于资本过度配置而导致产出过剩，虽然并不会直接导致产出缺口，但若从装备制造业及分行业的整体效益看，适当减少资本投入虽减少东北地区装备制造业产出，但将提高装备制造业整体产出效率。

3. 资本错配引发的TFP损失

图5-4和图5-5直观体现了资本错配对TFP产生的影响，地区间资本错配引发行业TFP的损失明显大于行业间资本错配。在考察期间，直至2008年，地区间资本错配引发的TFP损失趋势一直在缩小，但2008年以后，特别是2011年后这一趋势明显趋于恶化，虽然近几年有所缓解，但仍有很大提升空间。

分行业方面，金属制品业、通用设备制造业、专用设备制造业、交通运输设备制造业由于行业间资本过度配置，致使资本要素在这四个行业中要素未得到充分利用，虽然资本的不合理配置降低了装备制造业效率，但毕竟各细分行业所需的资本供给足够，无效资本供给并未引起TFP的降低；而其他

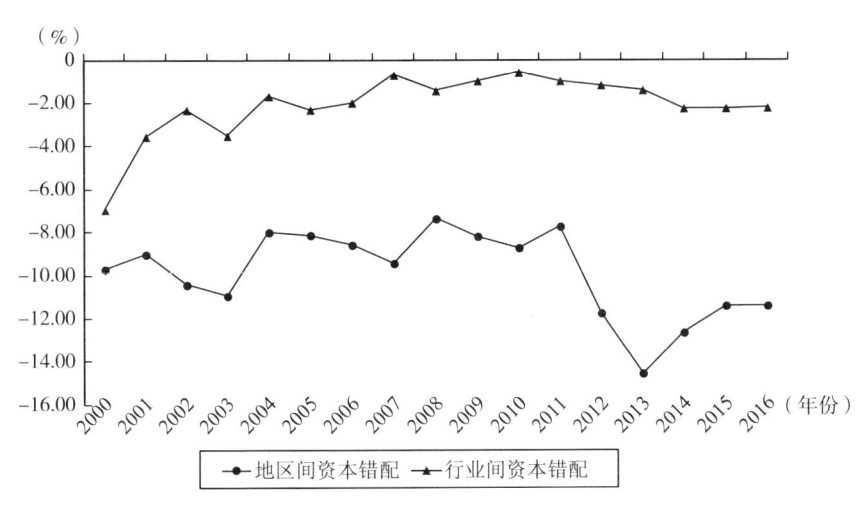

第5章 要素错配对东北地区经济增长影响的实证分析

图 5-4 装备制造业资本错配引致 TFP 损失的趋势

资料来源：根据《中国工业统计年鉴》等年鉴数据计算整理并绘制。

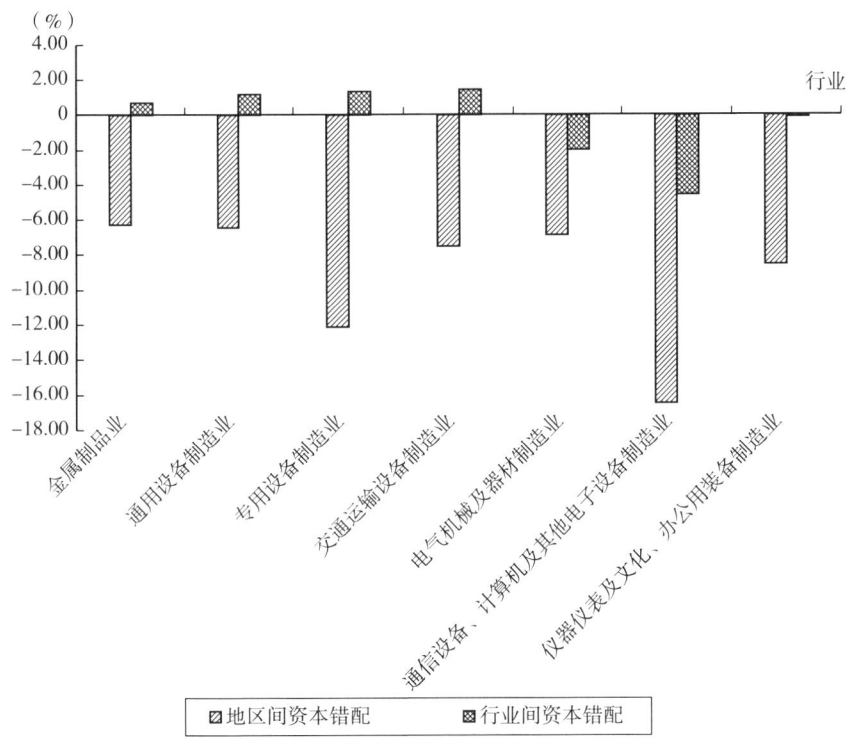

图 5-5 装备制造业分行业资本错配引致 TFP 损失的趋势

资料来源：根据《中国工业统计年鉴》等年鉴数据计算整理并绘制。

三个行业由于资本要素投入不足，导致了资本错配对 TFP 的负贡献。即使部分省份的资本供给过度满足其行业发展要求，但整体的地区间资本错配仍明显影响 TFP，将地区间和行业间资本错配引致的 TFP 损失加总可以看出资本错配对于 TFP 整体损失贡献仍是负值。

从四大区域的均值来看，东部地区的资本错配引致 TFP 损失明显高于其他地区，而且资本错配引致 TFP 的损失在不同地区和不同行业均具有明显异质性。由于东北地区资本错配整体上处于过度配置状态，其引致的 TFP 损失并不十分明显，但不同行业存在较大差异，如交通运输设备制造业在东北地区的 TFP 损失较其他行业明显，表 5-3 的资本错配程度直观体现了仅吉林省在这一产业出现了明显的资本供给不足，即使辽宁省与黑龙江省在这一行业的资本过度供给，资本错配仍直接引致明显的 TFP 损失。东部地区虽然资本错配较其他地区程度较低，但资本供给普遍不足引致了在七个细分行业均出现明显的 TFP 损失。资本错配也在东部和中部地区的不同行业不同程度地出现了 TFP 损失。整体上，资本错配在装备制造业七个细分行业中均引致了明显的 TFP 损失，其中专用设备制造业和通信设备、计算机及其他电子设备制造业最为明显。

表 5-3　　　　资本错配引致 TFP 的损失（2000~2016 年均值）　　　单位：%

地区	金属制品业	通用设备制造业	专用设备制造业	交通运输设备制造业	电气机械及器材制造业	通信设备、计算机及其他电子设备制造业	仪器仪表及文化、办公用装备制造业
东北地区	-0.11	0.12	1.25	-1.88	0.89	0.30	-0.01
东部地区	-3.18	-3.94	-8.45	-6.57	-6.74	-14.15	-7.33
中部地区	-1.28	-0.54	-5.03	0.07	-1.25	0.09	-1.31
西部地区	-1.73	-2.11	0.05	0.84	0.20	-2.71	0.09
全国	-6.3	-6.47	-12.18	-7.54	-6.9	-16.47	-8.56

资料来源：根据《中国工业统计年鉴》等年鉴数据计算整理。

5.1.3 劳动错配的测度与效应

1. 劳动力错配程度的测度

计算 2000~2016 年装备制造业分行业的劳动力的相对扭曲系数,结果见表 5-4。

表 5-4　装备制造业分行业劳动力错配程度（2000~2016 年均值）

地区	金属制品业	通用设备制造业	专用设备制造业	交通运输设备制造业	电气机械及器材制造业	通信设备、计算机及其他电子设备制造业	仪器仪表及文化、办公用装备制造业
行业间错配							
	1.30	1.12	1.11	0.87	1.15	0.75	0.95
地区间错配							
北京	0.80	0.63	0.55	0.67	0.58	0.51	0.58
天津	0.77	0.69	0.68	0.85	0.79	0.60	0.74
河北	1.50	1.68	1.36	1.48	1.47	1.76	1.87
山西	2.12	1.99	1.55	2.10	1.78	2.76	2.34
内蒙古	1.69	1.38	1.13	1.49	1.42	1.98	8.78
辽宁	1.14	1.14	1.07	1.02	1.24	1.50	1.39
吉林	1.46	1.79	3.41	0.84	1.40	1.69	1.60
黑龙江	1.93	1.07	1.55	1.28	1.34	2.07	2.10
上海	0.68	0.49	0.54	0.46	0.59	0.74	0.54
江苏	0.94	0.91	0.91	1.01	1.01	1.15	1.04
浙江	0.99	0.93	0.92	0.99	0.98	1.08	1.11
安徽	1.32	1.32	1.43	1.23	1.30	1.73	1.21
福建	0.89	0.98	0.94	1.09	1.04	0.96	1.08
江西	1.37	1.61	1.64	1.29	1.53	2.38	1.86
山东	1.23	1.23	1.30	1.26	1.17	1.19	1.28
河南	1.62	1.66	1.42	1.65	1.50	1.40	1.64

续表

地区	金属制品业	通用设备制造业	专用设备制造业	交通运输设备制造业	电气机械及器材制造业	通信设备、计算机及其他电子设备制造业	仪器仪表及文化、办公用装备制造业
地区间错配							
湖北	1.36	1.40	1.37	1.14	1.53	1.34	1.19
湖南	1.34	1.43	0.99	1.20	1.34	1.75	1.26
广东	0.89	0.83	0.78	0.72	0.96	0.95	0.98
广西	1.37	1.15	1.41	1.13	1.59	2.01	1.76
海南	0.94	1.68	2.28	1.23	1.52	1.61	3.63
重庆	1.17	1.07	1.03	1.14	1.18	1.43	1.12
四川	1.17	1.09	1.02	1.31	1.05	1.60	1.28
贵州	1.20	1.55	1.65	1.35	1.66	1.32	1.62
云南	1.33	1.22	1.18	1.49	1.33	1.18	1.81
陕西	1.25	1.81	1.32	1.65	1.32	1.62	1.33
甘肃	1.77	1.81	1.54	1.89	1.84	2.83	2.48
青海	1.66	1.68	2.52	2.33	2.27	3.09	2.79
宁夏	1.33	1.21	1.39	2.88	1.45	3.16	1.43
新疆	1.25	1.43	1.62	1.74	1.68	1.73	1.43
东北地区	1.25	1.14	1.22	0.95	1.27	1.54	1.48
东部地区	0.93	0.89	0.88	0.87	0.93	0.94	0.92
中部地区	1.46	1.52	1.30	1.27	1.42	1.70	1.44
西部地区	1.25	1.21	1.15	1.28	1.25	1.55	1.31

资料来源：根据《中国工业统计年鉴》等年鉴数据结合式（3-20）计算整理。

就装备制造业七个子行业间的劳动力错配程度而言，在2000～2016年的考察期内变化并不明显，而且存在较大的异质性。表5-4可以直观看到，金属制品业、通用设备制造业、专用设备制造业和电气机械及器材制造业四个行业的劳动力错配指数大于1，表明这四个行业对劳动力存在过度使用，其他三个行业的劳动力错配指数小于1，则意味着这些行业面临着较高的劳动力的使用成本，要素配置是不足的。

2. 劳动力错配的产出缺口

图5-6显示了生产函数累计型加总和C-D型加总下的2000~2016年样本考察期内装备制造业子行业间劳动力错配引发的产出缺口，两种函数处理方式得到的产出效率损失趋势基本一致。以2005年为分界点，之前的产出损失在不断减少，而2005年以后这个效率损失程度又开始出现了上升，而且最近几年不但没有改善，而且产出缺口在不断增加。图5-7则反映了2000~2016年装备制造业七个行业由于地区间劳动力错配引致的产出损失。从样本考察期内产出损失的平均水平看，仪器仪表及文化、办公用装备制造业和通用设备制造业因劳动力区域错配引致的产出损失相对较多，分别达到了2.20%和2.05%，其余几个行业均值1%~2%之间，而且在最近几年，各产业的产出损失也均不相同，除仪器仪表及文化、办公用装备制造业和交通运输设备制造业产出损失有一定的缓解，其他行业劳动力区域错配引致的产出损失仍呈上升态势。

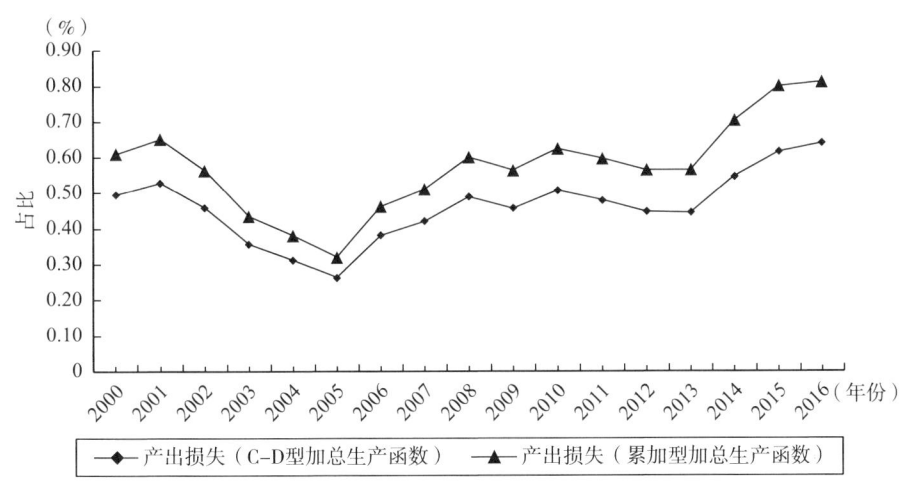

图5-6 装备制造业劳动力行业间和地区间错配引致的产出损失

资料来源：根据《中国工业统计年鉴》等年鉴数据计算整理并绘制。

而就东北地区而言，由于劳动过度配置而导致产出过剩，虽然并不会

| 要素错配对东北地区经济增长的影响：理论与实证 |

直接导致产出缺口，但若从装备制造业及分行业的整体效益看，适当减少劳动投入虽减少东北地区装备制造业产出，但将提高装备制造业整体产出效率。

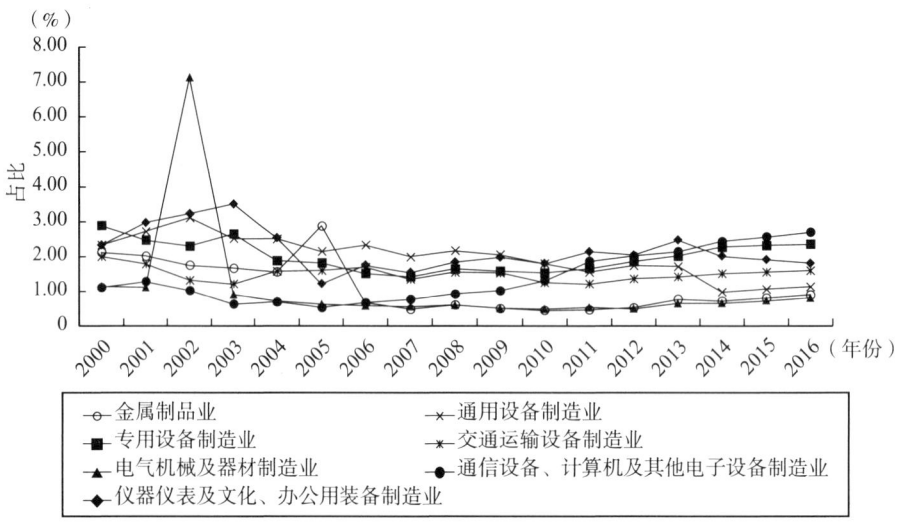

图 5-7　装备制造业劳动力行业间和地区间错配引致的产出损失

资料来源：根据《中国工业统计年鉴》等年鉴数据计算整理并绘制。

进一步，将装备制造业子行业的地区间和行业间劳动力错配的产出损失进行累加，得到装备制造业劳动力错配导致的总的产出损失（图 5-8）。从 2000~2016 年的样本考察期可以看到，与装备制造业行业内劳动力错配形成的产出缺口相比，地区间劳动力错配形成的产出缺口更大，劳动力错配导致产出缺口的 75% 是源于地区间劳动力错配，而且在 2008 年以来，劳动力错配的产出缺口在不断增加，2016 年因装备制造业劳动力错配引致的产出损失达 2.51%，而且这一趋势仍在继续。同时，缺口加总结果也意味着，通过优化行业与劳动力空间布局，对于产业增长的潜力远高于行业间的劳动力调整，这一研究结论与韩剑等（2014）的研究结论类似。

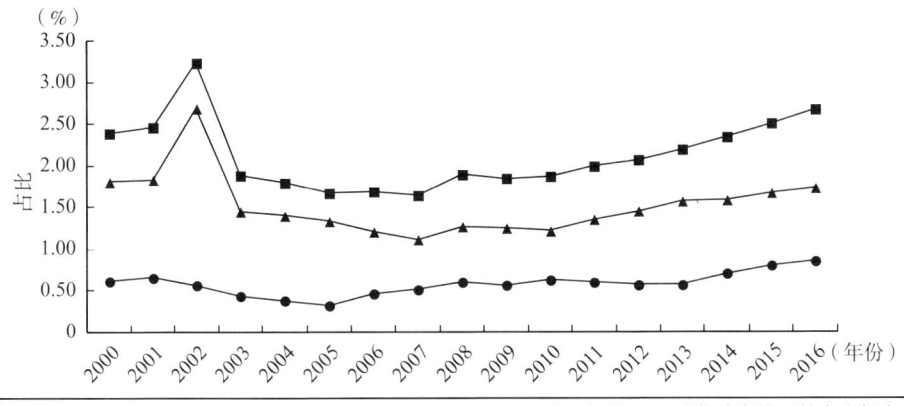

图 5-8　装备制造业劳动力错配引致的产出损失

资料来源：根据《中国工业统计年鉴》等年鉴数据计算整理并绘制。

3. 劳动力错配引发的 TFP 损失

图 5-9 体现了劳动力错配对 TFP 产生的影响，地区间劳动力错配对于行业 TFP 的损失贡献要明显大于行业间劳动力错配，而且 2007 年后这一趋势趋于恶化。图 5-10 显示，分行业方面，金属制品业、通用设备制造业、专业设备制造业、电气机械及器材制造业由于行业间劳动力过度配置，即使劳动力要素在这三个行业中要素未得到充分利用，而且降低了装备制造业整体产

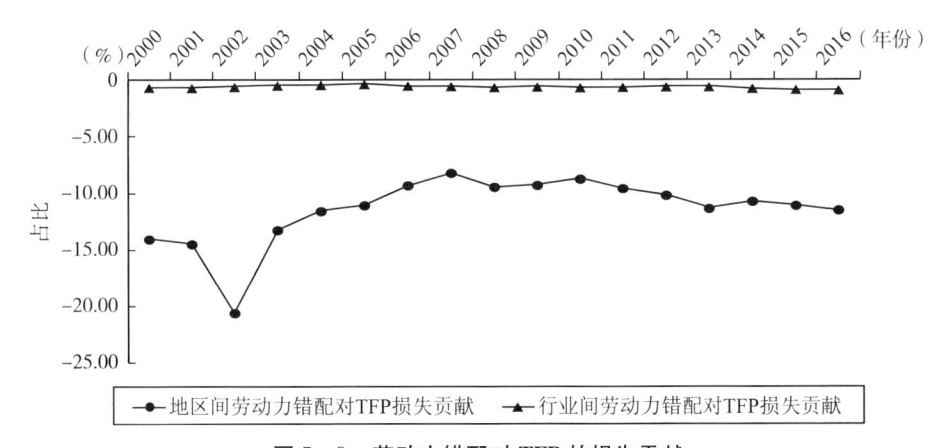

图 5-9　劳动力错配对 TFP 的损失贡献

资料来源：根据《中国工业统计年鉴》等年鉴数据计算整理并绘制。

出效率，但毕竟行业所需的要素供给足够，无效要素供给并不会引起 TFP 的降低；而其他三个行业由于劳动力要素投入不足，导致了劳动力错配对 TFP 的负贡献。地区间方面，由于地区间劳动力错配使得行业 TFP 均出现了损失，即使部分省份与地区的劳动力供给满足行业发展要求，但整体地区间劳动力错配仍明显影响 TFP，而且将地区间和行业间劳动力错配对 TFP 损失贡献加总也可见劳动力错配对于 TFP 整体损失贡献仍是负值。

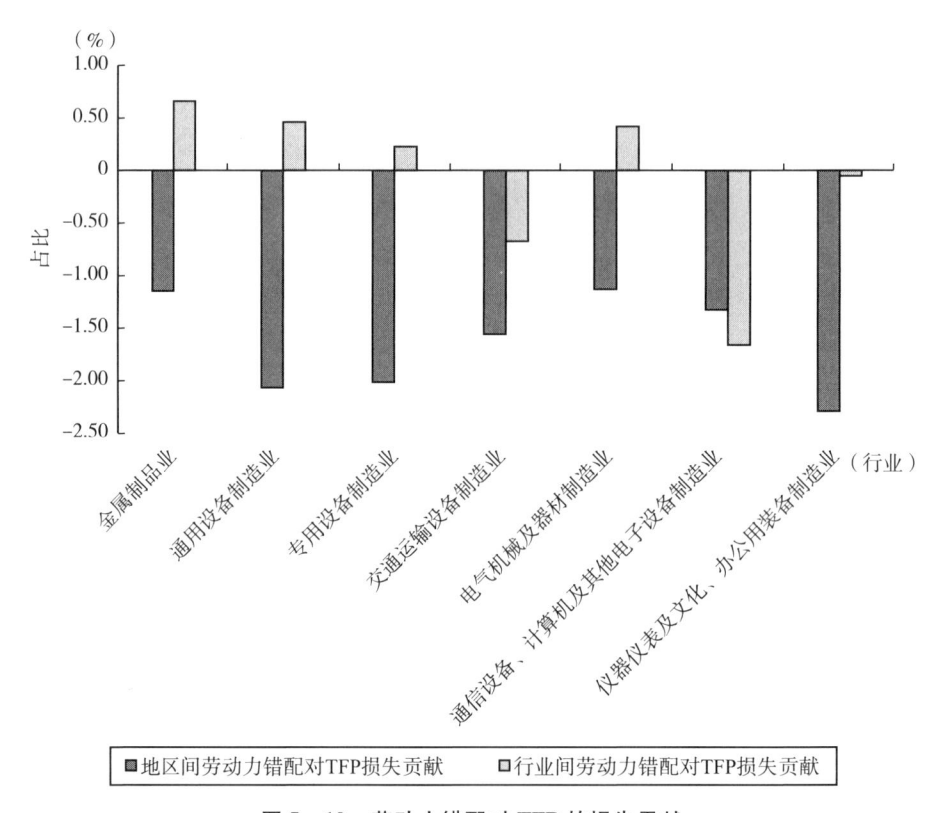

图 5-10 劳动力错配对 TFP 的损失贡献

资料来源：根据《中国工业统计年鉴》等年鉴数据计算整理并绘制。

从四大区域的均值来看，东部地区的劳动力错配对 TFP 损失贡献都明显高于其他地区。由前文分析可知，东北地区仅在交通运输设备制造业方面出现劳动力要素配置不足现象，其他行业的要素均出现要素的过度使用，足以满足 TFP 的要求,这也使得东北地区在除交通运输设备制造业外的其他行业上,要素错配对 TFP 损失贡献均表现为正值;中部地区和西部地区的劳动力资源配置充足,在劳动力错配贡献层面均体现为正值;东北地区的劳动力资源配置不足,使得在劳动力错配贡献层面体现为负值。由此可见,劳动力错配对于 TFP 的损失贡献在不同地区和不同行业具有明显异质性,而且地区间错配效应明显(见表 5-5)。

表 5-5　分行业分地区要素错配对 TFP 的影响(2000~2016 年均值)　　单位:%

地区	金属制品业	通用设备制造业	专用设备制造业	交通运输设备制造业	电气机械及器材制造业	通信设备、计算机及其他电子设备制造业	仪器仪表及文化、办公用装备制造业
东北地区	0.18	0.24	0.26	-0.24	0.14	0.1	0.29
东部地区	-2.13	-3.49	-3.45	-2.98	-1.92	-2.55	-3.77
中部地区	0.64	1.03	0.9	0.67	0.53	0.33	0.51
西部地区	0.28	0.33	0.29	0.64	0.19	0.29	0.4
全国	-1.03	-1.88	-1.99	-1.92	-1.06	-1.83	-2.56

资料来源:根据《中国工业统计年鉴》等年鉴数据计算整理。

4. 劳动力错配变动的产出变化贡献

图 5-11 直观反映了装备制造业劳动力错配变动对产出变化的贡献,相对应行业间劳动力错配的变动贡献,地区间劳动力错配变动的贡献更加明显。尽管如此,劳动力错配变动对于产出的影响在装备制造业的子行业中并不相同,而且存在较大的差异。图 5-12 反映了 2000~2016 年考察期间装备制造业七个子行业的劳动力错配变化的产出贡献,电气机械及器材制造业和通信设备、计算机及其他电子设备制造业劳动力错配变动对产出变化的贡献最为明显,而交通运输设备制造业变化最不明显。行业产出变化的符号受到劳动力错配变动影响,当错配指数大于 1 时,错配程度的恶化将导致产出变动贡献为负,而当错配指数小于 1 时,错配程度的恶化将导致产出变动贡献为正,尽管无法以正负判断变动贡献,但仍可以发现在装备制造业的不同行业中错配变动对于产出变化的贡献仍存在明显的异质性,优化电气机械及器材制造业和通信设备、计算机及其他电子设备制造业的劳动力配置将对其产出有重要的意义。

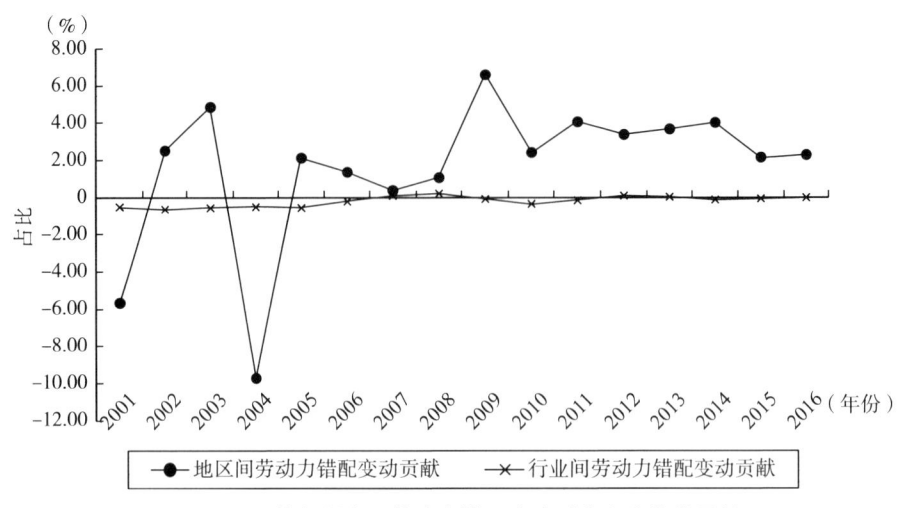

图 5-11 装备制造业劳动力错配变动对产出变化的贡献

资料来源：根据《中国工业统计年鉴》等年鉴数据计算整理并绘制。

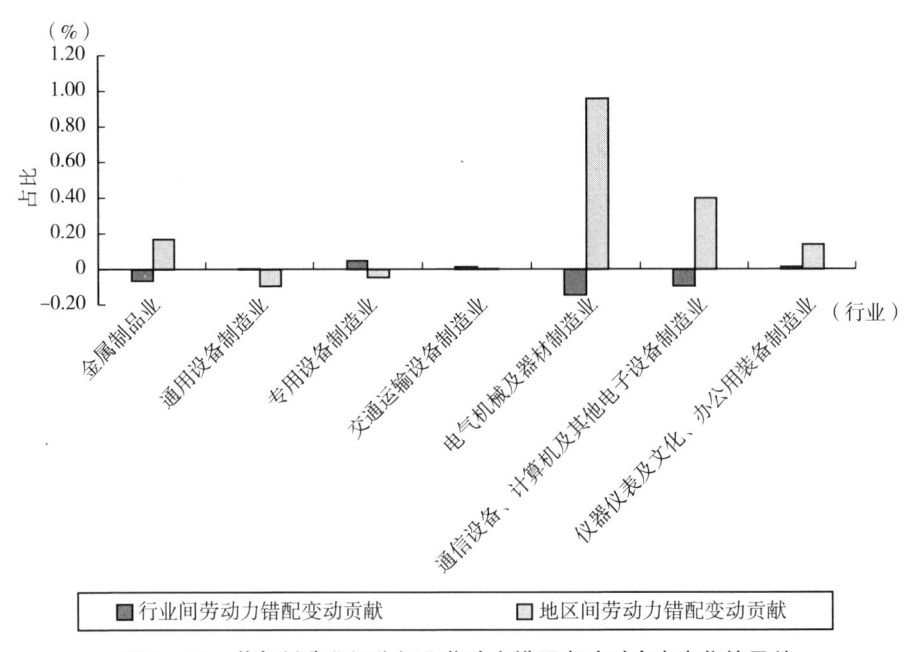

图 5-12 装备制造业细分行业劳动力错配变动对产出变化的贡献

资料来源：根据《中国工业统计年鉴》等年鉴数据计算整理并绘制。

从我国的四大区域来看,劳动力错配变动对产出变化的贡献在不同行业也具有明显异质性。表5-6分地区总结了2000~2016年装备制造业七个行业的劳动力错配变动对产出变化的平均贡献程度。东北地区除交通运输设备制造业外,其他六个行业的劳动力错配指数均值均大于1,而劳动力错配变动贡献均值为正值,也意味着这六个行业的劳动力错配整体上对于产出呈现正向贡献;东部地区则在七个行业的劳动力错配指数均值均小于1,则意味着除电气机械及器材制造业和通信设备、计算机及其他电子设备制造业,其他五个行业的劳动力错配整体上对于产出呈现正向贡献;中部和西部地区的劳动力错配的变动贡献在考察期内均表现为正向贡献。虽然上述分析仅从2000~2016年分行业分地区劳动力错配变化对产出变化的贡献的平均静态视角进行了分析,但足以看出不同行业地区间劳动力错配的异质性效应。

表5-6 分行业分地区要素错配变化对产出变化贡献(2000~2016年均值) 单位:%

地区	金属制品业	通用设备制造业	专用设备制造业	交通运输设备制造业	电气机械及器材制造业	通信设备、计算机及其他电子设备制造业	仪器仪表及文化、办公用装备制造业
东北地区	0.008	0.043	0.014	0.018	0.010	0.003	0.014
东部地区	-0.060	-0.285	-0.190	-0.058	0.857	0.198	-0.421
中部地区	0.180	0.056	0.042	0.073	0.065	0.060	0.069
西部地区	0.045	0.093	0.090	0.011	0.025	0.141	0.016

资料来源:根据《中国工业统计年鉴》等年鉴数据计算整理。

5.1.4 要素错配的测度与效应

1. 要素错配程度的计算

表5-7结果显示各行业在不同地区间存在明显的要素错配,而且不同行业的地区间要素错配存在明显差异。从区域层面来看,除东部地区存在资本与劳动力要素配置不足现象,其他三个地区均表现为要素的过度供给,而且就要素整体错配程度而言,东部地区的错配程度最低,东北地区整体资本错配程度最高,中部地区整体劳动力要素错配程度最高。从分省份的装备制造

业行业增加值而言，在 2000～2016 年间，年均值占比最大的五个省份分别为广东省（20.86%）、江苏省（15.42%）、浙江省（10.29%）、山东省（7.99%）和上海市（5.32%），这五个省份同属于东部地区，行业增加值之和占到了装备制造业行业增加值的 60%。广东省在七个行业中均存在资本要素与劳动力要素的供给不足；江苏省的金属制品业、通用设备制造业、专用设备制造业三个行业存在要素供给不足，在交通运输设备制造业和通信设备、计算机及其他电子设备制造业两个行业体现出要素过度使用现象，在除此之外的两个行业上体现了资本要素供给不足而劳动力要素过度使用。

表 5-7　装备制造业分行业分地区要素错配程度（2000～2016 年均值）

地区	金属制品业 $\hat{\gamma}_{K_i}$	金属制品业 $\hat{\gamma}_{L_i}$	通用设备制造业 $\hat{\gamma}_{K_i}$	通用设备制造业 $\hat{\gamma}_{L_i}$	专用设备制造业 $\hat{\gamma}_{K_i}$	专用设备制造业 $\hat{\gamma}_{L_i}$	交通运输设备制造业 $\hat{\gamma}_{K_i}$	交通运输设备制造业 $\hat{\gamma}_{L_i}$	电气机械及器材制造业 $\hat{\gamma}_{K_i}$	电气机械及器材制造业 $\hat{\gamma}_{L_i}$	通信设备、计算机及其他电子设备制造业 $\hat{\gamma}_{K_i}$	通信设备、计算机及其他电子设备制造业 $\hat{\gamma}_{L_i}$	仪器仪表及文化、办公用装备制造业 $\hat{\gamma}_{K_i}$	仪器仪表及文化、办公用装备制造业 $\hat{\gamma}_{L_i}$
北京	1.56	0.80	1.35	0.63	0.97	0.55	1.41	0.67	0.94	0.58	1.00	0.51	0.97	0.58
天津	1.29	0.77	1.22	0.69	1.28	0.68	1.15	0.85	2.03	0.79	0.56	0.60	1.29	0.74
河北	1.24	1.50	1.07	1.68	1.43	1.36	1.26	1.48	1.35	1.47	2.14	1.76	1.08	1.87
山西	2.69	2.12	2.19	1.99	2.95	1.55	2.53	2.10	2.61	1.78	6.55	2.76	1.97	2.34
内蒙古	1.27	1.69	0.95	1.38	1.36	1.13	1.55	1.49	1.37	1.42	0.34	1.98	5.16	8.78
辽宁	1.12	1.14	1.12	1.14	1.46	1.07	1.60	1.02	1.57	1.24	1.18	1.50	1.08	1.39
吉林	1.32	1.46	1.27	1.79	2.04	3.41	0.68	0.84	1.76	1.40	2.50	1.69	6.12	1.60
黑龙江	1.93	1.93	5.67	1.07	3.30	1.55	2.38	1.28	1.74	1.34	2.56	2.07	2.08	2.10
上海	1.13	0.68	1.00	0.49	0.93	0.54	0.77[1]	0.46[1]	1.15	0.59	1.17[3]	0.74[3]	0.82	0.54
江苏	0.89[2]	0.94[2]	0.98[3]	0.91[3]	0.90[3]	0.91[3]	1.17[3]	1.01[3]	0.92[2]	1.01[2]	1.15[3]	1.15[3]	0.86[1]	1.04[1]
浙江	1.20	0.99	1.31[3]	0.93[2]	1.11	0.92	1.23	0.99	1.26	0.98	1.38	1.08	1.23[3]	1.11[3]
安徽	1.01	1.32	1.04	1.32	0.93	1.43	0.97	1.23	0.69	1.30	2.12	1.73	0.71	1.21
福建	1.11	0.89	0.89	0.98	0.75	0.94	0.81	0.99	0.74	1.04	0.55	0.96	0.96	1.08
江西	1.05	1.37	1.36	1.61	1.26	1.64	1.41	1.29	1.39	1.53	1.52	2.38	2.33	1.86
山东	0.80[3]	1.23[3]	0.69[1]	1.23[1]	0.69[2]	1.30[2]	0.86	1.26	0.69[3]	1.17[3]	0.56	1.19	0.76	1.28
河南	0.87	1.62	0.89	1.66	0.99	1.42	1.14	1.50	1.15	1.50	2.95	1.40	1.37	1.64
湖北	0.91	1.36	0.97	1.40	0.94	1.37	0.97	1.14	1.22	1.53	0.82	1.34	0.87	1.19

续表

地区	金属制品业		通用设备制造业		专用设备制造业		交通运输设备制造业		电气机械及器材制造业		通信设备、计算机及其他电子设备制造业		仪器仪表及文化、办公用装备制造业	
	$\hat{\gamma}_{K_i}$	$\hat{\gamma}_{L_i}$	$\hat{\gamma}_{K_i}$	$\hat{\gamma}_{L_i}$	$\hat{\gamma}_{K_i}$	$\hat{\gamma}_{L_i}$	$\hat{\gamma}_{K_i}$	$\hat{\gamma}_{L_i}$	$\hat{\gamma}_{K_i}$	$\hat{\gamma}_{L_i}$	$\hat{\gamma}_{K_i}$	$\hat{\gamma}_{L_i}$	$\hat{\gamma}_{K_i}$	$\hat{\gamma}_{L_i}$
湖南	1.05	1.34	1.23	1.43	0.73[3]	0.99[3]	1.40	1.20	1.44	1.34	3.02	1.75	1.13	1.26
广东	0.91[1]	0.89[1]	0.98	0.83	0.99	0.78	0.72[2]	0.72[2]	0.88[1]	0.96[1]	0.93[1]	0.95[1]	1.12[2]	0.98[2]
广西	1.04	1.37	1.54	1.15	1.03	1.41	1.03	1.13	1.18	1.59	1.04	2.01	1.00	1.76
海南	1.55	0.94	2.42	1.68	3.13	2.28	0.63	1.23	1.62	1.52	2.51	1.61	4.68	3.63
重庆	1.43	1.17	0.99	1.07	2.41	1.03	1.00	1.14	1.48	1.18	2.29	1.43	1.23	1.12
四川	0.63	1.17	0.72	1.09	1.06	1.19	1.27	1.31	1.18	1.05	1.07	1.60	1.07	1.28
贵州	2.31	1.20	3.86	1.55	3.76	1.65	2.86	1.35	1.19	1.66	2.01	1.32	9.01	1.62
云南	1.50	1.33	1.58	1.22	1.60	1.18	1.41	1.49	1.80	1.33	1.52	1.18	2.96	1.81
陕西	2.11	1.25	1.17	1.81	1.56	1.32	1.48	1.65	1.76	1.32	2.95	1.62	2.86	1.33
甘肃	1.13	1.77	2.90	1.81	3.29	1.54	4.33	1.89	1.84	1.84	6.04	2.83	8.50	2.48
青海	1.98	1.66	3.30	1.68	2.52	2.22	4.27	2.33	2.12	2.27	2.51	3.09	1.78	2.79
宁夏	3.00	1.33	2.91	1.21	3.53	1.39	4.50	1.51	1.46	1.45	4.86	3.16	1.75	1.43
新疆	2.02	1.25	2.67	1.43	4.94	1.62	7.78	1.74	1.39	1.68	2.75	1.73	0.91	1.43
东北地区	1.17	1.25	1.21	1.14	1.63	1.22	1.02	0.95	1.58	1.27	1.33	1.54	1.43	1.48
东部地区	1.00	0.93	0.98	0.89	0.92	0.88	0.93	0.87	0.95	0.93	0.94	0.94	0.94	0.92
中部地区	0.94	1.46	1.04	1.52	0.96	1.30	1.09	1.27	1.04	1.42	1.72	1.70	1.13	1.44
西部地区	1.08	1.25	1.00	1.21	1.53	1.15	1.20	1.28	1.30	1.25	1.33	1.55	1.55	1.31

注：表中上标1、2、3分别表示该省份行业增加值排名。
资料来源：根据《中国工业统计年鉴》等年鉴数据结合式（3-20）计算整理。

浙江省除通信设备、计算机及其他电子设备制造业和仪器仪表及文化、办公用装备制造业出现了两种要素过度供给现象，在其他五个行业上均体现了劳动力要素使用不足而资本使用过度现象；山东省则与浙江省基本相反，在七个行业中均存在明显的资本要素供给不足而劳动力要素过度使用现象；上海市除金属制品业、电气机械及器材制造业和通信设备、计算机及其他电子设备制造业的资本要素出现了过度使用现象，其他行业和要素均存在配置不足。黑龙江省在七个行业中均存在明显的资本要素和劳动力要素过度使用现象。

2. 要素错配的产出缺口

图 5-13 体现了 2000~2016 年装备制造业七个行业由于地区间错配造成的产出损失。从整体趋势来看，多数行业地区间要素错配的产出损失趋势表现出先下降后上升态势，拐点也多出现于 2010 年左右，但不同行业的变化程度有所不同。其中，金属制品业地区间要素错配导致的产出损失扩大最为明显，由 2010 年的 4.26% 提升到了 2014 年的 17%，2015 年回落至 9.5%。通信设备、计算机及其他电子设备制造业和仪器仪表及文化、办公用装备制造业在样本考察期间地区间要素错配导致产出损失的变化趋势则分别表现为上升和下降，前者由 2000 年的 8.27% 上升至 2015 年的 22.57%，后者则由 2000 年的 18.82% 下降至 2016 年的 9.02%，这两个行业也是近两年产出损失出现下降的两个行业。以 2016 年为例，地区间要素错配造成的产出损失按行业由高到低依次为：通信设备、计算机及其他电子设备制造业（22.57%）、专用设备制造业（15.84%）、交通运输设备制造业（9.79%）、金属制品业（9.5%）、仪器仪表及文化、办公用装备制造业（9.02%）、电气机械及器材制造业（7.86%）、通用设备制造业（7.7%）。

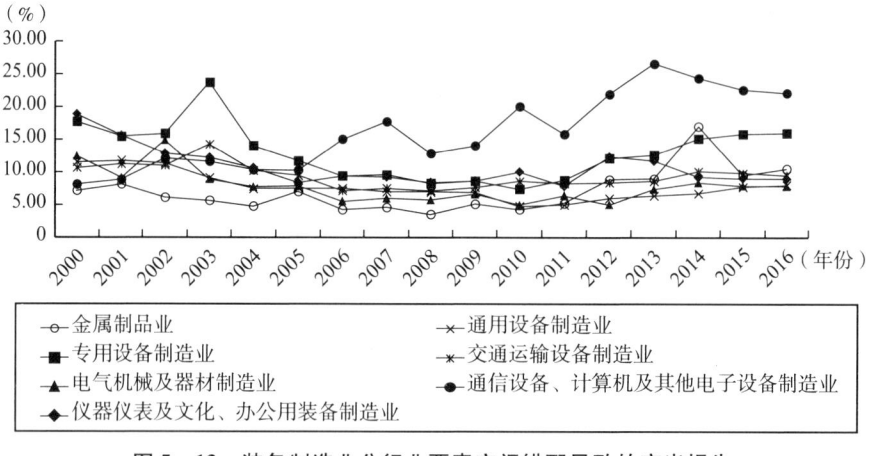

图 5-13 装备制造业分行业要素空间错配导致的产出损失

资料来源：根据《中国工业统计年鉴》等年鉴数据计算整理并绘制。

3. 要素错配变动对产出变化的贡献

要素错配变动对产出变化的贡献在不同行业不同省份表现各异。表 5-8

分地区总结了 2000~2016 年装备制造业七个行业的要素错配变动对产出变化的平均贡献程度。从平均水平上看，资本错配变动贡献明显高于劳动力错配变动贡献，而改善劳动力和资本错配在东北地区和西部地区体现为正向贡献，这也说明近些年对于西部大开发和东北老工业基地的振兴起到了一定成效。资本错配变动贡献方面，东北地区和西部地区整体上是正向贡献，东部地区仅在交通运输设备制造业和通信设备、计算机及其他电子设备制造业两个行业表现为正向贡献，而中部地区则在金属制品业、交通运输设备制造业和电气机械及器材制造业三个行业表现为负向贡献；劳动力错配变动贡献方面，除东部地区，其他三个地区均表现为正向贡献，说明劳动力的跨地区流动障碍逐渐消减，但在东部地区仅有电气机械及器材制造业和通信设备、计算机及其他电子设备制造业两个行业劳动力错配的改善起到了正向效应，这也说明在东部地区的劳动力流动仍存在障碍。虽然上述分析仅从 2000~2016 年分行业分地区要素错配变化对产出变化的贡献的平均静态视角进行了分析，但足以看出不同行业地区间要素错配的异质性。

表 5-8　　　　分行业分地区要素错配变化对产出变化的贡献

（2000~2016 年均值）　　　　　　　　　　单位：%

	资本错配变动贡献（AE_K）				劳动力错配变动贡献（AE_L）			
	东北地区	东部地区	中部地区	西部地区	东北地区	东部地区	中部地区	西部地区
金属制品业	0.014	-0.012	-0.022	0.050	0.008	-0.060	0.180	0.045
通用设备制造业	0.131	-0.362	0.053	0.158	0.043	-0.285	0.056	0.093
专用设备制造业	0.096	-0.179	0.123	0.213	0.014	-0.190	0.042	0.090
交通运输设备制造业	0.030	0.139	-0.042	0.018	0.018	-0.058	0.073	0.011
电气机械及器材制造业	0.037	-0.001	-0.008	0.069	0.010	0.857	0.065	0.025
通信设备、计算机及其他电子设备制造业	0.012	0.367	0.005	0.026	0.003	0.198	0.060	0.141
仪器仪表及文化、办公用装备制造业	0.077	-0.258	0.251	0.206	0.014	-0.421	0.069	0.016

资料来源：根据《中国工业统计年鉴》等年鉴数据计算整理。

4. 要素错配对 TFP 的损失贡献

表5-9总结了装备制造业不同行业地区间要素错配对 TFP 的损失贡献。不难发现，由于地区间要素错配使得行业 TFP 均出现了损失，其中资本要素错配对 TFP 的损失贡献较劳动力错配更加明显。通信设备、计算机及其他电子设备制造业的 TFP 受到要素错配的影响最为严重，损失贡献达到了 -19.24%，金属制品业虽然最小也有 -6.94%。从四大区域的均值来看，东部地区无论是资本错配还是劳动力错配对 TFP 损失贡献都明显高于其他地区，资本错配贡献程度更大，而劳动力错配较其他地区更加明显。由前文分析可知，东北地区仅在交通运输设备制造业方面出现劳动力要素配置不足现象，其他行业的要素均出现要素的过度使用，足以满足 TFP 的要求，这也使得东北地区在除交通运输设备制造业外的其他行业上，要素错配对 TFP 损失贡献均表现为正值；中部地区和西部地区的劳动力资源配置充足，在劳动力错配贡献层面均体现为正值，资本错配贡献则因行业而不同。值得注意的是，中部地区在部分行业并未表现出资本错配贡献大于劳动力错配贡献的现象，如通用设备制造业、交通运输设备制造业、通信设备、计算机及其他电子设备制造业。可见，要素错配作用在不同地区和不同行业具有明显异质性，而且地区间错配效应明显。

表5-9　分行业分地区要素错配对 TFP 的影响（2000~2016年均值）　　单位：%

行业	全区域 ATFP	全区域 $ATFP_K$	全区域 $ATFP_L$	东北地区 $ATFP_K$	东北地区 $ATFP_L$	东部地区 $ATFP_K$	东部地区 $ATFP_L$	中部地区 $ATFP_K$	中部地区 $ATFP_L$	西部地区 $ATFP_K$	西部地区 $ATFP_L$
金属制品业	-6.94	-5.91	-1.03	0.09	0.18	-3.10	-2.13	-1.22	0.64	-1.68	0.28
通用设备制造业	-7.75	-5.87	-1.88	0.26	0.24	-3.60	-3.49	-0.51	1.03	-2.01	0.33
专用设备制造业	-13.50	-11.52	-1.99	1.17	0.26	-8.01	-3.45	-4.91	0.90	0.23	0.29
交通运输设备制造业	-9.71	-7.79	-1.92	-2.18	-0.24	-6.74	-2.98	0.37	0.67	0.76	0.64
电气机械及器材制造业	-7.75	-6.69	-1.06	0.85	0.14	-6.66	-1.92	-0.98	0.53	0.11	0.19

续表

行业	全区域 ATFP	ATFP$_K$	ATFP$_L$	东北地区 ATFP$_K$	ATFP$_L$	东部地区 ATFP$_K$	ATFP$_L$	中部地区 ATFP$_K$	ATFP$_L$	西部地区 ATFP$_K$	ATFP$_L$
通信设备、计算机及其他电子设备制造业	-19.24	-17.41	-1.83	0.24	0.10	-14.6	-2.55	-0.05	0.33	-3.05	0.29
仪器仪表及文化、办公用装备制造业	-10.71	-8.15	-2.56	0.12	0.29	-7.13	-3.77	-1.24	0.51	0.10	0.40

资料来源：根据《中国工业统计年鉴》等年鉴数据计算整理。

5.2 偏向性技术进步下东北地区装备制造业要素错配效应分析

研究以装备制造业 2000~2016 年省级面板数据为样本，构建超越对数形式的随机前沿生产函数模型，基于全要素生产率增长率分解分析中性技术进步和偏向性技术进步的影响效应，并重点进行黑龙江省装备制造业偏向性技术进步与要素错配的测度分析。

5.2.1 变量与数据处理

产出变量、资本投入变量和劳动投入变量的数据获取与处理参见 4.2.1。

其他相关变量的获取与计算。在进行中国装备制造业细分行业的要素错配指数测度的计算过程中，需要获取资本与劳动价格。资本要素成本份额借鉴张军等（2009）的处理方式，采用分省份分行业的固定资产折旧和利息支出表示，劳动要素成本份额采用劳动报酬总额表示。资本价格有研究以资本租赁价格表示（余东华，2018），也有研究以企业贷款基准利率表示（王宁，

2015），考虑到行业数据的可获性，并结合张军等（2009）和王静（2016）处理方式，以固定资产折旧实际值与固定资本存量实际值比重表示；劳动价格以分地区分行业平均劳动报酬表示。资本投入变量计算过程中已获取固定资产折旧与固定资本存量，相应的口径与平减方式同资本投入变量的处理方式相同。劳动价格以分地区分行业平均劳动报酬通过2000年为基期的分省份分行业工业品出厂价格指数进行平减获得，劳动报酬总额则通过劳动价格与劳动投入变量相乘获得。

基本计量分析结果参见4.2.2。

5.2.2 东北地区装备制造业偏向性技术进步与要素错配分析

1. 偏向性技术进步（BTP）的变动趋势

前述分析已表明，技术进步（TP）是全要素生产率增长率变动最主要的因素。如表5-10所示，将技术进步（TP）进一步分解为中性技术进步（NTP）和偏向性技术进步（BTP）发现，装备制造业的中性技术进步（NTP）随着时间推进呈现下降趋势，但依旧是全要素生产率增长率的主要正向贡献，而偏向性技术进步（BTP）已成为阻碍全要素生产率增长的关键因素。整体趋势而言，虽然技术进步偏向贡献程度远小于中性技术进步，但在中性技术进步正向贡献不断下降的过程中，技术进步偏向却在不断上升。

表5-10 分地区装备制造业偏向性技术进步（BTP）的均值（2000~2016年）

地区	TP	BTP	地区	TP	BTP	地区	TP	BTP
北京	0.0793	-0.0126	福建	0.0748	-0.017	云南	0.0852	-0.0067
天津	0.0777	-0.0141	江西	0.0765	-0.0153	陕西	0.0777	-0.0142
河北	0.0736	-0.0183	山东	0.0677	-0.0241	甘肃	0.0906	-0.0013
山西	0.0793	-0.0126	河南	0.0693	-0.0225	青海	0.0997	0.0078
内蒙古	0.0893	-0.0025	湖北	0.0731	-0.0188	宁夏	0.0941	0.0022
辽宁	0.0736	-0.0183	湖南	0.0751	-0.0167	新疆	0.0956	0.0037
吉林	0.0828	-0.0091	广东	0.0606	-0.0312	全国	0.0695	-0.0224

续表

地区	TP	BTP	地区	TP	BTP	地区	TP	BTP
黑龙江	0.0833	-0.0085	广西	0.0784	-0.0135	东北	0.0774	-0.0144
上海	0.0739	-0.018	海南	0.1000	0.0081	东部	0.0672	-0.0246
江苏	0.0641	-0.0277	重庆	0.0769	-0.0149	中部	0.0735	-0.0183
浙江	0.0653	-0.0265	四川	0.0743	-0.0176	西部	0.078	-0.0139
安徽	0.076	-0.0159	贵州	0.0856	-0.0063	—	—	—

资料来源：根据《中国工业统计年鉴》等年鉴数据计算整理。

图5－14可见，东北地区装备制造业偏向性技术进步（BTP）虽然是阻碍TFP增长的关键因素，但整体上阻碍程度仍处于降低趋势，而且吉林省和黑龙江省偏向性技术进步（BTP）上升程度高于东北地区和全国平均水平。同时，黑龙江省装备制造业偏向性技术进步（BTP）水平也明显高于东北地区和全国水平，而且最近两年的上升态势明显，甚至即将呈现出正向影响。

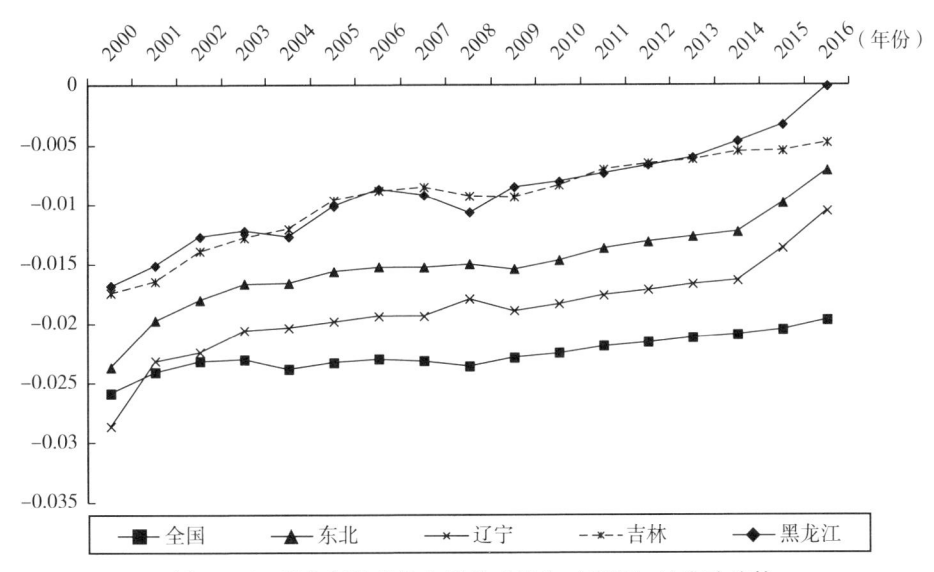

图5－14　装备制造业偏向性技术进步（BTP）的变动趋势

资料来源：根据《中国工业统计年鉴》等年鉴数据计算整理并绘制。

2. 技术进步偏向指数测度

无论是希克斯技术进步偏向还是哈罗德技术进步偏向均有前提假设，前者前提假设是资本与劳动比不变，而后者的前提假设是资本与产出比不变。结合 2000~2016 年装备制造业的基本统计数据发现，考察期年均资本劳动比升高 17.44%；资本产出比年均变化 -1.38%，虽然现实情况下很难满足前提假设，但资本产出比整体变化小于资本劳动力比，因此以哈罗德技术进步偏向为主要参照分析技术进步偏向指数。表 5-11 显示，无论是哈罗德技术进步偏向还是希克斯技术进步偏向，中国装备制造业技术进步偏向指数均大于 0，意味着技术进步是资本偏向型的，而且技术进步偏向资本程度在逐渐降低。地区方面，东部地区的技术进步资本偏向指数明显低于其他三个地区，很大程度是由于东部地区资本投入机制较其他地区完善，而且多数企业集中于东部地区，资本不断投入开始引致东部地区的资本边际产出降低。

表 5-11　　黑龙江省与全国、各地区装备制造业技术进步偏向指数

年份或地区	$DBias_K$	$DBias_{KL}$	年份或地区	$DBias_K$	$DBias_{KL}$
2000	0.0575	0.0743	2011	0.0340	0.0543
2001	0.0564	0.0728	2012	0.0328	0.0535
2002	0.0545	0.0709	2013	0.0316	0.0528
2003	0.0523	0.0687	2014	0.0307	0.0522
2004	0.0491	0.0659	2015	0.0305	0.0514
2005	0.0465	0.0637	2016	0.0305	0.0506
2006	0.0440	0.0616	全国	0.0368	0.0592
2007	0.0414	0.0596	东北地区	0.0413	0.0601
2008	0.0387	0.0576	东部地区	0.0349	0.0596
2009	0.0369	0.0564	中部地区	0.0414	0.0608
2010	0.0352	0.0553	西部地区	0.0457	0.0635

注：中国四个区域的技术进步偏向指数为 2000~2016 年均值，结果以分行业工业增长值占比作为权重计算获得。

资料来源：根据《中国工业统计年鉴》等年鉴数据计算整理。

东北地区无论是哈罗德技术进步偏向还是希克斯技术进步偏向，装备制造业技术进步偏向指数均大于0，意味着技术进步是资本偏向型的，而且技术进步偏向资本程度在逐渐降低。可见，随着东北地区装备制造业的发展，对人力资源的需求不断提高，劳动偏向技术进步冲击致使资本偏向指数不断下降。

3. 结果与讨论

第一，2001~2016年东北地区装备制造业全要素生产率增长率整体上呈现波动下降的趋势。从分解项来看，技术进步仍是装备制造业全要素生产率增长率的主要贡献，中性技术进步虽然处于下降态势，但仍是全要素生产率增长的主要正向贡献，而偏向性技术进步已成为阻碍全要素生产率增长的关键因素。但就东北地区装备制造业偏向性技术进步趋势而言，这种阻碍程度在逐渐降低。

第二，考察期内资本劳动比与资本产出比发现，比较满足哈罗德技术进步偏向的前提假设，同时计算这两种技术进步偏向指数的结果显示，东北地区装备制造业技术进步是资本偏向型的，同时这种技术进步偏向资本程度在逐渐降低。随着东北地区的装备制造业发展，对人力资源的需求不断提高，劳动偏向技术进步冲击致使资本偏向指数不断下降。

5.2.3 东北地区装备制造业细分行业偏向性技术进步与要素错配测度

1. 偏向性技术进步（BTP）的变动趋势

将技术进步（TP）进一步分解为中性技术进步（NTP）和偏向性技术进步（BTP），重点考察偏向性技术进步（BTP）对全要素生产率增长率的影响（见表5-12）。

表 5-12 东北地区装备制造业细分行业偏向性技术进步（BTP）的变动趋势

年份	金属制品业（I1） NTP	BTP	通用装备制造业（I2） NTP	BTP	交通运输设备制造业（I4） NTP	BTP	电气机械及器材制造业（I5） NTP	BTP	通信设备、计算机及其他电子设备制造业（I6） NTP	BTP	仪器仪表及文化、办公用装备制造业（I7） NTP	BTP
2000	0.257	-0.128	0.250	-0.085	0.297	-0.123	0.267	-0.130	0.173	-0.044	0.211	-0.002
2001	0.261	-0.161	0.243	-0.091	0.292	-0.124	0.267	-0.133	0.173	-0.042	0.198	0.003
2002	0.265	-0.137	0.236	-0.094	0.286	-0.127	0.267	-0.128	0.173	-0.042	0.185	0.007
2003	0.269	-0.143	0.228	-0.095	0.280	-0.129	0.267	-0.133	0.173	-0.041	0.171	0.010
2004	0.273	-0.136	0.221	-0.090	0.275	-0.130	0.267	-0.137	0.173	-0.043	0.158	0.019
2005	0.277	-0.140	0.214	-0.091	0.270	-0.136	0.267	-0.139	0.173	-0.045	0.145	0.020
2006	0.281	-0.151	0.207	-0.094	0.264	-0.139	0.267	-0.143	0.173	-0.046	0.132	0.019
2007	0.285	-0.159	0.200	-0.098	0.259	-0.141	0.267	-0.149	0.173	-0.053	0.119	0.015
2008	0.289	-0.177	0.192	-0.114	0.253	-0.143	0.267	-0.167	0.173	-0.049	0.105	0.016
2009	0.293	-0.178	0.185	-0.114	0.247	-0.145	0.267	-0.168	0.173	-0.050	0.092	0.010
2010	0.296	-0.184	0.178	-0.121	0.242	-0.149	0.267	-0.177	0.173	-0.051	0.079	0.014
2011	0.300	-0.192	0.171	-0.124	0.236	-0.151	0.267	-0.176	0.173	-0.047	0.066	0.014
2012	0.304	-0.196	0.164	-0.126	0.231	-0.155	0.267	-0.183	0.173	-0.047	0.052	0.018
2013	0.308	-0.202	0.156	-0.131	0.226	-0.159	0.267	-0.185	0.173	-0.047	0.039	0.020
2014	0.312	-0.201	0.149	-0.131	0.220	-0.161	0.267	-0.187	0.173	-0.046	0.026	0.020
2015	0.316	-0.201	0.142	-0.133	0.214	-0.162	0.267	-0.177	0.173	-0.039	0.013	0.028
2016	0.320	-0.196	0.135	-0.128	0.209	-0.164	0.267	-0.160	0.173	-0.034	0.000	0.029

资料来源：根据《中国工业统计年鉴》等年鉴数据计算整理。

分析发现，虽然部分行业的中性技术进步（NTP）随着时间推进呈现下降趋势，但依旧是全要素生产率增长率的主要正向贡献，而偏向性技术进步（BTP）已成为阻碍全要素生产率增长的关键因素。中性技术进步（NTP）方面，金属制品业（I1）处于上升态势，电气机械及器材制造业（I5）和通信设备、计算机及其他电子设备制造业（I6）几乎没有变化，其他四个行业均不同程度的逐渐下降；偏向性技术进步（BTP）方面，东北地区装备制造业的四个细分行业均呈现出明显的负值，除了仪器仪表及文化、办公用装备制造业（I7）在样本考察期内为正值且处于上升态势，其他行业的 BTP 均随着时间推进不断下降，这种负向的影响仍在加剧，不断阻碍其行业的全要素生产率增长率的提升。

2. 技术进步偏向指数测度

前述证实专用设备制造业不具有技术进步偏向，故重点讨论除专用设备制造业之外的六个装备制造业细分行业的技术进步偏向指数。无论是希克斯技术进步偏向还是哈里斯技术进步偏向均有前提假设，希克斯的前提假设是资本与劳动比（K/L）不变，而哈里斯的前提假设是资本与产出比（K/Y）不变。结合 2000~2016 年装备制造业细分行业的基本统计数据发现，现实情况下资本劳动比与资本产出比不是恒定不变的（见表 5-13）。

表 5-13　装备制造业细分行业资本劳动比与资本产出比变化（2000~2016 年均值）

单位：%

行业	资本劳动比	资本产出比	资本产出比 2009~2016 年
金属制品业（I1）	13.38	-1.92	-0.94
通用装备制造业（I2）	8.52	-2.84	-4.01
交通运输设备制造业（I4）	9.77	-5.45	-1.47
电气机械及器材制造业（I5）	12.47	-2.41	1.01
通信设备、计算机及其他电子设备制造业（I6）	6.50	-1.56	4.80
仪器仪表及文化、办公用装备制造业（I7）	5.17	-5.35	0.33

资料来源：根据《中国工业统计年鉴》等年鉴数据计算整理。

在考察期内，装备制造业细分行业的资本劳动比均持续提高，而资本产出比则呈现出先下降后稳定的态势，但在 2009 年以来，这一值的变化幅度相对并不明显。因此，在技术偏向性指数方面，同时计算了希克斯技术进步偏向与哈罗德技术进步偏向，结合表 5-14 可知，交通运输设备制造业（I4）和电气机械及器材制造业（I5）希克斯技术进步偏向与哈罗德技术进步偏向相同，通信设备、计算机及其他电子设备制造业（I6）只能获取希克斯技术进步偏向指数。

表 5-14　　　东北地区与东部、中部、西部地区装备制造业细
分行业技术进步偏向指数

年份或地区	(I1) DBias$_{KL}$	(I1) DBias$_K$	(I2) DBias$_{KL}$	(I2) DBias$_K$	(I4) DBias$_{KL}$/DBias$_K$	(I5) DBias$_{KL}$/DBias$_K$	(I6) DBias$_{KL}$	(I7) DBias$_{KL}$	(I7) DBias$_K$
2000	-0.167	-0.120	0.201	-0.052	-0.040	-0.029	0.024	0.146	0.103
2001	-0.162	-0.093	0.188	-0.051	-0.041	-0.026	0.024	0.157	0.112
2002	-0.175	-0.126	0.475	-0.052	-0.041	-0.025	0.025	0.162	0.117
2003	-0.175	-0.122	0.506	-0.057	-0.041	-0.023	0.026	0.067	0.021
2004	-0.200	-0.154	-0.992	-0.063	-0.042	-0.022	0.026	0.136	0.091
2005	-0.214	-0.170	-2.963	-0.069	-0.041	-0.021	0.027	0.112	0.064
2006	-0.218	-0.172	-3.275	-0.069	-0.042	-0.020	0.027	0.121	0.070
2007	-0.235	-0.190	1.408	-0.069	-0.043	-0.018	0.027	0.098	0.045
2008	-0.242	-0.195	0.103	-0.059	-0.044	-0.016	0.029	0.139	0.085
2009	-0.279	-0.234	0.161	-0.061	-0.045	-0.016	0.030	0.117	0.056
2010	-0.357	-0.312	0.115	-0.058	-0.045	-0.015	0.031	0.116	0.055
2011	-0.341	-0.294	0.149	-0.059	-0.046	-0.013	0.032	0.116	0.051
2012	0.053	0.099	0.201	-0.061	-0.047	-0.011	0.033	0.118	0.050
2013	-0.503	-0.458	0.215	-0.060	-0.047	-0.010	0.034	0.116	0.047
2014	-0.852	-0.808	0.643	-0.064	-0.047	-0.009	0.036	0.122	0.046
2015	-1.105	-1.059	-0.533	-0.068	-0.049	-0.006	0.038	0.128	0.049
2016	0.050	0.098	-0.208	-0.080	-0.050	-0.003	0.041	0.137	0.050
全国	0.856	0.893	-0.229	-0.084	-0.054	-0.012	0.031	0.134	0.029
东北地区	0.050	0.098	-0.253	-0.080	-0.050	-0.003	0.041	0.137	0.050
东部地区	0.582	0.619	-0.208	-0.077	-0.052	-0.014	0.030	0.134	0.025
中部地区	2.169	2.205	-0.265	-0.090	-0.059	-0.010	0.034	0.131	0.036
西部地区	0.853	0.888	-0.259	-0.119	-0.061	-0.005	0.035	0.138	0.048

注：中国四个区域的技术进步偏向指数为2016年，结果以分行业工业增长值占比作为权重计算获得。借鉴孙焱林和温湖炜（2014）的研究，希克斯技术进步偏向指数介于（-0.01，0.01）归为希克斯中性技术进步，哈罗德技术进步偏向指数介于（-0.005，0.005）归为哈罗德中性技术进步。

资料来源：根据《中国工业统计年鉴》等年鉴数据计算整理。

第5章　要素错配对东北地区经济增长影响的实证分析

东北地区装备制造业细分行业技术进步偏向存在明显的异质性。考察期内，金属制品业（I1）、通用装备制造业（I2）、交通运输设备制造业（I4）和电气机械及器材制造业（I5）多数年份的希克斯和哈罗德技术进步偏向指数小于0，意味着技术进步并非偏向于资本要素，而通信设备、计算机及其他电子设备制造业（I6）和仪器仪表及文化、办公用装备制造业（I7）的希克斯和哈罗德技术进步偏向指数大于0，则意味着这两个行业技术进步是资本偏向型的。

金属制品业（I1）的技术进步偏向指数在2000～2007年持续降低，之后出现波动状态，而且希克斯技术进步偏向指数与哈罗德技术进步偏向指数趋势完全一致，区域技术进步偏向方向相同，中部地区的技术进步指数较其他地区高，而东北地区的技术偏向程度较低；通用装备制造业（I2）的两种技术进步偏向指数趋势和结果并不相同，希克斯技术进步偏向指数围绕0值呈现波动状态，哈罗德技术进步偏向指数表现为技术进步偏向劳动，而且呈下降态势，希克斯技术进步偏向指数波动程度明显高于哈罗德技术进步偏向指数，2016年各地区技术进步均偏向劳动，而且程度差别并不明显；交通运输设备制造业（I4）的希克斯技术进步偏向与哈罗德技术进步偏向相同，技术进步偏向指数仍在下降，偏向程度不断加强，整体上是技术进步偏向劳动，各地区技术进步均偏向劳动，而且程度差别并不明显；电气机械及器材制造业（I5）的希克斯技术进步偏向与哈罗德技术进步偏向相同，技术进步偏向指数平稳上升，逐渐趋近于中性技术进步，目前整体上是技术进步偏向劳动，虽然区域的技术进步偏向方向相同，除东部地区技术进步偏向程度稍大，其他三个区域几乎为中性技术进步；通信设备、计算机及其他电子设备制造业（I6）的希克斯技术进步偏向指数逐年增加，整体上技术进步偏向资本，而且各区域的技术进步偏向与全国一致，中部、西部地区之间差异并不明显，东北地区技术进步偏向程度最强，东部地区技术进步偏向程度最弱；仪器仪表及文化、办公用装备制造业（I7）希克斯和哈罗德技术进步偏向指数均为正值，均体现为技术进步偏向资本，希克斯指数较哈罗德指数稍大，两个指数的趋势相同，2003年后技术进步偏向指数整体趋势呈现下降状态，希克斯和哈罗德技术进步偏向指数表现也基本相同。

3. 装备制造业细分行业的要素错配指数的测度

除部分年份的金属制品业（I1）和通信设备、计算机及其他电子设备制造业（I6）、仪器仪表及文化、办公用装备制造业（I7）的资本要素以及通用装备制造业（I2）的劳动要素，黑龙江省其他行业的资本和劳动要素价格均存在负向错配，资本负向错配程度普遍高于劳动负向错配，而且不同行业间和地区间存在明显的异质性。金属制品业（I1）的资本错配在2010年前普遍呈现负向错配，2011年后转向为正向错配，与其他行业不同，该行业的资本价格增长速度越来越快于劳动边际产出的增长速度，劳动错配指数呈现出先增长后降低的负向错配，而且资本错配在东北地区最不明显，而在西部地区错配程度最大，劳动错配则在区域间并不明显；通用装备制造业（I2）的资本负向错配呈现出波动上升态势，2016年东部地区的资本负向错配最为明显，劳动错配呈现出正向错配，而且正向错配增长不断减小，但地区间的错配方向并不相同，仅东部地区呈现出劳动正向错配，其他地区劳动错配仍为负向错配；通信设备、计算机及其他电子设备制造业（I6）资本错配呈现先降低后上升的态势，由正向错配转向负向错配，而且在东北地区和中部地区错配并不明显，劳动错配则呈现出下降态势的负向错配；电气机械及器材制造业（I5）资本错配与劳动错配均呈现出负向错配，而且资本错配均明显大于劳动错配，但变动趋势并不相同。2016年结果显示，劳动错配在区域间差异并不明显，而资本错配在地区间存在明显异质性，交通运输设备制造业（I4）西部地区错配明显低于其他地区，电气机械及器材制造业（I5）东北和西部地区错配明显较低，仪器仪表及文化、办公用装备制造业（I7）中部地区明显较高（见表5-15）。

表5-15　东北地区与东部、中部、西部地区装备制造业细分行业要素绝对错配指数

年份或地区	(I1) τ_K	(I1) τ_L	(I2) τ_K	(I2) τ_L	(I4) τ_K	(I4) τ_L	(I5) τ_K	(I5) τ_L	(I6) τ_K	(I6) τ_L	(I7) τ_K	(I7) τ_L
2000	1.55	1.82	2.61	-1.16	3.13	0.43	4.00	-0.36	-0.33	5.61	1.11	1.14
2001	2.15	1.07	1.79	-1.13	2.03	0.78	1.72	0.04	-0.41	5.56	0.46	1.37
2002	1.21	1.53	2.52	-0.98	3.10	0.92	2.03	0.04	-0.46	5.89	0.42	1.86

续表

年份或地区	(I1) τ_K	(I1) τ_L	(I2) τ_K	(I2) τ_L	(I4) τ_K	(I4) τ_L	(I5) τ_K	(I5) τ_L	(I6) τ_K	(I6) τ_L	(I7) τ_K	(I7) τ_L
2003	1.81	1.47	3.21	-0.95	4.24	1.53	2.44	0.32	-0.45	5.74	0.60	2.03
2004	1.59	1.82	3.59	-0.52	3.55	1.29	3.81	0.55	-0.44	5.59	0.74	2.25
2005	2.04	2.78	4.18	-0.35	2.75	0.95	4.64	0.66	-0.53	4.15	0.66	2.29
2006	2.56	3.05	4.68	-0.47	3.27	1.20	5.25	1.23	-0.64	4.96	1.09	3.19
2007	1.74	3.97	4.34	-0.60	4.56	1.46	3.69	1.62	-0.27	5.70	1.99	3.63
2008	1.94	2.81	3.06	-1.22	4.68	1.22	3.74	1.98	0.93	4.59	5.07	3.29
2009	0.92	2.89	11.8	-1.12	6.66	1.42	1.80	1.83	-0.52	3.57	2.51	2.51
2010	-0.17	3.29	3.01	-1.21	6.47	1.26	0.80	2.37	2.23	3.84	2.08	2.55
2011	0.95	3.33	5.86	-1.25	3.97	1.24	0.74	2.79	-0.25	3.74	0.93	2.16
2012	0.72	3.44	23.3	-1.04	6.26	1.00	0.79	2.73	-0.37	4.07	0.67	2.87
2013	0.17	2.61	6.03	-0.99	5.43	0.78	1.37	3.02	0.58	3.70	1.00	2.60
2014	0.25	3.05	18.2	-0.78	5.46	0.76	2.89	2.90	0.73	4.08	1.00	1.51
2015	-0.46	3.04	9.83	-0.10	7.49	0.49	0.94	2.74	-0.02	2.36	1.87	1.11
2016	-0.45	3.35	7.39	0.77	6.82	0.49	0.26	2.82	0.05	1.77	4.09	0.68
全国	-2.18	2.32	8.05	-0.29	5.71	0.42	4.20	1.09	4.56	1.92	9.50	0.39
东北地区	-0.45	3.35	7.39	0.77	6.82	0.49	0.26	2.82	0.05	1.77	4.09	0.68
东部地区	-2.05	2.07	9.44	-0.93	5.85	0.37	3.88	0.51	5.04	1.99	9.02	0.27
中部地区	-1.88	2.58	5.77	0.44	7.11	0.65	6.52	2.07	0.76	1.28	14.45	0.73
西部地区	-4.40	3.44	3.56	1.74	2.23	0.30	1.05	3.11	3.42	1.73	3.99	0.69

注：四个区域要素错配指数为2016年，结果以分行业工业增长值占比作为权重计算。
资料来源：根据《中国工业统计年鉴》等年鉴数据计算整理。

结果显示东北地区金属制品业（I1）、通信设备、计算机及其他电子设备制造业（I6）及仪器仪表及文化、办公用装备制造业（I7）整体上资本错配程度小于劳动错配程度，而其他行业资本错配明显高于劳动错配程度。不但如此，同一行业的不同地区间也存在明显差异。全国层面，东北地区在金属制品业（I1）、电气机械及器材制造业（I5）和通信设备、计算机及其他电子设备制造业（I6）均呈现出资本错配程度小于劳动错配程度，东部地区在金属制品业（I1）呈现出资本错配程度小于劳动错配程度，中部地区在通信设备、计算机及其他电子设备制造业（I6）呈现出资本错配程度小于劳动错配程度，西部地区在电气机械及器材制造业（I5）呈现出资本错配程度小于劳动错配程度，其他行业其他地区则普遍呈现出资本错配程度大于劳动错配程度的现象（见表5-16）。

表5-16　黑龙江省与全国、各地区装备制造业细分行业要素相对错配指数

年份或地区	（I1）τ_{KL}	（I2）τ_{KL}	（I4）τ_{KL}	（I5）τ_{KL}	（I6）τ_{KL}	（I7）τ_{KL}
2000	0.85	2.24	7.34	11.25	0.06	0.97
2001	2.00	1.58	2.61	42.24	0.07	0.33
2002	0.79	2.58	3.38	53.49	0.08	0.22
2003	1.23	3.39	2.77	7.72	0.08	0.29
2004	0.88	6.95	2.75	6.86	0.08	0.33
2005	0.73	12.06	2.90	7.02	0.13	0.29
2006	0.84	10.05	2.73	4.28	0.13	0.34
2007	0.44	7.25	3.12	2.28	0.05	0.55
2008	0.69	2.51	3.82	1.89	0.20	1.54
2009	0.32	10.55	4.70	0.98	0.15	1.00
2010	0.05	2.49	5.14	0.34	0.58	0.82
2011	0.29	4.69	3.21	0.27	0.07	0.43
2012	0.21	22.40	6.24	0.29	0.09	0.23
2013	0.07	6.08	6.98	0.45	0.16	0.39
2014	0.08	23.19	7.21	1.00	0.18	0.67
2015	0.15	101.10	15.40	0.34	0.01	1.68
2016	0.14	9.56	14.02	0.09	0.03	6.00
全国	0.94	27.76	13.60	3.85	2.38	24.36

续表

年份与地区	(I1) τ_{KL}	(I2) τ_{KL}	(I4) τ_{KL}	(I5) τ_{KL}	(I6) τ_{KL}	(I7) τ_{KL}
东北地区	0.14	9.56	14.02	0.09	0.03	6.01
东部地区	0.99	10.15	15.81	7.61	2.53	33.41
中部地区	0.73	13.11	10.94	3.15	0.59	19.79
西部地区	1.28	2.05	7.43	0.34	1.98	5.78

注：四个区域要素错配指数为2016年，地区以分行业工业增长值占比作为权重计算。
资料来源：根据《中国工业统计年鉴》等年鉴数据计算整理。

5.3 本章小结

本章以东北地区装备制造业为样本开展要素错配的经济影响效应。一方面，研究考虑行业与地区维度分别构建N行业M地区的资本、劳动及要素空间错配模型，结合2000~2016年的装备制造业细分行业的省级面板数据，系统测算了东北地区装备制造业行业间和不同细分行业地区间要素错配程度；另一方面，构造具有较好柔性特征的超越对数生产函数，通过严格的假设检验获取装备制造业细分行业的最优生产函数模型，全面系统并细致地处理了研究所需相关数据，证明了东北地区装备制造业细分行业技术进步偏向存在的事实及其对全要素生产率增长产生的负向影响，并测度了技术进步偏向指数和要素错配指数。研究充分考虑了装备制造业细分行业及区域的异质性，通过对要素错配、技术进步偏向及全要素生产率增长的系统分析。

从中性技术进步视角构建要素错配模型得到了三方面结论。（1）装备制造业行业间要素错配程度差异明显，不同子行业的地区间要素错配也存在明显差异，资本要素与劳动力要素在装备制造业子行业间和地区间呈现明显的供给不足与过剩的并存现象。（2）装备制造业要素错配并未得到明显改善，近几年甚至有出现了恶化现象，整体呈现出"U"型变化趋势。（3）无论是装备制造业的行业间错配还是地区间错配，在样本考察期间内劳动力错配导致的产出与效率损失贡献均相对较小且变化不大，行业整体损失主要是由资本错配引起的。从区域层面看，东北地区在七个行业中均存在明显的资本要素和劳动力要素过度使用现象，这种过度的要素配置虽然并未影响东北地区装备制造业的实际产出及 TFP 损失，但其要素存在的空间错配却一定程度上影响了装备制造业的整体效率，研究结论为中国及东北地区装备制造业的产业结构进一步调整与要素配置指明了方向。

但值得注意的是，前述分析隐含了一个关键假设——技术进步中性，事实上，在要素配置影响全要素生产率过程中，很可能出现技术进步偏向，因此检验偏向性技术进步的存在，进行要素配置效率与全要素生产率的研究更具有现实意义。从偏向性技术进步视角构建要素错配模型得到了三个结论。第一，技术进步是装备制造业细分行业全要素生产率增长率的主要贡献，其中，中性技术进步是全要素生产率增长的主要正向贡献，而偏向性技术进步已成为阻碍全要素生产率增长的关键因素。第二，东北地区装备制造业细分行业技术进步偏向存在明显异质性。通用装备制造业、交通运输设备制造业和电气机械及器材制造业技术进步是劳动偏向型，金属制品业、通信设备、计算机及其他电子设备制造业和仪器仪表及文化、办公用装备制造业技术进步是资本偏向型。第三，东北地区装备制造业细分行业要素错配存在明显的异质性。金属制品业、通信设备、计算机及其他电子设备制造业和仪器仪表及文化、办公用装备制造业整体上资本错配程度小于劳动错配程度，而其他行业资本错配明显高于劳动错配程度。

可见，在"资本深化"不断加速情况下，资本贡献呈下降趋势，全要素生产率增长受到了技术进步偏向及配置效率的制约，意味着技术进步偏向选择并非适宜技术。结合全要素生产率增长率分解项来看，技术进步偏向直接制约了全要素生产率的增长。因此，提升装备制造业行业内与区域间的要素配置效率，优化资本、劳动及技术之间的配比关系，是提高装备制造业全要素生产率，实现效率变革和质量变革的根本手段，实现区域平衡发展的关键着力点。

第6章

东北地区要素错配原因的理论与实证分析

目前,我国的经济发展已经逐渐从结构性加速阶段向减速阶段过渡,前述研究也表明要素错配对经济发展产生了显著影响,直接造成了产出缺口与效率损失。虽然要素错配已经引起了学者关注,但对于要素错配的内在原因的研究相对较少,虽有研究从不同视角进行了实证研究,但影响要素错配的原因极其广泛,凡是能够影响市场有效发挥资源配置作用的因素都可归结为要素错配的原因。本章研究多视角层面的要素错配的理论分析框架,重点从本书的技术进步视角进行东北地区要素错配原因的实证分析。

6.1 要素错配形成的理论分析

6.1.1 基于新古典经济学的解释

新古典经济学提出的一般均衡模型认为,在完全竞争市场条件下,市场发挥着资源配置的决定作用,要素从边际效率较低的部门或行业流向边际效率较高的部门和行业中,要素配置效率达到了帕累托最优的均衡状态。事实上，这样的一般均衡是有一定制度前提的，比如完全的竞争市场、信息的充分对称、交易费用为零的约束条件，这样的约束条件在现实中是难以实现的，因此帕累托最优的要素配置效率也是难以实现的。尽管如此，但不可否认的是，市场通过价格机制、竞争机制和供求机制对资源进行配置的方式能够使资源按照效率原则流动，配置效率水平相较于其他形式更高；并且，在市场配置资源的过程中，随着假设条件向现实世界的趋近，资源配置的状态和效率与帕累托最优的状态之间的距离也将逐渐缩小（吴红雨，2015）。当现实情况与理想状态差距较大时，市场难以发挥要素充分配置的作用，要素也难以自由地由边际效率低的流向边际效率高的部门或行业，要素错配产生，此时要素配置与最优帕累托配置偏离程度出现。因此，新古典经济学的一般均衡是很难在真实世界中达到的，市场作为要素配置条件作用并非一直有效，而这种要素错配不但在发展中国家存在，发达国家也同样存在。

东北地区经济起步较早，为新中国的发展壮大做出过历史性的贡献，有力地支援了全国的经济建设。东北地区在20世纪30年代建成完整的工业体系，成为东北亚最先进的工业基地。新中国成立后，由于原有的工业基础和紧邻苏联的关系，许多重工业建设项目也都被安排在东北。东北地区一度占有中国98%的重工业基地。改革开放后，与产品市场改革明显进步不同，要素市场改革仍相对落后，要素市场的价格和要素的分配主要由政府决定，尤其是劳动要素和土地要素最为明显，严重地阻碍了要素在不同部门、不同行业和不同企业间的流动，这种要素市场的滞后也加重了要素价格扭曲，价格体系难以构建，市场价格调节机制受阻，要素错配进一步呈现。同时，东北地区的产权制度与法律体系及人文环境尚未完善，也制约了市场的要素配置功能，加重了要素错配。行政性垄断观念限制了市场竞争机制作用的发挥，违背了新古典经济学的完全竞争市场假设；而且中介组织多具有政府色彩，增加了交易成本，对市场有效要素配置作用产生了负面影响。

可见，东北地区的市场成熟条件显然和新古典经济学的一般均衡的假设条件差距很大，而且制度性前提条件也并不完备，要素错配现象必然出现，进而影响到东北地区的经济效率损失。

6.1.2 基于交易费用理论的解释

交易费用理论属于制度经济学理论范畴，与新古典经济学关注的市场性因素不同，交易费用理论关注制度安排、政策调控等因素对要素配置的影响。科斯定理告诉我们，交易成本为零时，要素配置将达到帕累托最优，其中交易成本通常被认为是由于市场不确定性必然造成市场运行成本。在实际社会中，交易费用不可能为零，必然存在。制度安排将决定交易费用的多少，好的制度能够保证交易过程的契约执行，将有助于要素配置，降低要素错配程度，反之则增加交易费用，增加要素错配程度。作为制度经济学理论的核心，产权制度的重要性体现在其能够降低交易费用，提高资源配置效率，明晰的产权也是现代企业制度建立的前提条件。

就东北地区而言，交易成本在现阶段显得尤为重要。诸如产权制度、税收制度、产业政策、收入分配制度等都将直接影响要素配置。尽管经历了长期的改革，但国有企业仍未实行自主经营和自负盈亏的现代企业制度特征，企业的市场机制替代作用无法充分发挥，交易费用无法降低，资源配置也无法实现自由配置，配置的效率水平自然得不到改善。新中国成立初期的东北经济发展得益于资源的集中，工业化呈现出快速乃至高速发展，而随着经济发展水平的整体增长及阶段转变，制度安排仍对一部分效率较低的企业进行了保护，导致了要素难以正常流动，影响了市场竞争程度，不仅阻碍了企业及其所在行业效率水平的提高，同时也对潜在高效率企业设置了进入门槛，造成内涵式与外延式资源错配的并存。

6.1.3 基于技术进步理论的解释

技术进步和要素配置效应同样都是经济增长的重要源泉，而这两者并不是独立发挥作用，在促进经济增长的同时，两者也会产生交互的促进作用，技术进步对资源配置的影响可以通过供给结构改变发生作用，也可以通过需求结构的改变发生作用：技术进步有利于生产要素效率的提高，在技术水平较高的部门中，要素产出率较高，产出水平增加中通常技术效应高于要素投入的效应，使要素在部门间转移，改变原有的产业结构；并且，技术进步促进生产力的进步，也促使社会分工的发展及新兴部门的形成，这就使得要素向效率较高的新兴产业部门流动，改变原有的结构。

同时，技术进步能够刺激需求的增长和转变，使要素配置和产业结构随着需求结构的变化而变化。在国际贸易中，技术进步通过技术溢出，技术扩散效应促进技术的更新换代，促使部门效率水平的提高，进而加速资源的流动，刺激要素配置效应对经济增长作用的发挥，在这个过程中，已有的要素错配将会得到纠正。值得注意的是，技术进步在发展过程中呈现出明显的偏向特征。由于具有偏向特征的技术进步对不同生产要素边际产出的作用效果有所不同，某一生产部门选择的技术进步能否最有效地带动其部门生产率的增长，要看技术进步偏向方向是否与部门要素禀赋结构相匹配。也就是说，技术往往和其他要素相结合才能发挥效率，进而呈现出不同要素偏向的技术进步，要素投入比和技术进步偏向性是影响技术进步适宜性的关键因素。

由于我国目前自主创新能力与发达经济体还有一定的距离，我们要追赶世界先进水平，加快自身发展，提高自己的创新创造能力就需要引进先进的技术和设备，而从引进设备到自主创新研发是一个经济社会发展的过程，在这个过程中，各产业部门的技术进步水平难以达到均衡水平，要素错配也由此产生。

6.2
技术进步有偏下要素错配影响因素的实证分析

6.2.1 要素错配影响因素的模型构建

结合前述理论与模型分析，技术进步偏向受到资本和劳动要素的边际产出增长率的影响，而要素错配反映的是要素边际产出与要素实际价格的偏离程度。

将第3章式（3-37）和式（3-38）代入式（3-33）可得到：

$$DBias_{KL} = \frac{\beta_{TK}}{\varepsilon_K} - \frac{\beta_{TL}}{\varepsilon_L} = d\ln\left(\frac{\varepsilon_K}{\varepsilon_L}\right) = d\ln\left(\frac{Dis_K}{Dis_L} \frac{K}{L} \frac{r}{w}\right) \quad (6-1)$$

式（6-1）也可以反映出理论分析。为了进一步检验要素错配与技术进步偏向之间的影响关系，结合理论分析，借鉴钟世川（2014）、杨振兵（2016）的相关研究构建考察模型：

$$|\tau_{it}| = \alpha_0 + \alpha_1 \ln(K_{it}/L_{it}) + \alpha_2 DBias_{it} + \alpha_3 \ln(K_{it}/L_{it}) \times DBias_{it} + f_i + f_t + \varepsilon_{it}$$
$$(6-2)$$

式中，$|\tau_{it}|$反映资本劳动相对错配程度；$DBias_{it}$反映当前技术进步偏向（模型中以希克斯定义的技术进步偏向指数表示），$\ln(K_{it}/L_{it})$反映要素结构，即资本深化程度，以此也可以反映阿西莫格鲁（Acemoglu，2002）提到的要素充裕性；同时加入了交互项$\ln(K_{it}/L_{it}) \times DBias_{it}$，反映要素错配通过要素结构对技术进步偏向的影响；$f$为固定效应。

6.2.2 要素错配影响因素的实证分析

延续前述研究，以东北地区装备制造业及其细分行业为研究样本开展研究。

1. 装备制造业要素错配影响因素的实证分析

根据式（6-1）的影响关系模型，考虑到要素错配与其影响因素可能存在双向因果关系而导致内生性问题，研究采用可以控制内生性问题的GMM方法进行估计。通过Arellano-Bond检验发现二阶序列相关检验结果支持回归方程不存在二阶序列相关，而且Sargan过度识别检验结果也说明整个模型的设定是合理的且工具变量有效。

表6-1的模型估计结果显示，要素结构系数显著为负，意味着随着资本深化程度的加深，要素错配的程度将增强，这主要是由于随着资本积累的加剧，资本的边际生产率增长减缓。技术进步偏向系数显著为正，意味着技术进步的资本偏向强化了资本—劳动要素相对错配。事实上，技术进步的资本偏向程度越大，导致资本边际生产率增长减缓，资本要素偏离劳动要素越大。事实上，这样的影响关系是相互的，就要素绝对错配程度而

言，劳动错配程度高于资本错配，人力资本的工资扭曲影响了劳动边际产出增长速度，进一步优化劳动力配置也将弱化技术进步的资本偏向。要素结构与技术进步偏向交互项系数显著为正，意味着技术进步的上升将削减要素结构变动对偏向资本—劳动要素错配程度的抑制效应，进而加大了要素错配。

表6-1　　　　　　　　　　模型估计结果

变量	系数	t 值
$\ln(K_{it}/L_{it})$	0.0132*** (0.0000)	78.43
$DBias_{it}$	0.0515*** (0.0007)	27.46
$\ln(K_{it}/L_{it}) \times \tau_{it}$	0.0068*** (0.0003)	17.45
AR（1）P 值	0.0432	
AR（2）P 值	0.8942	
Sargan 检验 P 值	0.2435	

注：括号内为回归系数标准误，***、**、*分别表示1%、5%、10%的显著性水平（双尾检验）。

资料来源：EViews 分析结果整理。

2. 装备制造业细分行业要素错配影响因素的实证分析

考虑到要素错配与技术进步偏向可能存在双向因果关系而导致内生性问题，研究采用可以控制内生性问题的 GMM 方法进行估计，结果见表6-2。通过 Arellano-Bond 检验发现二阶序列相关检验结果支持回归方程不存在二阶序列相关，而且 Sargan 过度识别检验结果也说明整个模型的设定是合理的且工具变量有效。同时，以哈罗德技术进步偏向指数作为因变量进行了稳定性检验，结果与表6-2一致。

表 6-2　　　　　　　　　　　　　模型估计结果

变量	金属制品业（I1）	通用装备制造业（I2）	交通运输设备制造业（I4）	电气机械及器材制造业（I5）	通信设备、计算机及其他电子设备制造业（I6）	仪器仪表及文化、办公用装备制造业（I7）
$\ln(K_{it}/L_{it})$	0.5417*** (0.0013)	-0.1911*** (0.0002)	-0.1267*** (0.0001)	0.0030*** (0.0000)	0.0126*** (0.0004)	6.4492*** (0.0086)
$DBias_{it}$	0.1684*** (0.0003)	0.0040*** (0.0000)	-0.0010*** (0.0000)	-9.83E-07 (0.0000)	0.0002*** (0.0000)	0.5744*** (0.0084)
$\ln(K_{it}/L_{it}) \times \tau_{it}$	-0.0914* (0.0002)	-0.0021*** (0.0000)	0.0009*** (0.0000)	-9.53E-07 (0.0000)	5.03E-05*** (0.0000)	-0.2841*** (0.0054)
AR（2）P值	0.4764	0.4843	0.5836	0.3676	0.9583	0.8083
Sargan 检验 P 值	0.3292	0.5018	0.4015	0.3071	0.5348	0.3289

注：括号内为回归系数标准误，***、**、* 分别表示 1%、5%、10% 的显著性水平（双尾检验）。

资料来源：EViews 分析结果整理。

要素结构系数在装备制造业细分行业中有正有负，意味着要素结构对于要素错配影响存在差异，通用装备制造业（I2）和交通运输设备制造业（I4）的资本深化削弱了要素错配程度，而其他行业的资本深化强化了要素错配程度。要素错配与技术进步偏向是模型分析的重点，结果显示，除该项不显著的电气机械及器材制造业（I5）以及呈现负影响的交通运输设备制造业（I4）外，其他行业的技术进步偏向均强化了要素错配。由此可以看出，交通运输设备制造业（I4）的技术进步偏向使得要素错配有所缓解，资本劳动相对错配指数也客观反映了这一结论。根据交互项的含义，可以发现各细分行业要素结构与技术进步偏向的交互项系数符号并不一致，产生了不同的影响意义。金属制品业（I1）和仪器仪表及文化、办公用装备制造业（I7）技术进步偏向程度的上升将削弱要素结构变动对要素错配的促进效应；通用装备制造业（I2）技术进步偏向的上升将增强要素结构变动对要素错配的抑制效应；交通运输设备制造业（I4）技术进步偏向的上升将削减要素结构变动对要素错配的抑制效应；通信设备、计算机及其他电子设备制造业（I6）技术进步偏向程度的上升将增强要素结构变动对要素错配的促进效应。可见，通过要素结构变动,金属制品业(I1)、通用装备制造业(I2)和仪器仪表及文化、办公用装备制造业(I7)的技术进步偏向程度上升将降低要素错配程度,而在交通运输设备制造业(I4)和通信设备、计算机及其他电子设备制造业(I6)这种效应则促进了要素错配程度。

6.2.3 装备制造业要素配置与偏向性技术进步的适宜性分析

1. 装备制造业要素结构特征

对于资本密集型的行业来说,选择偏向资本的技术进步能更有效地发挥其要素比较优势,技术创新驱动行业增长的效果更为显著;但对于劳动密集型行业来说,资本偏向性技术进步并不适合其要素结构,这种与要素结构相失衡的技术选择将在一定程度上影响其创新投入的增长效率。这里将在技术进步方向指数估算结果的基础上,结合东北地区装备制造业各细分行业的要素结构特征对东北地区各装备制造业行业技术进步的适宜性进行评价。

受到生产技术及要素资源的影响,东北地区工业部门内部各行业的要素禀赋结构之间存在明显差异。表6-3给出了2000~2016年东北地区装备制造业及6个子行业的资本劳动比的统计信息。表6-3显示,2000年装备制造业6个分行业中资本密集度最高的行业的人均资本为8.74万元/人,而资本密集度最低的行业的人均资本为2.49万元/人,人均资本最高值与最低值之间相差近3.5倍;2016年资本密集度最高的行业的人均资本为30.84万元/人,资本密集度最低行业的人均资本为13.42万元/人,人均资本最高值与最低值之间相差近3倍。可见,装备制造业产业内部各行业要素禀赋结构之间存在明显的差异,差异程度随时间推移呈扩大态势。东北装备制造业及其分行业的人均资本整体上高于全国水平。

表6-3　　　　2000~2016年间6个装备制造业行业的资本劳动比　　　　单位:万元/人

年份	装备制造业	(I1)	(I2)	(I4)	(I5)	(I6)	(I7)
2000	2.4927	4.8166	5.4525	8.1143	4.7918	8.7409	3.9536
2001	3.6087	9.9990	6.6276	8.5321	6.4545	9.5088	4.2062

续表

年份	装备制造业	(I1)	(I2)	(I4)	(I5)	(I6)	(I7)
2002	4.4437	6.2397	7.2205	10.1975	5.9084	11.5288	4.7854
2003	5.1316	7.8646	7.3007	11.6352	7.5631	10.9426	6.2438
2004	5.5699	6.4304	6.4627	12.1419	7.6587	10.8536	8.8122
2005	7.0189	6.7460	6.8222	15.2764	7.7605	9.6780	7.8520
2006	8.0481	7.7901	7.0549	16.8257	8.1568	9.3960	7.0016
2007	9.0351	8.4536	7.4999	17.9312	9.4760	8.6605	7.8018
2008	11.5124	10.7602	11.1466	18.5764	14.2478	9.5232	8.8889
2009	11.4851	10.3854	10.6884	19.2321	12.2866	10.8907	7.7987
2010	14.0855	11.6678	12.6339	20.3398	14.4929	13.9659	9.5248
2011	17.1057	13.9532	13.8706	21.0920	16.7513	15.2333	9.8906
2012	19.1697	14.6037	14.6619	23.2244	20.5619	17.1488	10.8168
2013	21.2133	15.4544	16.6825	27.0471	21.7518	17.1765	12.8753
2014	22.6236	16.2552	16.8591	29.8164	22.4445	16.9221	12.0237
2015	26.0526	19.3966	19.1879	31.2158	26.0775	15.8553	15.4321
2016	30.8429	22.6139	18.0534	35.1210	26.9706	21.3920	13.4215
全国平均	17.8886	13.8844	14.9363	25.3021	15.3654	18.4583	14.1992
东北地区	30.8429	22.6139	18.0534	35.1210	26.9706	21.3920	13.4215
东部地区	17.4224	14.0157	15.1531	26.2859	14.2359	18.6029	15.1567
中部地区	15.2063	13.0357	13.8269	20.0574	16.4556	13.7750	11.4964
西部地区	19.9132	11.1404	13.1804	20.1840	19.9403	21.4672	10.8207

注：中国四个区域的资本劳动比为2016年值，结果以分行业工业增长值占比作为权重计算。
资料来源：根据《中国工业统计年鉴》等年鉴数据计算整理。

2. 装备制造业要素结构与技术进步偏向变动

结合前述关于技术进步偏向性的研究发现，与装备制造业各行业要素禀赋结构变动特征相比，东北地区装备制造业技术进步偏向性在行业间的分布状态并未呈现出相同的变化态势。前面关于工业行业技术进步偏向特征的分析表明，以2016年为参照，东北地区装备制造业中金属制品业（I1）、通信设备、计算机及其他电子设备制造业（I6）和仪器仪表及文化、办公用装备制造业（I7）属于资本偏向性技术进步，其他为劳动偏向性技术进步。

根据世行观点——若劳动生产率低于平均水平，则判定其为劳动密集型产业。借鉴该研究观点，选择装备制造业资本劳动比作为基准，认为高于装备制造业整体水平的为高资本劳动比行业，低于该基准为低资本劳动比行业。其中，高资本劳动比行业多为资本密集型行业，而低资本劳动比行业一般为技术密集型和劳动密集型行业。从四大区域来看（图 6 - 1），装备制造业分行业的技术选择与其要素禀赋结构的适宜性具有明显差异。东北地区，I1 和 I6 技术选择与其要素禀赋结构相适宜，I2 和 I5 处于临界点上；东部地区，I2、I5 和 I6 技术选择与其要素禀赋结构相适宜；中部地区，I2 和 I5 技术选择与其要素禀赋结构相适宜；西部地区，I2 和 I6 技术选择与其要素禀赋结构相适宜，I5 处于临界点上。与全国层面装备制造业分行业相似的是，I4 和 I7 在任何区域均体现了技术进步与要素禀赋的失衡。

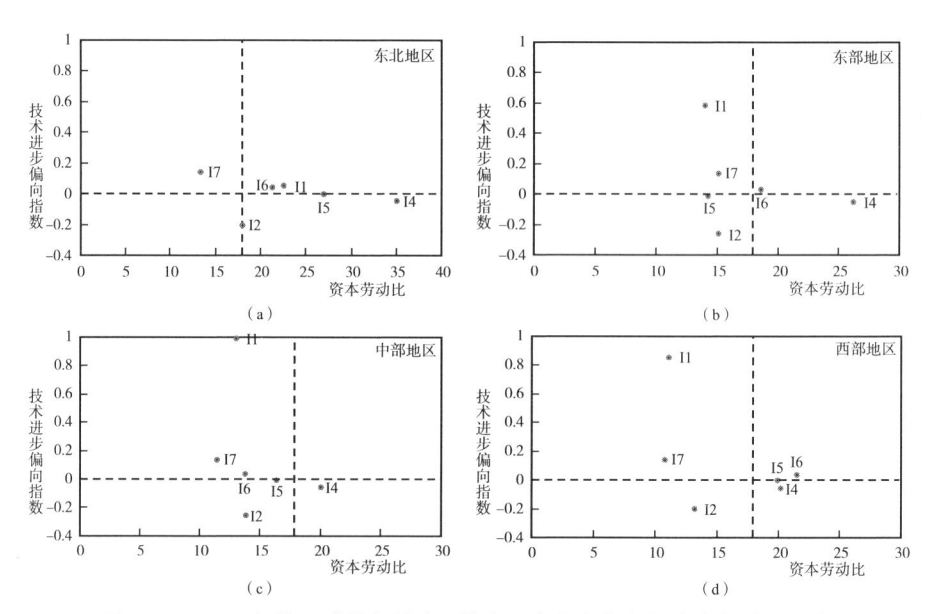

图 6 - 1　2016 年分区域装备制造业技术进步偏向指数与资本劳动比散点

资料来源：根据《中国工业统计年鉴》等年鉴数据计算整理并绘制。

3. 装备制造业技术进步适宜性特点

根据行业技术进步偏向特征和资本劳动比，装备制造业分行业可以被划分为两部分（见表6-4），一是技术选择符合行业要素禀赋结构的比较优势特征，即技术进步与资源禀赋相一致的行业：高资本劳动比—资本偏向性行业和低资本劳动比—劳动偏向性行业；二是技术选择结果与其要素禀赋结构相失衡，即技术进步与资源禀赋不一致的行业：高资本劳动比—劳动偏向性行业和低资本劳动比—资本偏向性行业。

表6-4　　　　2016年东北地区装备制造业技术进步适宜性分类

资本劳动比	资本偏向性行业	劳动偏向性行业
高	金属制品业（I1） 通信设备、计算机及其他电子设备制造业（I6）	交通运输设备制造业（I4） 通用装备制造业（I2） 电气机械及器材制造业（I5）
低	仪器仪表及文化、办公用装备制造业（I7）	—

资料来源：根据图6-1分析整理。

技术进步与要素禀赋的适宜性是生产率增长的关键。对于技术进步与资源禀赋相一致的行业，即高资本劳动比—资本偏向型行业和低资本劳动比—劳动偏向型行业，技术进步能有效发挥其技术效率，进而有效促进行业生产率的增长。而对于技术进步与资源禀赋相失衡的行业，即高资本劳动比—劳动偏向型行业和低资本劳动比—资本偏向型行业，技术进步对其生产率增长的促进作用存在一定程度的效率损失。

多年来，中国工业部门中许多行业主要以引进先发国家前沿技术的途径实现技术进步，而源于高资本的先发国家的技术进步往往具有明显的资本偏向特征，偏向资本的技术进步对于资本劳动比相对较高的资本密集型工业行业是适宜的，但对于资本劳动比较低的技术密集型和劳动密集型工业行业则表现出不同程度的不适宜性，并且由于行业的要素禀赋在短期内存在一定程度的"锁定"特征，使得引进的前沿技术促进这些低资本劳动比行业生产率提升的效率较低，这可以在一定程度上解释为何在技术流动性不断提高的当下，中国部分技术密集型工业行业生产率仍与先发国家存在明显差距。

6.3 本章小结

本章从新古典经济学理论、交易费用理论及技术进步理论等视角对东北地区要素错配的成因进行了理论分析，重点关注同要素一样的供给侧视角下的技术进步对要素错配的影响，并基于技术进步偏向与要素错配的关系，分析了东北地区技术进步的适宜程度。研究过程选择东北地区装备制造业为研究样本，得到了以下几点结论。

（1）随着资本深化程度的加深，要素错配程度增强，同时技术进步的资本偏向强化了资本—劳动要素相对错配；技术进步偏向的上升将削减要素结构变动对偏向资本—劳动要素错配程度的抑制效应，进而加大了要素错配。

（2）分行业视角下，要素结构系数在装备制造业细分行业中有正有负，意味着要素结构对于要素错配影响存在差异，根据交互项的含义，可以发现各细分行业要素结构与技术进步偏向的交互项系数符号并不一致，产生了不同的影响意义。

（3）从技术进步偏向与要素错配情况而言，以东北地区装备制造业细分行业的技术进步适宜性研究发现，仅金属制品业与通信设备、计算机及其他电子设备制造业表现为要素配置与技术进步耦合。

第7章

产业协同融合矫正东北地区要素错配的机制及政策

目前，虽然关于产业集聚可以推动经济发展在学术界已经达成共识，但并未深入研究产业协同融合对于要素配置的影响。事实上，产业协同融合可以通过促进要素流动效应提升要素在市场中的配置效率。本章基于金融专业化分工和劳动力市场成本视角进行产业协同融合矫正东北地区要素错配的理论与实证分析，并基于前述分析提出矫正东北地区要素错配的政策启示。

7.1 产业协同融合矫正东北地区要素错配的理论分析

产业协同融合通过促进要素流动效应，实现要素在区域之间及产业之间流入与流出，逐渐完善资本与劳动力市场的配置，深化资本市场和劳动力市场一体化水平，进而提升要素在市场中的配置效率。

随着产业协同融合发展的不断推进，产业集聚程度也在不断提升，资本与劳动等要素的集聚程度也不断提高。产业协同融合过程中资本的不断集聚可以促进产业链上的相关企业使用更先进的技术设备，在干中学过程中不断掌握新技术，增强企业创新能力，改善资本生产率和技术效率；产业协同融合过程中也加剧了劳动力的集聚，劳动者之间增加了交流和学习，促进劳动力配置到合理岗位，促进知识外溢，提高劳动者的技能和工作，增加员工工作与产出效率。特别是区域间的产业协同融合促进了资本要素和劳动力要素突破行政区划进行自由流动，形成区域资源技术等优势互补，提升区域整体的竞争力和资源配置效率。事实上，协同融合发展并非完全提高资源配置效率，当协同融合发展到一定程度时，市场竞争加剧，由规模不经济产生的拥挤效应将导致要素的分布呈现离散化趋势，这可能会削弱区域发展动力，进而降低资源配置效率。

7.1.1 基于专业化分工理论的产业协同融合分析

区域经济的不断发展促进了经济协同融合与集聚，知识创造的匹配机制促进了城市专业化分工，使得附加值高的产业向中心城市集聚，提高了生产性服务业的专业化水平，而制造业企业或生产部门向中小城市迁移，即形成中心城市和中小城市之间的地区专业化（齐讴歌等，2012）。产业协同融合发展也将通过专业化分工的加深提升金融等机构的效率，进而减少交易费用，金融将配置到收益较高的项目中，通过扩大生产规模，促进企业技术变革，进而提高资本市场的配置效率。由此可以看出，产业协同融合的越高，则有利于促进资本要素的专业化分工，从而改善资本错配。因此，可以得到理论结论：产业协同融合通过提高地区专业化分工改善资本错配。

7.1.2 基于劳动力成本效应的产业协同融合分析

随着产业协同融合的形成，前向与后向关联可以通过市场邻近、劳动力共享和中间投入品关联等多种途径影响成本。区域产业协同融合水平越高，可以为劳动力提供更加适合的岗位，即使劳动力接受较低的平均工资也可以获得相对较高的总收入。这也说明产业协同融合可以通过集聚扩大劳动力市场规模，进而促使劳动力匹配程度的增加，提升工资水平，进而提升劳动者的劳动生产率。同时，劳动力成本的上升也有利于提高劳动者的工作积极性，劳动者也可以获得更多的培训机会，提高劳动力的工作及产业效率。由此可以看出，产业协同融合水平越高，区域劳动力成本则越高，从而有利于改善劳动力错配。因此，可以得到理论结论：产业协同融合通过提高劳动力成本改善劳动力的错配程度。

7.1.3 产业协同融合矫正要素错配的改善机理

产业协同融合通过专业化分工调整资本要素配置矫正要素错配，通过劳动力成本效应的多样化调整劳动力配置矫正要素错配（见图7-1）。

产业协同融合通过实现专业化分工有利于政府定向扶持，有助于政府根据区域需求出台相关的优惠政策，避免政策错配。通过产业链上专业化厂商的逐渐集聚，将吸引金融机构不断入驻，实现金融机构的集聚，这将推动区域融资平台的搭建，帮助区域企业降低融资成本，实现资本的有效流动，提高资本的利用效率，改善资本的错配。同时，专业化分工将促进相关要素的知识溢出，通过产业链企业的相互协作，实现技术及劳动力互补，减少错配。专业化厂商的集聚还会产生虹吸效应，促进专业化人才的集聚，推动当地劳动力市场的发育，减少在工作搜寻过程中雇主和雇员的信息不对称的现象，提高人才与岗位的匹配效率，有效降低劳动力的错配程度。

产业协同融合通过提高多样化水平促使产业之间的紧密联合，实现产业之间的合作与对接，实现产业链上下游产业的协同发展。在产业协同融合过程中，进一步促进知识、技术、资本以及人才等生产要素的合理流动和配置，从而推动交流成本和竞争成本不断下降，实现区域产业生产效率的提升，缓解要素错配现象，提升区域产业的要素配置能力。同时，产业协同融合及集聚的多样化降低了集聚区外部市场的准入门槛，为集聚区内部创造了更大的市场需求，并使集聚中心与外围腹地经济范围持续扩大，集聚产生的规模效应和成本效应，促使资本和优秀人才不断集聚，技术水平持续上升，资本与劳动力配置效率显著提高。

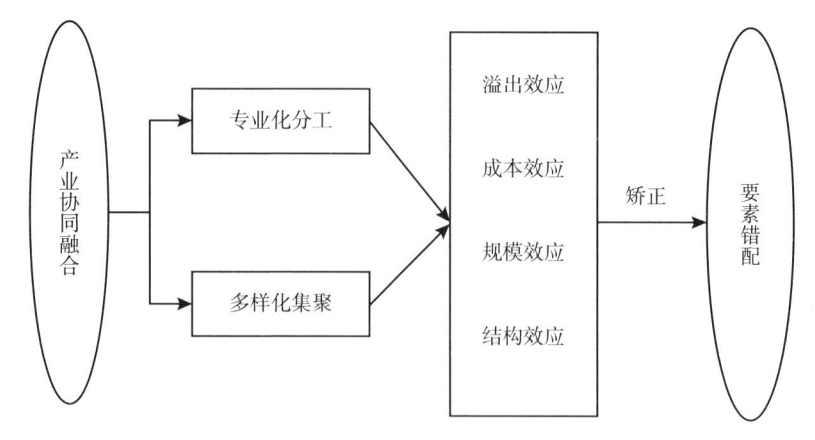

图 7-1 产业协同融合矫正要素错配的改善机理

资料来源：根据产业协同融合矫正东北地区要素错配的理论分析绘制。

7.2
产业协同融合矫正东北地区要素错配的实证分析

7.2.1 模型构建

结合前述分析的内在机理，构建产业协同融合对要素错配影响的计量模型：

$$|\tau_{it}| = \alpha_0 + \alpha_1 |\tau_{it-1}| + \alpha_2 ISI_{it} + \alpha_3 X_{it} + \mu_i + \nu_t + \varepsilon_{it} \quad (7-1)$$

式 (7-1) 中，i 表示东北地区三个省份，t 表示年份。$|\tau_{it}|$ 表示反映资本劳动相对错配程度，$|\tau_{it-1}|$ 表示反映滞后一期的资本劳动相对错配程度；ISI_{it} 表示产业协同融合指数，X_{it} 表示控制变量，μ_i 和 ν_t 表示不随地区和时间变化的因素，ε_{it} 表示随机误差项。其中，α_2 是研究关注的参数，若为负数说明产业协同融合可以改善要素错配水平，若为正值则说明产业协同融合将会恶化要素配置水平。考虑到该模型中包含了要素错配的滞后期，因此需要采用广义矩估计方法对该动态面板模型进行参数估计。

结合前述对于产业协同融合对要素错配影响机理分析，重点分析产业协同融合通过专业化分工影响资本错配以及通过劳动力成本影响劳动力错配。为了验证影响机理，构建中介效应模型进行产业协同融合矫正东北地区要素错配的实证分析。

$$Sd_{it} = \beta_0 + \beta_1 ISI_{it} + \alpha_3 X_{it} + \varepsilon_{it} \quad (7-2)$$

$$Dis_{Kit} = \beta_0 + \beta_K Dis_{K(it-1)} + \alpha_2 ISI_{it} + \eta Sd_{it} + \alpha_3 X_{it} + \varepsilon_{it} \quad (7-3)$$

$$Wage_{it} = \beta_0 + \beta_2 ISI_{it} + \alpha_3 X_{it} + \varepsilon_{it} \quad (7-4)$$

$$Dis_{Lit} = \beta_0 + \beta_L Dis_{L(it-1)} + \alpha_2 ISI_{it} + \theta Wage_{it} + \alpha_3 X_{it} + \varepsilon_{it} \quad (7-5)$$

其中，Sd_{it} 和 $Wage_{it}$ 分别表示资本配置的专业化分工和劳动力成本。α_2 衡量产业协同融合对要素错配的直接影响，$\beta_1\eta$ 表示产业协同融合通过促进金融业的专业分工改善资本错配的中介效应，$\beta_1\eta$ 衡量产业协同融合通过提升劳动力成本改善劳动力错配的中介效应。

7.2.2 变量与数据处理

被解释变量：资本劳动相对错配程度（$|\tau_{it}|$）、资本错配（Dis_K）、劳动力错配（Dis_L）的数据获取参见前文分析结果。

核心解释变量：产业协同融合指数（ISI）。借鉴陈建军等（2016）的方法计算产业协同集聚指数，其计算公式为：

$$ISI_{it} = 1 - \frac{|ISm - ISps|}{(ISm + ISps)} + (ISm + ISps) \quad (7-6)$$

同样以装备制造业为演变，式（7-6）中，ISm 和 $ISps$ 分别表示装备制造业和生产性服务业的集聚程度，选择区位熵指标来测度装备制造业和生产性服务业的集聚程度。

中介变量：劳动力成本（$Wage$），反映劳动力的价格，利用产业职工平均工资的对数表示；金融业的专业化分工（Sd），借鉴苏红键和赵坚（2011）做法，利用城市金融业从业人员占生产人员的比重与全国金融业从业人员占全国生产人员的比重来测度，该数值越大，表示城市趋向于集聚金融部门，金融部门人员集聚将有利于提高资源配置效率。

控制变量：金融深化水平（X_1），采用各城市金融机构贷款余额占GDP

的比重来测度，表示金融资源的信贷配置对资源错配产生的影响；产业结构（X_2），利用第三产业产值占 GDP 的比重来衡量；外商直接投资（X_3），采用外商直接投资占 GDP 的比重表示；交通条件（X_4），采用人均道路面积的对数表示；信息化水平（X_5），利用电信业务收入占 GDP 的比重表示。

7.2.3 实证分析

采用广义矩估计进行估计时，具体有差分 GMM、系统 GMM 等方法，根据滞后项系数结果，选择差分 GMM 进行估计，结果如表 7-1 所示。

表 7-1　　　　　　　　产业协同融合对要素错配的影响

解释变量	Dis_K		Dis_L	
ISI	-0.0124** (0.0022)	-0.0113** (0.0032)	-0.0243 (0.0432)	-0.0228* (0.0411)
Wage	-0.2314** (0.0065)	-0.1840** (0.0049)	-0.7142** (0.0035)	-0.3132** (0.0021)
Sd	0.0318** (0.0078)	-0.0285** (0.0066)	-0.3131** (0.0438)	-0.2982** (0.0281)
X_1	—	0.0289** (0.0002)	—	0.2803** (0.0042)
X_2	—	0.4521** (0.0001)	—	0.9325* (0.0601)
X_3	—	-0.0005* (0.0001)	—	-0.0565* (0.0061)
X_4	—	-0.0312* (0.0097)	—	-0.0832 (0.0187)
X_5	—	-0.2921** (0.0426)	—	-0.9561** (0.1476)
$L.Dis_K$	0.4312** (0.0009)	0.3325** (0.008)	—	—

续表

解释变量	Dis_K		Dis_L	
$L.Dis_L$	—	—	0.6653** (0.0043)	0.6391** (0.0019)
AR（1）P值	0.0032	0.0029	0.0002	0.0002
AR（2）P值	0.7341	0.7212	0.8932	0.9024
Sargan 检验 P 值	0.13	0.14	0.15	0.19

注：括号内为稳健性的标准误，*、**分别表示在5%和1%的水平上显著。
资料来源：EViews分析结果整理。

表7-1中模型均控制了时间效应和地区效应，依据AR（2）和Sargan检验值发现模型不存在二阶序列相关，工具变量有效。资本错配和劳动力错配的滞后一期显著为正，说明不管是资本错配还是劳动力错配，均存在"路径依赖"现象，要素当期错配受到上一期的影响。结果显示，产业协同融合降低资本错配与劳动力错配，表明产业协同融合产生的规模效应有利于提高资本和劳动力的配置效率，缓解资本和劳动力错配。劳动力成本和地区专业化分工都在一定程度上缓解了资源错配。

进一步通过中介效应模型分析产业协同融合对要素错配的作用机制，采用中介效应模型的估计结果见表7-2。结果显示，产业协同融合提高了金融业的专业化分工，专业化分工会显著改善资本错配，产业协同融合通过促进专业化分工改善资本错配；产业协同融合会显著提高劳动力成本，劳动力成本越高的地区，劳动力错配水平则越低，产业协同融合通过提高劳动力成本改善劳动力错配。因此，产业协同融合通过专业化分工改善资本错配，通过劳动力成本改善劳动力错配。

表7-2　　　　　　　产业协同融合对要素错配的机制分析

解释变量	Sd	Dis_K	Wage	Dis_L	
ISI	0.0832** (0.0015)	—	-0.0235** (0.0051)	0.0819** (0.0015)	—	-0.0553** (0.0081)
Wage	-0.0362** (0.0012)	-0.0253** (0.0005)	-0.0541** (0.0092)	—	-0.0132** (0.0135)	-0.0142** (0.0126)

续表

解释变量	Sd	Dis_K		$Wage$	Dis_L	
Sd	—	-0.0373** (0.0050)	-0.0145** (0.0076)	0.0135** (0.0338)	-0.1261** (0.0438)	-0.1482** (0.0281)
X_1	0.0217** (0.0032)	0.0143** (0.0001)	0.0126** (0.0011)	0.0289 (0.0002)	0.1293** (0.0032)	0.1132** (0.0082)
X_2	0.4321** (0.0051)	0.8942** (0.0041)	0.6133** (0.0036)	-0.0721 (0.0001)	1.3429** (0.0984)	1.4398** (0.0854)
X_3	0.0015 (0.0063)	-0.0045** (0.0032)	-0.0019** (0.0082)	0.0015* (0.0011)	-0.0035* (0.0082)	-0.0034* (0.0051)
X_4	0.0343 (0.0127)	-0.0673** (0.0059)	-0.0691** (0.0009)	0.0852* (0.0367)	-0.0092 (0.0047)	-0.0142 (0.0057)
X_5	-1.5901** (0.1656)	-0.6025** (0.0026)	-0.5672** (0.0054)	0.9121** (0.0223)	-2.2541** (0.1266)	-2.3954** (0.1254)
$L.Dis_K$	—	0.2092** (0.0009)	0.1982** (0.0008)	—	—	—
$L.Dis_L$	—	—	—	—	0.1253** (0.0023)	0.1393** (0.0034)
AR(1) P值	—	0.0011	0.0013	—	0.0005	0.0005
AR(2) P值	—	0.6415	0.6901	—	0.6532	0.8927
Sargan 检验 P值	—	0.093	0.141	—	0.151	0.564

注：括号内为稳健性的标准误，*、**分别表示在5%和1%的水平上显著。
资料来源：EViews 分析结果整理。

7.3 矫正东北地区要素错配的政策启示

7.3.1 要素配置结构是东北地区技术选择的根本

在中国经济发展处于重要战略机遇期，且面临从高速增长转为中高速增长，经济结构优化升级，从要素驱动、投资驱动转向创新驱动的新常态背景下，结合前文分析，为了实现东北地区产业技术进步与创新发展，单一静态的技术进步路径已经无法满足当前不断变化的经济环境，东北地区地方政府在制定和实施产业技术进步与创新发展政策时，应耦合产业特性和要素禀赋结构和条件，而不能一味地模仿或照搬照抄发达国家或其他地区的做法。

改革开放以来，东北地区的要素配置结构已经发生了悄然变化。主要表现在以下三个方面。第一，劳动力要素已经走出了"无限供给"时代，结构性失业以及部分制造企业放弃东北乃至中国市场而转投东南亚及非洲地区均说明了中国劳动力价格正在逐渐提升。第二，资本要素投资规模逐渐扩大，改善了资本曾经稀缺的局面，部分经营状况较好的企业仍有闲余资金满足其投机需求，但股市及楼市泡沫的相继出现也意味着资本要素的回报率增长逐渐下降。第三，从长期来看，要素价格发生了显著变化，而这种变化主要是由两方面原因造成的。一方面是由于国家和地方的政策性因素，如资源税过低和土地出让金过高等，导致资源价格和土地价格分别以不同比率飙升；另一方面是由于市场因素所自发导致的，如设备资本品价格的逐步下降以及建筑资本品价格的不断攀升。市场的自发作用可以客观地反映经济体要素禀赋结构的相对变化，出于逐利动机，企业、产业、经济体会自发地增加价格相对低廉的要素投入而减少价格相对高昂的要素投入。从这一层面而言，这种要素价格的相对变化也可视为经济发展方式转型的信号。

在选取技术进步路径时，东北地区应该逐步从技术引进与模仿为主的路径依赖中走出来，整合全球创新资源和高端要素，走自主研发之路，强化关键技术研发和基础研究，提升创新产出的国际竞争优势。我国地域辽阔，自然条件和要素禀赋在不同地区差异明显，产业发展战略也必须顺应这种空间异质性，始终立足于本地区的要素禀赋结构，特别是要素禀赋结构的提升，这才是做出合理技术选择及确定技术进步方向的根本。

7.3.2 纠正要素错配是产业发展的关键

不同行业的技术革新发展程度并不一致，这种行业的异质性也将持久存在，虽然要素错配在个别行业中起到促进适宜性技术进步发展的作用，但整体上纠正要素错配已成为推动适宜性技术进步发展的关键。纠正要素错配也要分门别类、因地制宜、实事求是地满足异质性需求。东北地区要素错配存在明显的空间异质性，纠正要素错配也要有针对性，从资本和劳动力两个视角着手。

第一，资本错配导致了产业结构的不合理化，而且资本过度投入也可能导致产能过剩与创新惰性。产业转型升级是推动实体经济发展的必由之路，也是有效推动经济发展效率变革和质量变革的战略举措，纠正资本错配将有效地提高全要素生产率并实现区域平衡增长。资本错配使得经济增长的质量下滑，是结构性问题，而且不同区域不同行业错配也存在异质性，空间错配现象明显。结构性问题需要结构性政策解决，化解资本错配，应尊重市场力量，实现区域平衡发展。一直以来，地方经济发展的绩效机制是导致空间错配的根本制度因素，在地方最大化区域经济利益的同时，全国也在追求着"均匀"增长，而以此为导向直接形成了忽视比较优势的"资源低走"的政策扭曲。破解与纠正资本错配问题，是一个实现资本优化配置的问题，虽然依靠市场这只"无形的手"最终是可以实现的，但这需要太长的时间，在现阶段产业升级与结构调整势在必行的紧要关头，无法坐等这一机制慢慢实现，需要深化要素市场改革，应提高金融业的专业化分工，特别是金融资本市场要素定价权，将实现资本空间自由与合理配置上升至国家战略的层面。

第二，化解劳动力错配，应尊重市场力量，实现区域"平衡"发展，而非"均匀"发展。东北地区的经济下滑以及人才外流一度引起了广泛的关注，而人力资本流失现象的背后却符合生产力优化布局的规律，至少以上述装备制造业为样本的研究证实了这一点，而且仍存在继续流动的趋势与空间。因此，破解与纠正劳动力错配问题，是一个实现劳动力优化配置的问题。要通过深化改革，健全公平竞争的市场规则，破除劳动力就业与流动歧视政策与市场壁垒，打破劳动力配置的制约因素，充分挖掘和发挥区域比较优势，真正实现劳动力合理配置，从根本上实现效率与平衡兼顾的可持续发展。

7.3.3 破除产业研发投入与高新技术的盲目崇拜

以中国装备制造业为例,研发支出占到整个制造业的一半,其中占比较高的行业依次是:通信设备、计算机及其他电子设备制造业(17.1%)、电气机械及器材制造业(10.4%)、交通运输设备制造业(9.9%)、通用设备制造业(6.3%)、专用设备制造业(5.5%)。尽管如此,似乎在关注研发投入时,研发内容却被忽视了。这种思潮的根源可能源于日本工业得益于高研发投入的成功经验。而这背后,以适宜技术为基础,同时关注产品和制造工艺哪怕微小的改进也同样能实现价值的增值。以传统观点来看,这些创新技术既不是资本密集型的,也算不上前沿技术,但它们更注重于质量的提高,加快零部件的加工配送、减少库存量、缩短产品生命周期并改变工厂布局。

前沿技术固然能够带来东北地区产业的发展,而一项创新成功与否,不在于其创新本身是多么引人注目,也不在于其研发投入有多么宏大,但必须能够取得经济上的成功,而经济上的成功不可忽视的就是配置效率的提升。特别是,东北地区需要针对细分行业及区域异质性,选择适宜性技术,优化技术进步方向,消化过剩产能。更为重要的是,除了少数科技含量较高的高端装备制造业外,大多数产业所需的技术都可以推广使用。因此,对高新技术和研发投入的盲目崇拜,会导致以越来越复杂的技术方案来处理问题,而这些问题本来可以用非常经济的方式加以解决。

7.4 本章小结

本章研究从理论层面分析了产业协同融合通过实现专业化分工及通过提高多样化水平促使产业之间的紧密联合,基于此构建实证分析模型并进行计量分析,结果显示:产业协同融合提高了金融业的专业化分工,专业化分工会显著改善资本错配,产业协同融合通过促进专业化分工改善资本错配;产业协同融合会显著提高劳动力成本，劳动力成本越高的地区，劳动力错配水平则越低，产业协同融合通过提高劳动力成本改善劳动力错配。因此，产业协同融合通过专业化分工改善资本错配，通过劳动力成本改善劳动力错配。最后，结合要素错配与技术进步偏向总结了研究的政策启示。

第8章

结　　论

　　本研究将要素错配纳入经济增长核算模型中，分析要素错配的形成机理及其对经济增长的影响机制，全面评价要素错配程度；基于东北地区产业、行业数据进行实证分析，探索东北地区要素错配的内在原因，并为矫正要素错配、提升东北地区经济增长效率提供政策建议。

　　(1) 东北地区特别辽宁省的经济增长持续走低，2016年的GDP增速仅为 -2.5%，而同期全国的增速为6.7%，吉林和黑龙江的增速分别为6.9%和6.1%。从2012年起，东北三省的固定资产投资开始出现下降，并且黑龙江和辽宁两个省份在2014年左右固定资产投资出现了负增长，尤其是辽宁省在2014年以来出现了断崖式的负增长，甚至在2016年的负增长率高达 -62.65%，这也是对当时相应的经济状况的直接反映。结合东北地区人口分布和结构分析的种种迹象表明，东北地区已经成为人口流出的典型区域，而伴随着人口整体流失，其中一部分具有人力资本的劳动力逐渐离开东北地区。这不但使得东北地区劳动力减少，更为严峻的是带走了东北地区多年的教育投入与技能培训的成果。可见，东北地区的要素并未配置到最合理的产业及行业间，进而导致了一系列经济增长滞后的现象。迅速跌落的东北经济问题是增速趋缓、结构调整、动力转换等常态原因所不能解释的，其与东北地区的资源基础与产业定位、渐进式改革对东北地区的冲击、经济周期的冲击和管理体制的僵化均有一定的关系。

　　(2) 采用2000~2016年的中国省际三次产业、装备制造业及其细分行业的面板数据，构建超越对数形式的随机前沿生产函数模型，通过严格的假设检验选择最佳模型，全面考察东北地区三次产业、装备制造业及其细分行业TFP的动态变化特征，对其进行效率分解分析，并检验样本期三次产业、装备制造业及其细分行业的增长方式特点。第一，技术进步变化虽然持续下降，但仍和要素配置效应的改善一并成为推进东北地区TFP增长的关键，东北地区经济发展的着力点是要素配置的优化，而规模效应正在制约东北地区整体TFP增长，规模的盲目扩张已经不利于经济的发展。第二，东北地区装备制造业全要素生产率增长率呈现出波动的趋势，2011年后呈现出增长态势。技术进步在考察期内下降明显，但仍是东北地区装备制造业全要素生产率增长的主要正向贡献；配置效率变化变动趋势与全要素生产率增长率整体基本相似，呈现出波动影响，配置效率在东北地区一直是负向贡献，规模效率变化多数年份为负值，2014年后扭转为正向贡献。整体上分析可以发现，东北地区无论在产业上还是具体行业间并没有从根本意义上实现由粗放型向集约型增长方式转变。从装备制造业及其细分行业也可以直观看出资本贡献呈下降趋势，劳动贡献呈上升趋势，而且装备制造业产出增长率的下降趋势也意味着单靠要素投入拉动增长（特别是资本要素）的边际效应不断递减。虽然装备制造业各细分行业TFP增长率并未有明显提升，但其对于产出贡献比重的逐渐提升也意味着装备制造业的产出增长正由主要依靠资本要素驱动逐渐向技术创新驱动逐渐转变。

（3）研究以东北地区装备制造业为样本开展要素错配的经济影响效应。从中性技术进步视角构建要素错配模型得到了三点结论。一是装备制造业行业间要素错配程度差异明显，不同子行业的地区间要素错配也存在明显差异，资本要素与劳动力要素在装备制造业子行业间和地区间呈现明显的供给不足与过剩的并存现象。二是装备制造业要素错配并未得到明显改善，近几年甚至有出现了恶化现象，整体呈现出"U"型变化趋势。三是无论是装备制造业的行业间错配还是地区间错配，在样本考察期间内劳动力错配导致的产出与效率损失贡献均相对较小且变化不大，行业整体损失主要是由资本错配引起的。从偏向性技术进步视角构建要素错配模型也得到了三点结论。第一，技术进步是装备制造业细分行业全要素生产率增长率的主要贡献，其中，中性技术进步是全要素生产率增长的主要正向贡献,而偏向性技术进步已成为阻碍全要素生产率增长的关键因素。第二,东北地区装备制造业细分行业技术进步偏向存在明显异质性。通用装备制造业、交通运输设备制造业和电气机械及器材制造业技术进步是劳动偏向型,金属制品业、通信设备、计算机及其他电子设备制造业和仪器仪表及文化、办公用装备制造业技术进步是资本偏向型。第三,东北地区装备制造业细分行业要素错配存在明显的异质性。金属制品业、通信设备、计算机及其他电子设备制造业和仪器仪表及文化、办公用装备制造业整体上资本错配程度小于劳动错配程度,而其他行业资本错配明显高于劳动错配程度。

(4) 研究从新古典经济学理论、交易费用理论及技术进步理论等视角对东北地区要素错配的成因进行了理论分析,重点关注同要素一样的供给侧视角下的技术进步对要素错配的影响,并基于技术进步偏向与要素错配的关系,分析了东北地区技术进步的适宜程度。第一,随着资本深化程度的加深,要素错配程度增强,同时技术进步的资本偏向强化了资本—劳动要素相对错配;技术进步偏向的上升将削减要素结构变动对偏向资本—劳动要素错配程度的抑制效应,进而加大了要素错配。第二,分行业视角下,要素结构系数在装备制造业细分行业中有正有负,意味着要素结构对于要素错配影响存在差异,根据交互项的含义,可以发现各细分行业要素结构与技术进步偏向的交互项系数符号并不一致,产生了不同的影响意义。第三,从技术进步偏向与要素错配情况而言,以东北地区装备制造业细分行业的技术进步适宜性研究发现,仅金属制品业与通信设备、计算机及其他电子设备制造业表现为要素配置与技术进步耦合。

(5) 研究从理论层面分析了产业协同融合通过实现专业化分工及通过提高多样化水平促使产业之间的紧密联合,基于此构建实证分析模型并进行计量分析,结果显示:产业协同融合提高了金融业的专业化分工,专业化分工会显著改善资本错配,产业协同融合通过促进专业化分工改善资本错配;产业协同融合会显著提高劳动力成本,劳动力成本越高的地区,劳动力错配水平则越低,产业协同融合通过提高劳动力成本改善劳动力错配。

事实上,在东北地区目前面临的复杂背景下,要素错配对经济增长效应影响的内在机理可能更加复杂，经济转型背景下的技术进步往往并非完全处于理性结果，可能存在影响要素错配与经济增长关系的一系列外在因素，而这些因素未充分体现在研究中，有待未来研究更加深入的分析。另外，研究关注行业异质性，虽涉及了区域层面，但未进行深入分析，后续的研究不但要关注具体区域的特点，同时也将从行业内异质性微观企业视角开展研究，将研究上升至全国、区域和企业层面。

参 考 文 献

[1] 白雪洁，李爽．要素价格扭曲、技术创新模式与中国工业技术进步偏向——基于中介效应模型的分析［J］．当代经济科学，2017（1）．

[2] 柏培文．中国劳动要素配置扭曲程度的测量［J］．中国工业经济，2012（10）．

[3] 蔡昉，王美艳，曲玥．中国工业重新配置与劳动力流动趋势［J］．中国工业经济，2009（8）．

[4] 蔡跃洲，付一夫．全要素生产率增长中的技术效应与结构效应——基于中国宏观和产业数据的测算及分解［J］．经济研究，2017（1）．

[5] 曹东坡，王树华．要素错配与中国服务业产出损失［J］．财经论丛，2014（10）．

[6] 曹玉书，楼东玮．资源错配、结构变迁与中国经济转型［J］．中国工业经济，2012（10）．

[7] 陈超凡，王赟．中国装备制造业国际竞争力及其技术进步效应研究［J］．中国科技论坛，2014（12）．

[8] 陈建军，刘月，邹苗苗．产业协同集聚下的城市生产效率增进——基于融合创新与发展动力转换背景［J］．浙江大学学报（人文社会科学版），2016（3）．

[9] 陈秋锋．贸易结构调整、要素市场扭曲与要素收入分配［J］．经济经纬，2013（5）．

[10] 陈诗一．中国的绿色工业革命：基于环境全要素生产率视角的解释

(1980—2008）[J]．经济研究，2010（11）．

[11] 陈诗一．中国工业分行业统计数据估算：1980—2008 [J]．经济学（季刊），2011（3）．

[12] 陈永伟，胡伟民．价格扭曲、要素错配和效率损失：理论和应用 [J]．经济学（季刊），2011（4）．

[13] 陈勇，唐朱昌．中国工业的技术选择与技术进步：1985—2003 [J]．经济研究，2006（9）．

[14] 程惠芳，陆嘉俊．知识资本对工业企业全要素生产率影响的实证分析 [J]．经济研究，2014（5）．

[15] 戴魁早，刘友金．要素市场扭曲的研发效应及企业差异——中国高技术产业的经验证据 [J]．科学学研究，2015（11）．

[16] 戴魁早．要素市场扭曲如何影响出口技术复杂度？——中国高技术产业的经验证据 [J]．经济学（季刊），2019（1）．

[17] 单豪杰．中国资本存量K的再估算：1952~2006年 [J]．数量经济技术经济研究，2008（10）．

[18] 邓明，王劲波，林文．要素市场价格扭曲与技术进步方向——来自中国工业行业的经验依据 [J]．厦门大学学报（哲学社会科学版），2017（6）．

[19] 邓明．技术进步偏向与中国地区经济波动 [J]．经济科学，2015（1）．

[20] 邓明．人口年龄结构与中国省际技术进步方向 [J]．经济研究，2014（3）．

[21] 董直庆，蔡啸．技术进步技能偏向性与技能溢价：一个理论模型和经验解释 [J]．求是学刊，2013（4）．

[22] 董直庆，陈锐．技术进步偏向性变动对全要素生产率增长的影响 [J]．管理学报，2014（8）．

[23] 董直庆，王芳玲，高庆昆．技能溢价源于技术进步偏向性吗？[J]．统计研究，2013（6）．

[24] 董直庆，王林辉．要素错配、异质性要素发展和适宜性技术进步前沿文献述评 [J]．学术交流，2013（1）．

[25] 董直庆，刘迪钥，宋伟．劳动力错配诱发全要素生产率损失了吗？——来自中国产业层面的经验证据［J］．上海财经大学学报，2014（5）．

[26] 付明辉，祁春节．要素禀赋、技术进步偏向与农业全要素生产率增长——基于28个国家的比较分析［J］．中国农村经济，2016（12）．

[27] 傅勇，张晏．中国式分权与财政支出结构偏向：为增长而竞争的代价［J］．管理世界，2007（3）．

[28] 高越，李荣林．国际生产分割、技术进步与产业结构升级［J］．世界经济研究，2011（12）．

[29] 耿伟．要素市场扭曲、贸易广度与贸易质量——基于中国各省细分出口贸易数据的实证分析［J］．国际贸易问题，2014（10）．

[30] 韩国珍，李国璋．要素错配与中国工业增长［J］．经济问题，2015（1）．

[31] 韩剑，郑秋玲．政府干预如何导致地区资源错配——基于行业内和行业间错配的分解［J］．中国工业经济，2014（11）．

[32] 黄婧，纪志耿，张红扬．中国经济增长与就业非一致性的成因分析——基于要素配置扭曲的视角［J］．经济问题探索，2011（1）．

[33] 黄梅波，陈同辉．适宜技术、技术升级与经济增长——基于内生增长模型的经验分析［J］．厦门大学学报（哲学社会科学版），2006（5）．

[34] 黄先海，刘毅群．1985－2010年间中国制造业要素配置扭曲变动的解析——资本结构变动与技术进步的影响分析［J］．经济理论与经济管理，2013（11）．

[35] 黄勇峰，任若恩，刘晓生．中国制造业资本存量永续盘存法估计［J］．经济学（季刊），2002（1）．

[36] 惠树鹏，边珺．要素市场扭曲抑制中国工业企业生产效率的传导机制［J］．兰州大学学报（社会科学版），2015（1）．

[37] 季书涵，朱英明，张鑫．产业集聚对资源错配的改善效果研究［J］．中国工业经济，2016（6）．

[38] 简泽．企业间的生产率差异、资源再配置与制造业部门的生产率［J］．管理世界，2011（5）．

[39] 蒋含明,曾淑桂. 要素市场扭曲与中国制造业全球价值链攀升 [J]. 经济体制改革,2018 (6).

[40] 焦军普. 我国要素市场扭曲条件下对外贸易利益分析 [J]. 海淀走读大学学报,2004 (2).

[41] 鞠蕾,王璐. 地方政府不当竞争、要素市场扭曲与产能过剩 [J]. 财经问题研究,2018 (8).

[42] 康志勇. 禀赋结构、适宜技术与中国制造业技术的"低端锁定" [J]. 世界经济研究,2009 (1).

[43] 康志勇. 赶超行为、要素市场扭曲对中国就业的影响——来自微观企业的数据分析 [J]. 中国人口科学,2012 (1).

[44] 孔宪丽,米美玲,高铁梅. 技术进步适宜性与创新驱动工业结构调整——基于技术进步偏向性视角的实证研究 [J]. 中国工业经济,2015 (11).

[45] 匡远凤,彭代彦. 中国环境生产效率与环境全要素生产率分析 [J]. 经济研究,2012 (7).

[46] 雷钦礼,徐家春. 技术进步偏向、要素配置偏向与我国 TFP 的增长 [J]. 统计研究,2015 (8).

[47] 雷钦礼. 技术进步偏向、资本效率与劳动收入份额变化 [J]. 经济与管理研究,2012 (12).

[48] 雷钦礼. 偏向性技术进步的测算与分析 [J]. 统计研究,2013 (4).

[49] 李斌,彭星,欧阳铭珂. 环境规制、绿色全要素生产率与中国工业发展方式转变——基于36个工业行业数据的实证研究 [J]. 中国工业经济,2013 (4).

[50] 李春顶. 中国制造业行业生产率的变动及影响因素——基于DEA技术的1998~2007年行业面板数据分析 [J]. 数量经济技术经济研究,2009 (12).

[51] 李丹,胡小娟. 中国制造业企业相对效率和全要素生产率增长研究——基于1999~2005年行业数据的实证分析 [J]. 数量经济技术经济研究,2008 (7).

[52] 李稻葵,刘霖林,王红领. GDP中劳动份额演变的U型规律 [J].

经济研究，2009（1）.

[53] 李健，盘宇章. 要素市场扭曲和中国创新能力——基于中国省级面板数据分析[J]. 中央财经大学学报，2018（3）.

[54] 李金星. 要素市场扭曲与行业全要素生产率增长——基于中国电子信息产业的实证分析[J]. 产业经济评论，2014（7）.

[55] 李静，彭飞，毛德凤. 要素配置扭曲与企业全要素生产率增长[J]. 西部论坛，2013（3）.

[56] 李静，彭飞，毛德凤. 资源错配与中国工业企业全要素生产率[J]. 财贸研究，2012（5）.

[57] 李平. 提升全要素生产率的路径及影响因素——增长核算与前沿面分解视角的梳理分析[J]. 管理世界，2016（9）.

[58] 李群峰. 技能偏向型技术进步、教育投入与收入不平等——基于全国数据的实证研究[J]. 软科学，2015（6）.

[59] 李沙沙，邹涛. 政府干预、资本市场扭曲与全要素生产率——基于高技术产业的实证研究[J]. 东北财经大学学报，2017（2）.

[60] 李胜文，李大胜. 中国工业全要素生产率的波动：1986~2005——基于细分行业的三投入随机前沿生产函数分析[J]. 数量经济技术经济研究，2008（5）.

[61] 李帅，靳涛. 政府干预、金融歧视与资本市场扭曲——基于中国不同所有制部门的行业分析[J]. 现代财经（天津财经大学学报），2014（12）.

[62] 李太龙，朱曼. 技术进步偏向研究述评[J]. 浙江理工大学学报（社会科学版），2016（4）.

[63] 李小平，李小克. 偏向性技术进步与中国工业全要素生产率增长[J]. 经济研究，2018（10）.

[64] 李小平，朱钟棣. 中国工业行业的全要素生产率测算——基于分行业面板数据的研究[J]. 管理世界，2005（4）.

[65] 李欣泽，黄凯南. 中国工业部门要素错配变迁：理论与实证[J]. 经济学家，2016（9）.

[66] 李永，王砚萍，孟祥月. 要素市场扭曲是否抑制了国际技术溢出

[J]. 金融研究, 2013 (11).

[67] 林毅夫, 张鹏飞. 适宜技术、技术选择和发展中国家的经济增长 [J]. 经济学 (季刊), 2006 (3).

[68] 刘贯春, 陈登科, 丰超. 最低工资标准的资源错配效应及其作用机制分析 [J]. 中国工业经济, 2017 (7).

[69] 刘和东. 研发合作与贸易投资的技术溢出效应研究——基于吸收能力与适宜技术的分析视角 [J]. 科学学与科学技术管理, 2012 (12).

[70] 刘兰, 肖利平. 技能偏向型技术进步、劳动力素质与经济增长 [J]. 科技进步与对策, 2013 (24).

[71] 刘伟, 张辉. 中国经济增长中的产业结构变迁和技术进步 [J]. 经济研究, 2008 (11).

[72] 陆菁, 刘毅群. 要素替代弹性、资本扩张与中国工业行业要素报酬份额变动 [J]. 世界经济, 2016 (3).

[73] 陆雪琴, 章上峰. 技术进步偏向定义及其测度 [J]. 数量经济技术经济研究, 2013 (8).

[74] 陆正飞, 王雄元, 张鹏. 国有企业支付了更高的职工工资吗? [J]. 经济研究, 2012 (3).

[75] 罗德明, 李晔, 史晋川. 要素市场扭曲、资源错置与生产率 [J]. 经济研究, 2012 (3).

[76] 罗泽萍. 适宜技术转移的选择: 中国区域空间面板模型的实证分析 [J]. 经济研究参考, 2012 (64).

[77] 毛其淋. 要素市场扭曲与中国工业企业生产率——基于贸易自由化视角的分析 [J]. 金融研究, 2013 (2).

[78] 孟辉, 白雪洁. 新兴产业的投资扩张、产品补贴与资源错配 [J]. 数量经济技术经济研究, 2017 (6).

[79] 聂辉华, 贾瑞雪. 中国制造业企业生产率与资源误置 [J]. 世界经济, 2011 (7).

[80] 牛泽东, 张倩肖, 王文. 中国装备制造业全要素生产率增长的分解: 1998 – 2009——基于省际面板数据的研究 [J]. 上海经济研究, 2012 (3).

[81] 庞瑞芝，李鹏．中国新型工业化增长绩效的区域差异及动态演进 [J]．经济研究，2011（11）．

[82] 平新乔，杨慕云．信贷市场信息不对称的实证研究——来自中国国有商业银行的证据 [J]．金融研究，2009（3）．

[83] 齐讴歌，赵勇，王满仓．城市集聚经济微观机制及其超越：从劳动分工到知识分工 [J]．中国工业经济，2012（1）．

[84] 钱娟，李金叶．中国工业能源节约偏向型技术进步判别及其节能减排效应 [J]．经济问题探索，2018（8）．

[85] 曲玥，程文银．资源错配、要素市场总扭曲及福利损失测算——基于单位要素成本的生产率分解视角 [J]．经济理论与经济管理，2017（5）．

[86] 邵敏，包群．外资进入是否加剧中国国内工资扭曲：以国有工业企业为例 [J]．世界经济，2012（10）．

[87] 邵宜航，步晓宁，张天华．资源配置扭曲与中国工业全要素生产率——基于工业企业数据库再测算 [J]．中国工业经济，2013（12）．

[88] 盛仕斌，徐海．要素价格扭曲的就业效应研究 [J]．经济研究，1999（5）．

[89] 盛誉．贸易自由化与中国要素市场扭曲的测定 [J]．世界经济，2005（6）．

[90] 施卫东，程莹．碳排放约束、技术进步与全要素能源生产率增长 [J]．研究与发展管理，2016（1）．

[91] 苏红键，赵坚．产业专业化、职能专业化与城市经济增长——基于中国地级单位面板数据的研究 [J]．中国工业经济，2011（4）．

[92] 苏锦红，兰宜生，夏怡然．异质性企业全要素生产率与要素配置效率——基于1999～2007年中国制造业企业微观数据的实证分析 [J]．世界经济研究，2015（11）．

[93] 苏启林，赵永亮，杨子晖．市场冲击、要素扭曲配置与生产率损失——基于出口企业订单波动的经验研究 [J]．经济研究，2016（8）．

[94] 苏永照．技术进步偏向对中国劳动力市场的影响 [J]．财贸研究，2010（1）．

[95] 孙晓华, 田晓芳. 装备制造业技术进步的溢出效应——基于两部门模型的实证研究 [J]. 经济学 (季刊), 2011 (1).

[96] 孙学涛, 王振华, 张广胜. 技术进步偏向对产业结构的影响及其溢出效应 [J]. 山西财经大学学报, 2017 (11).

[97] 孙焱林, 温湖炜. 中国省际技术进步偏向测算与分析: 1978—2012 年 [J]. 中国科技论坛, 2014 (11).

[98] 孙早, 刘李华. 中国工业全要素生产率与结构演变: 1990~2013 年 [J]. 数量经济技术经济研究, 2016 (10).

[99] 陶爱萍, 周泰云, 王炽鹏. 技能劳动、技术进步偏向与技能溢价 [J]. 中国科技论坛, 2018 (1).

[100] 涂正革, 肖耿. 中国的工业生产力革命——用随机前沿生产模型对中国大中型工业企业全要素生产率增长的分解及分析 [J]. 经济研究, 2005 (3).

[101] 涂正革. 环境、资源与工业增长的协调性 [J]. 经济研究, 2008 (2).

[102] 王班班, 齐绍洲. 有偏技术进步、要素替代与中国工业能源强度 [J]. 经济研究, 2014 (2).

[103] 王静. 价格扭曲、技术进步偏向与就业——来自第三产业分行业的经验研究 [J]. 产业经济研究, 2016 (3).

[104] 王林辉, 袁礼. 资本错配会诱全要素生产率损失吗 [J]. 统计研究, 2014 (8).

[105] 王宁, 史晋川. 中国要素价格扭曲程度的测度 [J]. 数量经济技术经济研究, 2015 (9).

[106] 王颂吉, 白永秀. 城乡要素错配与中国二元经济结构转化滞后: 理论与实证研究 [J]. 中国工业经济, 2013 (7).

[107] 王卫, 綦良群. 要素错配、技术进步偏向与全要素生产率增长——基于装备制造业细分行业的随机前沿模型分析 [J]. 山西财经大学学报, 2018 (12).

[108] 王卫, 綦良群. 中国装备制造业全要素生产率增长的波动与异质

性［J］．数量经济技术经济研究，2017（10）．

［109］王文珍，李平．要素市场扭曲对企业对外直接投资的影响［J］．世界经济研究，2018（9）．

［110］韦镇坤．适宜技术与经济增长——基于近年不同地区典型省份数据的分析［J］．山西财经大学学报，2008（10）．

［111］魏巍．技术进步适宜性：要素投入比与偏向型技术进步的耦合关系——基于浙江省的经验研究［J］．嘉兴学院学报，2018（1）．

［112］吴红雨．论市场和政府作用对资源有效配置的同向性［J］．浙江学刊，2015（4）．

［113］谢呈阳，周海波，胡汉辉．产业转移中要素资源的空间错配与经济效率损失：基于江苏传统企业调查数据的研究［J］．中国工业经济，2014（12）．

［114］邢楠，袁礼，国胜铁．后发国家的适宜性技术进步路径——基于近代中国丝织业发展史的分析［J］．管理世界，2017（6）．

［115］徐现祥，周吉梅，舒元．中国省区三次产业资本存量估计［J］．统计研究，2007（5）．

［116］徐长生，刘望辉．劳动力市场扭曲与中国宏观经济失衡［J］．统计研究，2008（5）．

［117］许学军．人力资本偏向性技术进步与人力资本投资［J］．中国经济问题，2008（2）．

［118］杨帆，徐长生．中国工业行业市场扭曲程度的测定［J］．中国工业经济，2009（9）．

［119］杨莉莉，邵帅，曹建华，任佳．长三角城市群工业全要素能源效率变动分解及影响因素——基于随机前沿生产函数的经验研究［J］．上海财经大学学报，2014（3）．

［120］杨汝岱．中国制造业企业全要素生产率研究［J］．经济研究，2015（2）．

［121］杨文举．适宜技术理论与中国地区经济差距：基于IDEA的经验分析［J］．经济评论，2008（3）．

[122] 杨振兵,邵帅,杨莉莉. 中国绿色工业变革的最优路径选择——基于技术进步要素偏向视角的经验考察[J]. 经济学动态,2016(1).

[123] 杨振兵. 中国制造业创新技术进步要素偏向及其影响因素研究[J]. 统计研究,2016(1).

[124] 杨志才,柏培文. 要素错配及其对产出损失和收入分配的影响研究[J]. 数量经济技术经济研究,2017(8).

[125] 姚惠泽,张梅. 要素市场扭曲、对外直接投资与中国企业技术创新[J]. 产业经济研究,2018(6).

[126] 尹朝静,付明辉,李谷成. 技术进步偏向、要素配置偏向与农业全要素生产率增长[J]. 华中科技大学学报(社会科学版),2018(5).

[127] 尹向飞,段文斌. 中国全要素生产率的来源:理论构建和经验数据[J]. 南开经济研究,2016(1).

[128] 余典范,干春晖. 适宜技术、制度与产业绩效——基于中国制造业的实证检验[J]. 中国工业经济,2009(10).

[129] 余典范. 适宜技术理论研究评述[J]. 经济学动态,2008(4).

[130] 余东华,孙婷,张鑫宇. 要素价格扭曲如何影响制造业国际竞争力[J]. 中国工业经济,2018(2):63-81.

[131] 袁礼,王林辉,张伊依. 后发国家的适宜性技术进步路径选择——基于世界经济近代史的分析[J]. 上海财经大学学报,2015(4).

[132] 袁鹏,杨洋. 要素市场扭曲与中国经济效率[J]. 经济评论,2014(2).

[133] 袁志刚,解栋栋. 中国劳动力错配对TFP的影响分析[J]. 经济研究,2011(7).

[134] 张海笔. 协同视角下的适宜技术选择研究[J]. 东北财经大学学报,2013(4).

[135] 张杰,周晓艳,李勇. 要素市场扭曲抑制了中国企业R&D?[J]. 经济研究,2011(8).

[136] 张杰,周晓艳,郑文平,芦哲. 要素市场扭曲是否激发了中国企业出口[J]. 世界经济,2011(8).

[137] 张军，陈诗一，GaryH. Jefferson. 结构改革与中国工业增长［J］. 经济研究，2009（7）.

[138] 张军，吴桂英，张吉鹏. 中国省际物质资本存量估算：1952—2000［J］. 经济研究，2004（10）.

[139] 张俊，钟春平. 偏向型技术进步理论：研究进展及争议［J］. 经济评论，2014（5）.

[140] 张乐，曹静. 中国农业全要素生产率增长：配置效率变化的引入——基于随机前沿生产函数法的实证分析［J］. 中国农村经济，2013（3）.

[141] 张莉，李捷瑜，徐现祥. 国际贸易、偏向型技术进步与要素收入分配［J］. 经济学（季刊），2012（2）.

[142] 张庆君，李雨霏，毛雪. 所有制结构、金融错配与全要素生产率［J］. 财贸研究，2016（4）.

[143] 张屹山，胡茜. 要素质量、资源错配与全要素生产率分解［J］. 经济评论，2019（1）.

[144] 赵自芳，史晋川. 中国要素市场扭曲的产业效率损失——基于DEA方法的实证分析［J］. 中国工业经济，2006（10）.

[145] 郑兵云，陈圻. 转型期中国工业全要素生产率与效率——基于细分行业的随机前沿模型分析［J］. 数理统计与管理，2010（3）.

[146] 郑振雄，刘艳彬. 要素市场扭曲的经济增长效应实证分析——基于制造业面板模型［J］. 福建江夏学院学报，2014（1）.

[147] 钟世川，毛艳华. 中国全要素生产率的再测算与分解研究——基于多要素技术进步偏向的视角［J］. 经济评论，2017（1）.

[148] 钟世川. 要素替代弹性、技术进步偏向与我国工业行业经济增长［J］. 当代经济科学，2014（1）.

[149] 钟世川. 技术进步偏向与中国工业行业全要素生产率增长［J］. 经济学家，2014（7）.

[150] 钟廷勇，安烨. 要素错配与全要素生产率损失前沿文献评述［J］. 税务与经济，2014（2）.

[151] 周晓艳，韩朝华. 中国各地区生产效率与全要素生产率增长率分

解（1990－2006）[J]. 南开经济研究, 2009（5）.

[152] 周新苗, 钱欢欢. 资源错配与效率损失：基于制造业行业层面的研究[J]. 中国软科学, 2017（1）.

[153] 朱喜, 史清华, 盖庆恩. 要素配置扭曲与农业全要素生产率[J]. 经济研究, 2011（5）.

[154] 朱轶, 曾春琼. 中国工业的资本深化与技术进步偏向是否互为关联——基于省际面板数据的实证检验[J]. 现代财经（天津财经大学学报）, 2016（9）.

[155] 宗振利, 廖直东. 中国省际三次产业资本存量再估算：1978—2011[J]. 贵州财经大学学报, 2014（3）.

[156] 邹薇, 代谦. 适宜技术、人力资本积累与长期增长[J]. 南大商学评论, 2004（2）.

[157] Acemoglu D, DellM. Productivity Differences Between and within Countries [J]. American Economic Journal: Macroeconomics, 2010, 2（1）.

[158] Acemoglu D, Robinson J A. Economic Origins of Dictatorship and Democracy, Cambridge University Press, 2006.

[159] Acemoglu D, Zilibotti F. Productivity Differences [J]. Quarterly Journal of Economics, 2001, 116（2）.

[160] Acemoglu D. Equilibrium Bias of Technology [J]. Econometrica, 2007, 75（5）.

[161] Acemoglu D. Labor-and Capital-Augmenting Technical Change [J]. Journal of the European Economic Association, 2003, 1（1）.

[162] Acemoglu D. Why do New Technologies Complement Skills? Directed Technical Change and Wage Inequality [J]. Quarterly Journal of Economics, 1998, 113（4）.

[163] Acemoglu D. Directed Technical Change [J]. Review of Economic Studies, 2002, 69（4）.

[164] Aigner D, Lovell C A K, Schmidt P. Formulation and Estimation of Stochastic Frontier Production Function Models [J]. Journal of Econometrics,

1977, 6 (1).

[165] Alfaro L, Charlton A, Kanczuk F. Plant-Size Distribution and Cross-country Income Differences [R]. NBER Working Paper, 2008, No. 14060.

[166] Antonelli C, Quatraro F. The Effects of Biased Technological Change on Total Factor Productivity: Empirical Evidence from a Sample of OECD Countries [J]. Journal of Technology Transfer, 2010, 35 (4).

[167] Antonelli C. Technological Congruence and the Economic Complexity of Technological Change [J]. Structural Change and Economic Dynamics, 2016, 38.

[168] Aoki S. A Simple Accounting Framework for the Effect of Resource Misallocation on Aggregate Productivity [J]. Journal of the Japanese and International Economies, 2012, 26.

[169] Aoki S. Was the Barrier to Labor Mobility an Important Factor for the Prewar Japanese Stagnation? [R]. MPRA Paper, 2008, No. 8178.

[170] Atkinson A B, Stiglitz J E. A New View of Technological Change [J]. Economic Journal, 1969, 79 (315).

[171] Baily M N, Hulten C, Campbell D. Productivity Dynamics in Manufacturing Plants [J]. Brookings Papers on Economic Activity. Microeconomics, 1992 (1992).

[172] Barros C P, Weber W L. Productivity Growth and Biased Technological Change in UK Airports [J]. Transportation Research Part E Logistics and Transportation Review, 2009, 45 (4).

[173] Bartelsman E, Haltiwanger J, Scarpetta S. Cross-Country Differences in Productivity: The Role of Allocation and Selection [J]. American Economic Review, 2013, 103 (1).

[174] Basu S, David N. Weil. Appropriate Technology and Growth [J]. Quarterly Journal of Economics, 1998, 113 (4).

[175] Battese G E, Coelli T J. Frontier Production Functions, Technical Efficiency and Panel Data: With Application to Paddy Farmers in India [J]. Journal of Productivity Analysis, 1992, 3 (1).

[176] Bauer P W. Decomposing TFP Growth in the Presence of Cost Inefficiency, Nonconstant Returns to Scale, and Technological Progress [J]. Journal of Productivity Analysis, 1990, 1 (4).

[177] Bhagwati J. Distortions and Immiserizing Growth: A Generalization [J]. Review of Economies Studies, 1968, 35 (4).

[178] Briec W, Peypoch N. Biased Technical Change and Parallel Neutrality [J]. Journal of Economics, 2007, 92 (3).

[179] Buera F, Kaboshi J. Scale and the Origins of Structural Change. Journal of Economic Theory, 2010, 11 (7).

[180] Busso M, Madrigal L, Pages C. Productivity and Resource Misallocation in Latin America [J]. The B E Journal of Macroeconomics, 2012, 13 (1).

[181] Camacho A, Conover E. Misallocation and Productivity in Colombia's Manufacturing Industries [R]. IDB Working Paper, 2010, No. IDB-WP – 123.

[182] Caselli F, Coleman W J. The World Technology Frontier [J]. American Economic Review, 2006, 96 (3).

[183] Caselli F, Esquivel G, Lefort F. Reopening the Convergence Debate: A New Look at Cross-country Growth Empirics [J]. Journal of Economic Growth, 1996, 1 (3).

[184] Chari V V, Kehoe P J, McGrattan E. Accounting for the Great Depression [J]. American Economic Review, 2002, 92.

[185] David P A, Klundert T. Biased Efficiency Growth and Capital-Labor Substitution in the U.S., 1899 – 1960 [J]. American Economic Review, 1965, 55 (3).

[186] Diamond P A. Disembodied Technical Change in a Two-Sector Model [J]. Review of Economic Studies, 1971, 32 (2).

[187] Dickens M, Lang K. The Reemergence of Segment of Labor Market Theory [J]. American Economic Review, 1988, 78 (2).

[188] Diwan I, Dani R. Patents, Appropriate Technology, and North-South Trade [J]. Journal of International Economics, 1991, 30 (1).

[189] Gerald Granderson. Parametric Analysis of Cost Inefficiency and the Decomposition of Productivity Growth for Regulated Firms [J]. Applied Economics, 1997, 29 (3).

[190] Habakkuk H J. American and British Technology in the Nineteenth Century: Search for Labor Saving Inventions [M]. Cambridge University Press, 1962.

[191] Hall R E, Jones C I. Why Do Some Countries Produce So Much More Output Per Worker Than Others? [J]. The Quarterly Journal of Economics, 1999, 114 (1).

[192] Hall R E. Employment Fluctuations with Equilibrium Wage Stickiness [J]. American Economic Review, 2005, 95 (1).

[193] Hayashi F, Prescott E C. The Depressing Effect of Agricultural Institutions on the Prewar Japanese Economy [R]. NBER Working Paper, 2006, No. 12081.

[194] Hicks J. The Theory of Wages [M]. Macmillan, London, 1932.

[195] Hsieh C T, Klenow P J. Misallocation and Manufacturing TFP in China and India [J]. The Quarterly Journal of Economics, 2009, 124 (4).

[196] Janos K. The Soft Budget Constrain [J]. Kyklos, 1986, 39 (1).

[197] Jefferson G H, Rawski T G, Zheng Y. Chinese Industrial Productivity: Trends, Measurement Issues, and Recent Developments [J]. Journal of Comparative Economics, 1996, 23 (2).

[198] Jones C I. Misallocation, Economic Growth, and Input-Output Economics [R]. NBER Working Paper, 2011, No. 16742.

[199] Jones R W. Distortions in Factor Markets and the General Equilibrium Model of Production [J]. Journal of Political Economy, 1971, 79 (3).

[200] Jones R W. The Structure of Simple General Equilibrium Models [J]. Journal of Political Economy, 1965, 73 (6).

[201] Jonhson H G. Minimum Wage Laws: A General Equilibrium Analysis [J]. Canadian Journal of Economies, 1969, 2 (4).

[202] Kennedy C. Induced Bias in Innovation and the Theory of Distribution

[J]. Economic Journal, 1964, 74.

[203] Khanna N. Analyzing the Economic Cost of the Kyoto Protocol [J]. Ecological Economics, 2001, 38 (1).

[204] Kiley M T. The Supply of Skilled Labour and Skill-biased Technological Progress [J]. The Economic Journal, 1999, 109 (458).

[205] Kim S, Han G. A Decomposition of Total Factor Productivity Growth in Korean Manufacturing Industries: A Stochastic Frontier Approach [J]. Journal of Productivity Analysis, 2001, 16 (3).

[206] Klump R, Mcadam P, Willman A. Factor Substitution and Factor-Augmenting Technical Progress in the United States: A Normalized Supply-Side System Approach [J]. Review of Economics & Statistics, 2007, 89 (1).

[207] Klump R, Mcadam P, Willman A. Unwrapping some euro area growth puzzles: Factor substitution, productivity and unemployment [J]. Journal of Macroeconomics, 2008, 30 (2).

[208] Kumar S, Russell R. Technology Change, Technological Catch-up, and Capital Deepening: Relative Contributions to Growth and Convergence [J]. American Economic Review, 2002, 92.

[209] Kumbhakar S C, Denny M, Fuss M. Estimation and Decomposition of Productivity Change when Production is not Efficient: a Paneldata Approach [J]. Econometric Reviews, 2000, 19 (4).

[210] Lagos R. A Model of TFP [J]. Review of Economic Studies, 2006, 73 (4).

[211] Leibenstein H. Allocative Efficiency vs "X-Efficiency" [J]. American Economic Association, 1966, 56 (3).

[212] León-Ledesma M A, Mcadam P, Willman A. Identifying the Elasticity of Substitution with Biased Technical Change [J]. American Economic Review, 2010, 100 (4).

[213] Los B, Timmer M P. The Appropriate Technology Explanation of Productivity Growth Differentials: An Empirical Approach [J]. Journal of Development

Economics, 2005, 77 (2).

[214] McKinnon R I. Money and Capital in Economic Development [M]. Washington, DC: Brookings Institution, 1973.

[215] Meade J. The Theory of Customs Unions [M]. Amsterdam: the North-Holland, 1955.

[216] Meeusen W, Broeck J V D. Efficiency Estimation from Cobb-Douglas Production Functions with Composed Error [J]. International Economic Review, 1977, 18 (18).

[217] Nakakuki M, Otani A, Shiratsuka S. Distortions in Factor Markets and Structural Adjustments in the Economy [J]. Monetary and Economic Studies, 2004 (5).

[218] Nishimizu M, Page J M. Total Factor Productivity Growth, Technological Progress and Technical Efficiency Change: Dimensions of Productivity Change in Yugoslavia, 1965–78 [J]. Economic Journal, 1982, 92 (368).

[219] Oberfield E. Productivity and Misallocation During a Crisis: Evidence from the Chilean Crisis of 1982 [J]. Review of Economic Dynamics, 2013 (16).

[220] Peters M. Heterogeneous Mark-Ups and Endogenous Misallocation [C]. Meeting Papers, 2011.

[221] Rachel N, Pissarides C. Structural Change in a Multi-Sector Model of Growth [J]. American Economic Review, 2007, 97 (1).

[222] Restuccia D, Rogerson R. Misallocation and Productivity [J]. Review of Economic Dynamics, 2013, 16 (1).

[223] Restuccia D, Rogerson R. Policy Distortions and Aggregate Productivity with Heterogeneous Establishments [J]. Review of Economic Dynamic, 2008, 11 (4).

[224] Rogerson R. Structural Transformation and the Deterioration of European Labor market Outcomes [R]. NBER Working Paper, 2007, No. 12889.

[225] Rothbarth E. Causes of the Superior Efficiency of the USA Industry as Compared with British Industry [J]. Economics Journal, 1946, 56.

［226］ Sala G. Approaches to Skills Mismatch in the Labour Market: A Literature Review ［J］. Papers, 2011, 96 (4).

［227］ Samuelson P A. The Stability of Equilibrium: Comparative Straitened Dynamist ［J］. Econometrical, 1941, 9 (2).

［228］ Samuelson P. A Theory of Induced Innovations along Kennedy-Weisacker Lines ［J］. Review of Economics and Statistics, 1965, 47 (4).

［229］ Sato R, R V. Quantity or Quality: The Impact of Labour Saving Innovation on US and Japanese Growth Rates, 1960 – 2004 ［J］. Japanese Economic Review, 2009, 60 (4).

［230］ Seddon D, WacziargR. Review of Easterly's the Elusive Quest for Growth ［J］. Journal of Economic Literature, 2002, 40 (3).

［231］ Shimer R. Mismatch ［R］. NBER Working Paper, 2005, No. 11888.

［232］ Solow R M. Technical Change and the Aggregate Production Function ［J］. Review of Economics & Statistics, 1957, 39 (3).

［233］ Temple J. Dual Economy Model: A Primer for Growth Economists ［J］. The Manchester School, 2005, 73 (4).

［234］ Timmer M P, Los B. Localized Innovation and Productivity Growth in Asia: An Intertemporal DEA Approach ［J］. Journal of Productivity Analysis, 2005, 23 (1).

［235］ Tobin J. Inflation and Unemployment ［J］. American Economies Review, 1972, 62 (1).

［236］ Vollrath D. How Important are Dual Economy Effects for Aggregate Productivity? ［J］. Journal of Development Economics, 2009, 88 (2).

［237］ Yang M J. Micro-Level Misallocation and Selection: Estimation and Aggregate Implications ［R］. Working Paper, 2012.

［238］ Zhang J. Investment, Investment Efficiency, and Economic Growth in China ［J］. Journal of Asian Economics, 2003, 14 (5).